Gwénolé Quellec

Recherche de cas cliniques similaires

Gwénolé Quellec

Recherche de cas cliniques similaires

Indexation et fusion multimodale pour la recherche d'information par le contenu. Application aux bases de données d'images médicales

Éditions universitaires européennes

Imprint
Any brand names and product names mentioned in this book are subject to trademark, brand or patent protection and are trademarks or registered trademarks of their respective holders. The use of brand names, product names, common names, trade names, product descriptions etc. even without a particular marking in this work is in no way to be construed to mean that such names may be regarded as unrestricted in respect of trademark and brand protection legislation and could thus be used by anyone.

Cover image: www.ingimage.com

Publisher:
Éditions universitaires européennes
is a trademark of
Dodo Books Indian Ocean Ltd., member of the OmniScriptum S.R.L Publishing group
str. A.Russo 15, of. 61, Chisinau-2068, Republic of Moldova Europe
Printed at: see last page
ISBN: 978-613-1-50402-0

Zugl. / Agréé par: Brest, Télécom Bretagne / Université de Rennes I, thèse de doctorat, 2008

Copyright © Gwénolé Quellec
Copyright © 2010 Dodo Books Indian Ocean Ltd., member of the OmniScriptum S.R.L Publishing group

Préface

LE travail présenté dans ce livre a fait l'objet d'une thèse de doctorat intitulée *"Indexation et fusion multimodale pour la recherche d'information par le contenu. Application aux bases de données d'images médicales."* Cette thèse, délivrée par Télécom Bretagne, en habilitation conjointe avec l'Université de Rennes I (école doctorale Matisse), a été soutenue le 19 septembre 2008 devant le jury ci-dessous :

- rapporteurs :
  M. Jean DEZERT, Chercheur, ONERA
  M. Patrick FLANDRIN, Directeur de recherche, CNRS
- examinateurs :
  Mme Béatrice COCHENER, Professeur (PU-PH), CHU de Brest
  M. Jean-Jacques BELLANGER, Maître de conférences, LTSI
  M. Christian ROUX, Professeur, Télécom Bretagne
  M. Guy CAZUGUEL, Directeur d'études, Télécom Bretagne
- invités :
  M. Mathieu LAMARD, Ingénieur de recherche, UBO

Dans cette thèse, nous étudions des méthodes pour la recherche d'information dans des bases de données constituées de documents multimédia. Plus précisément, nous nous intéressons à des documents contenant des images numériques et des éléments sémantiques associés. Notre objectif est de sélectionner dans la base des documents similaires à un document proposé en requête. Nous nous basons pour cela sur le principe de la recherche d'images par le contenu (CBIR : *Content Based Image Retrieval*) et celui du raisonnement à base de cas (CBR : *Case Based Reasoning*). L'application visée est l'aide au diagnostic dans un cadre médical : la base est constituée de dossiers patients contenant plusieurs images et des informations cliniques contextuelles à propos du patient. Le système est appliqué à deux bases de données médicales multimodales. La première base de données étudiée est une base d'images rétiniennes, constituée au LaTIM pour l'aide au suivi de la rétinopathie diabétique. Notre objectif concernant cette base de données est de sélectionner des dossiers de patients au même stade d'évolution de la pathologie. Pour montrer la généricité des méthodes proposées, nous avons également étudié une base publique de mammographies (*Digital Database for Screening Mammography*).

Dans un premier temps, nous cherchons à caractériser individuellement chaque image du dossier patient. Nous avons poursuivi les travaux effectués dans le laboratoire sur l'application des algorithmes de compression à la recherche d'images. Nous avons ainsi proposé deux méthodes originales d'indexation à partir de la transformée en ondelettes des images : 1) une méthode globale, modélisant la distribution des coefficients d'ondelette dans l'image, 2) une méthode locale, basée sur l'extraction de lésions modélisables par une fonction paramétrique. Ces deux méthodes sont complémentaires : la première permet notamment de caractériser les lésions étendues, la deuxième les lésions localisées. Une des originalités de ces deux méthodes provient du fait que la base d'ondelettes est recherchée par optimisation dans le cadre du schéma de lissage.

Une fois les images caractérisées, nous cherchons à fusionner les informations provenant de l'ensemble des images du dossier, ainsi que des informations sémantiques contextuelles, pour sélectionner les dossiers patients les plus proches. Outre le problème de l'hétérogénéité des données, nous devons résoudre le problème de l'incomplétude des dossiers patients. A notre connaissance, seuls des systèmes de recherche traitant séparément chaque type d'information ont été proposées dans la littérature. Nous proposons trois nouvelles approches, inspirées de la fouille de données et de la fusion d'information, pour réellement intégrer les différentes sources d'information hétérogènes, tout en gérant les informations manquantes. La première est basée sur les arbres de décision et ses extensions, la deuxième sur les réseaux bayésiens et la troisième sur la théorie de Dezert-Smarandache (DSmT).

Les résultats que nous obtenons pour les deux bases de données médicales multimodales que nous étudions sont très satisfaisants et supérieurs aux méthodes classiques. Ainsi, la précision moyenne pour une fenêtre de cinq cas atteint 81,78% pour la base d'images rétiniennes et 92,90% pour la base des mammographies. Pour la base des images rétiniennes, cela veut dire qu'en moyenne, sur les cinq premiers cas sélectionnés par le système, quatre sont au même stade d'évolution que le dossier patient placé en requête.

Remerciements

L'ENSEMBLE de ce travail a été effectué au Laboratoire de Traitement de l'Information Médicale, dirigé par le professeur Christian Roux.

En premier lieu, je tiens à exprimer ma reconnaissance et ma gratitude à Christian Roux, mon directeur de thèse, et à Guy Cazuguel, mon encadrant, pour m'avoir guidé avec tant de justesse dans mon travail de recherche durant ces années. Merci pour leur confiance, leur aide et leur patience.

Je remercie tout particulièrement Mathieu Lamard, ingénieur de recherche au LaTIM, qui a été mon interlocuteur privilégié durant ce travail, et m'a apporté une aide présente en filigrane partout dans mon travail.

Je remercie également M. Jean Dezert, chercheur à l'ONERA, et M. Patrick Flandrin, directeur de recherche au CNRS, pour avoir accepté la lourde tâche d'être mes rapporteurs.

Mes remerciements vont également à toute l'équipe du LaTIM : permanents, thésards, stagiaires et chercheurs qui m'ont accompagné au cours de mes années de thèse.

Table des matières

Préface i

Remerciements iii

Introduction 1

1 Indexation et recherche d'informations dans une base de données   **3**
  1.1 Principe général de l'indexation et de la recherche d'information   3
  1.2 Les principales approches pour l'indexation d'images - approche adoptée . . .   4
  1.3 La recherche d'images par le contenu   5
  1.4 Architecture des systèmes d'indexation de bases d'images   6
  1.5 Le raisonnement à base de cas   7
  1.6 Critères de performance d'une méthode de recherche d'information   9

2 Présentation des données   **11**
  2.1 Base de rétinopathies diabétiques   11
    2.1.1 La rétinopathie diabétique   11
    2.1.2 Les dossiers patients   13
    2.1.3 Connaissances a priori sur la rétinopathie diabétique   16
  2.2 La base de mammographies   17
  2.3 Les bases de données d'images seules   18
    2.3.1 La base ORL Visages   18
    2.3.2 La base de données Corel   19
  2.4 Application cible   19
  2.5 Conclusion   20

3 Indexation et recherche d'images basée sur la transformée en ondelettes   **21**
  3.1 La transformée en ondelettes   22
    3.1.1 Présentation de la transformée en ondelettes   22
    3.1.2 L'analyse multirésolution   23

TABLE DES MATIÈRES

	3.1.3	Propriétés des ondelettes	25
	3.1.4	Extension à deux dimensions	26
	3.1.5	La transformée en ondelettes invariante par translation	28
3.2	Adaptation de l'ondelette		29
	3.2.1	Adaptation d'une ondelette à un problème spécifique	29
	3.2.2	Le schéma de lissage	29
		3.2.2.1 Contraintes minimales sur les coefficients de P et de U	31
		3.2.2.2 Contrôle de la régularité de l'ondelette primale	32
		3.2.2.3 Contrôle de la régularité de l'ondelette duale	33
	3.2.3	Adaptation des coefficients de l'ondelette	35
	3.2.4	Les algorithmes génétiques	35
	3.2.5	Méthode de l'ensemble de directions de Powell	36
	3.2.6	Visualisation de la fonction de score des ondelettes pour un problème donné	37
3.3	Signature globale des images		39
	3.3.1	Signatures basées sur les histogrammes	39
	3.3.2	Signatures basées sur les gaussiennes généralisées	40
		3.3.2.1 Loi gaussienne généralisée	40
		3.3.2.2 Estimateur du maximum de vraisemblance	40
		3.3.2.3 Algorithme de Newton-Raphson et algorithme de Newton-Raphson robuste	41
		3.3.2.4 Mesure de distance entre deux distributions gaussiennes généralisées	42
		3.3.2.5 Adaptation aux images des bases de données étudiées	44
		3.3.2.6 Comparaison de deux images couleurs	46
		3.3.2.7 Comparaison d'une image couleur avec une image en niveaux de gris	47
		3.3.2.8 Corrélations entre la distribution des coefficients et la classe des images	47
	3.3.3	Fusion des mesures de distance entre sous-bandes	47
		3.3.3.1 Problème	47
	3.3.4	Résultats	49
		3.3.4.1 Ondelette adaptée	55
		3.3.4.2 Temps de calcul	59
	3.3.5	Discussion	60
3.4	Signature intégrant une information locale : le nombre de lésions détectées		62
	3.4.1	Détection de lésions dans la transformée en ondelettes des images	62
	3.4.2	L'ajustement de modèle (*Template matching*) dans le domaine des ondelettes	63

TABLE DES MATIÈRES

- 3.4.3 Le processus d'optimisation global 64
    - 3.4.3.1 Schéma du processus d'optimisation 64
    - 3.4.3.2 Détermination des seuils optimaux 65
    - 3.4.3.3 Sélection des sous-bandes 67
    - 3.4.3.4 Adaptation de l'ondelette 67
- 3.4.4 Application au détecteur de microanévrismes 67
    - 3.4.4.1 Données d'apprentissage 67
    - 3.4.4.2 Un modèle paramétrique pour les microanévrismes 67
    - 3.4.4.3 Paramètres du modèle 71
    - 3.4.4.4 L'ajustement de modèle 71
    - 3.4.4.5 Résultats de l'optimisation 73
    - 3.4.4.6 Comparaison avec les méthodes existantes 76
    - 3.4.4.7 Discussion 78
- 3.4.5 Construction de la signature locale 79
- 3.4.6 Résultats 79
- 3.5 Discussion 80

4 Indexation et recherche d'information multimodale   81
- 4.1 Problématique 81
    - 4.1.1 Solutions proposées dans la littérature 82
        - 4.1.1.1 Adaptation de la méthode des plus proches voisins 82
        - 4.1.1.2 La fusion tardive 83
        - 4.1.1.3 Utilisation d'algorithmes d'apprentissage 84
        - 4.1.1.4 Résultats obtenus par ces méthodes 85
    - 4.1.2 Discussion et proposition d'une approche différente 85
    - 4.1.3 Critères d'évaluation des méthodes 86
    - 4.1.4 Recherche interactive 86
- 4.2 Recherche d'information basée sur les arbres de décision 88
    - 4.2.1 Structure d'un arbre de décision 88
    - 4.2.2 Construction d'un arbre de décision 89
    - 4.2.3 Algorithmes C4.5 et CART - description et modifications apportées 90
        - 4.2.3.1 Critère de segmentation 90
        - 4.2.3.2 Segmentation basée sur les attributs nominaux et continus 91
        - 4.2.3.3 Gestion des valeurs manquantes dans l'algorithme C4.5 92
        - 4.2.3.4 Gestion du sur-apprentissage 92
        - 4.2.3.5 Modifications apportées 93
    - 4.2.4 Intégration d'images dans un arbre de décision 93
    - 4.2.5 Utilisation d'un arbre pour sélectionner des cas similaires 95

TABLE DES MATIÈRES

		4.2.5.1 Mesure de similitude	95
		4.2.5.2 Avantages et inconvénients de la méthode	97
	4.2.6	Extensions aux forêts de décision	98
	4.2.7	Amélioration de la forêt par le principe du *boosting*	99
	4.2.8	Arbre de décision multiclasse	101
		4.2.8.1 Motivations	101
		4.2.8.2 Critère de segmentation multiclasse	101
	4.2.9	Paramétrage de la forêt de décision	103
		4.2.9.1 Evaluation d'une forêt de décision	103
		4.2.9.2 Parcours de l'espace des paramètres	103
	4.2.10	Résultats	104
		4.2.10.1 Influence de la méthode de génération des arbres	104
		4.2.10.2 Influence des différents paramètres	104
		4.2.10.3 Méthode optimale	107
		4.2.10.4 Temps de calcul	107
		4.2.10.5 Robustesse	108
		4.2.10.6 Influence des différents attributs	109
		4.2.10.7 Performances des arbres de décision multiclasse	110
	4.2.11	Requête interactive	112
		4.2.11.1 Mise à jour de la liste de recherche	112
		4.2.11.2 Selection du prochain attribut à renseigner	113
	4.2.12	Discussion	113
4.3	Recherche d'information multimodale basée sur les réseaux bayésiens		115
	4.3.1	Présentation des réseaux bayésiens	115
	4.3.2	Apprentissage du réseau à partir de données	117
		4.3.2.1 Base d'apprentissage et de test	117
		4.3.2.2 Apprentissage de la structure	117
		4.3.2.3 Insertion de connaissance a priori dans le réseau	118
		4.3.2.4 Apprentissage des matrices de probabilités conditionnelles	119
	4.3.3	Inférence dans un réseau Bayésien	120
		4.3.3.1 Algorithme d'inférence de Pearl dans un polyarbre	120
		4.3.3.2 Gestion des boucles - construction d'un arbre joint	122
		4.3.3.3 Algorithme d'inférence de Lauritzen et Spiegelhalter dans un arbre joint	123
	4.3.4	Utilisation des réseaux bayésiens en recherche d'information	124
	4.3.5	Structure de réseau proposée	126
	4.3.6	Estimation des probabilités conditionnelles $P(D_j = d_{jk}|R)$	128
	4.3.7	Intégration d'images dans le réseau	131

TABLE DES MATIÈRES

	4.3.8	Paramétrage du réseau bayésien		134
		4.3.8.1	Evaluation d'un réseau bayésien	134
		4.3.8.2	Parcours de l'espace des paramètres	134
	4.3.9	Résultats		134
		4.3.9.1	Influence des différents paramètres	134
		4.3.9.2	Méthode optimale	135
		4.3.9.3	Temps de calcul	136
		4.3.9.4	Robustesse	136
	4.3.10	Requête interactive		137
		4.3.10.1	Mise à jour de la liste de recherche	137
		4.3.10.2	Sélection du prochain attribut à renseigner	138
	4.3.11	Discussion		138
4.4	Recherche d'information multimodale basée sur la théorie DSmT			140
	4.4.1	Présentation de la théorie de Dezert-Smarandache		140
		4.4.1.1	Les méthodes de fusion	140
		4.4.1.2	La théorie des masses de croyances	141
		4.4.1.3	La théorie de Dezert-Smarandache	143
	4.4.2	Modélisation de la recherche d'information par DSmT		146
		4.4.2.1	Modèle basé sur la requête (modèle 1)	147
		4.4.2.2	Modèle basé sur les cas de la base (modèle 2)	150
		4.4.2.3	Modèle de fusion indirecte (modèle 3)	154
	4.4.3	Résultats		159
		4.4.3.1	Influence des différents paramètres	159
		4.4.3.2	Méthodes optimales	160
		4.4.3.3	Temps de calcul	161
		4.4.3.4	Robustesse	162
	4.4.4	Requête interactive		162
	4.4.5	Discussion		163

Discussion   **165**

Conclusion   **169**

A Publications   **171**
   A.1 Articles issus de la thèse acceptés dans des revues à comité de lecture 171
   A.2 Articles issus de la thèse en cours de révision dans des revues à comité de lecture 171
   A.3 Articles issus du prolongement de la thèse acceptés dans des revues à comité de lecture 171
   A.4 Chapitre de livre issu de la thèse 172

A.5 Actes de conférences 172

B Détection des vaisseaux sanguins - application au recalage d'images rétiniennes   **173**

  B.1 Détection des vaisseaux sanguins 173

    B.1.1 Modèle pour les vaisseaux sanguins 173

    B.1.2 Paramétrage du système 176

    B.1.3 Résultats 176

  B.2 Recalage des images rétiniennes 178

    B.2.1 Choix de la méthode de recalage 178

    B.2.2 Recalage d'une série d'images multimodale 178

    B.2.3 Recalage grossier de deux images 178

    B.2.4 Choix de l'image de référence 179

    B.2.5 Recalage précis 180

    B.2.6 Résultats 180

    B.2.7 Conclusion 181

C Algorithme de fusion polynomial en s, le nombre de sources   **183**

  C.1 Algorithme pour le calcul de la règle conjonctive 183

  C.2 Algorithme de redistribution proportionnelle de conflit 186

Liste des Tables   **189**

Bibliographie   **191**

Introduction

NOUS vivons dans un monde où l'information disponible, dans tous les domaines de l'activité humaine, est de plus en plus sous forme numérique, tout en représentant des informations de types très hétérogènes : textes, images, signaux, sons, vidéos... Chacun de ces types d'information correspond à une connaissance, un savoir, un besoin différent et s'interprète, s'utilise aussi avec des outils différents, même si en finale ils peuvent concourir à la même recherche d'information, à la même prise de décision. L'accroissement spectaculaire du volume de ces données numériques, leur facilité d'accès et de partage via les réseaux de télécommunication, va de pair avec le problème de l'exploitation efficace de toutes ces données théoriquement disponibles. Nous connaissons tous les systèmes d'interrogation de bases de données, les moteurs de recherche sur internet qui nous permettent de retrouver des informations très rapidement. Leur caractéristique commune est que ces systèmes travaillent avec des éléments textuels, associés aux informations archivées, voire parfois avec des valeurs numériques, mais lorsque l'on a affaire à des images, des signaux, cela suppose que des annotations textuelles soient manuellement associées à ces objets. De fait, depuis plusieurs années, les chercheurs s'intéressent aussi aux méthodes de recherche par le contenu, qui permettraient de retrouver ce type d'objets dans des bases de données en utilisant uniquement le contenu numérique des images ou des signaux, soit par description des objets cherchés, les objets dans les bases ayant été au préalable traités automatiquement, soit en utilisant directement les objets numériques en requête. C'est un domaine de recherche générique, très actif [41, 16, 96, 95], et en particulier dans le domaine médical.

L'essor des dispositifs d'acquisition d'images (caméras numériques, tomographie à rayons X, IRM, imagerie nucléaire, etc.) et des capacités de stockage, que nous observons ces dernières années, se traduit par un développement constant des bases de données médicales numériques. Un hôpital pouvant effectuer plusieurs dizaines de milliers d'examens médicaux par an, la quantité d'information stockée chaque année est très importante : elle se compte en téraoctets (2 téraoctets/an pour le centre Léon-Bérard de Lyon en 2007[1], 8 téraoctets/an pour le CHU de Charleroi en 2006[2], etc.). De plus en plus, les informations recueillies au cours d'un examen (images, analyses de sang, contexte clinique du patient, diagnostic du médecin, etc.) sont organisées au sein de bases de données en dossiers patients spécialisés. Toutes les informations relatives à un patient devraient par la suite être regroupées de manière informatisée et structurée dans des dossiers médicaux patients (futurs DMP, *Dossier Médical Personnel*, en France).

La création de ces bases de dossiers patients est un atout majeur pour le développement de nouvelles méthodes d'aide à la pratique médicale. Les dossiers stockés dans ces bases de données sont nécessaires pour le suivi des patients, ils constituent une trace de leurs examens passés ; mais ils peuvent également être intéressants pour l'aide au diagnostic pour de nouveaux patients.

---

[1] http://www.demateriel.com/?p=272
[2] http://www.cisco.com/web/BE/press/pdfs/CHU_Charleroi_FR.pdf

INTRODUCTION

Des expériences ont déjà été menées, à partir de systèmes experts, pour établir des diagnostics automatiques, mais un système automatique ne sera jamais fiable à 100% ; par conséquent le médecin devra toujours effectuer un contrôle sur le diagnostic préconisé, ne serait-ce que pour des raisons légales, car il est le prescripteur et donc responsable de la prescription liée au diagnostic. Aussi, plutôt que d'essayer d'établir automatiquement un diagnostic, nous proposons de fournir simplement au médecin une aide au diagnostic, en s'appuyant sur des informations acquises auprès de plusieurs patients par le passé, et accessibles dans une base de données. Nous nous plaçons donc dans le champ de la recherche d'images par leur contenu numérique et sémantique (CBIR : *Content Based Image Retrieval*). Nous présentons ainsi différentes méthodes qui traitent une requête constituée des informations recueillies auprès d'un nouveau patient, et qui sélectionnent les dossiers patients qui, au sein d'une base de données, sont les plus proches de la requête. Le médecin peut alors se baser sur les annotations et le diagnostic effectués par d'autres experts sur des cas similaires, sélectionnés par le système, pour établir son diagnostic pour le nouveau patient, voire renseigner de manière semi-automatique un dossier. Pour rechercher des cas similaires dans une base de dossiers patients, nous nous basons à la fois sur les images et les informations contextuelles qui les composent. C'est une approche nouvelle, car si la recherche d'images est un sujet de recherche particulièrement actif depuis une dizaine d'années, la recherche de dossiers médicaux complets, contenant notamment des images, est par contre, à notre connaissance, originale. Or ce type de recherche est naturellement mieux adapté aux bases de données médicales. Il soulève cependant de nouvelles questions : tout d'abord, comment fusionner des informations très hétérogènes dans un système de recherche, et ensuite, comment comparer des dossiers patients généralement incomplets. Le travail de cette thèse a consisté à tenter d'apporter des réponses à ces questions.

Pour rechercher les dossiers patients les plus proches d'un dossier placé en requête, nous nous intéressons d'abord à la recherche d'image seules. Pour déterminer les images les plus proches d'une image requête, nous devons définir une mesure de similitude entre deux images. Cette similitude est mesurée à partir de signatures associées à chaque image, une signature étant constituée d'informations caractérisant l'image de manière synthétique et structurée. Pour construire ces signatures, nous nous basons sur le contenu numérique des images, c'est à dire que nous extrayons des images elles-mêmes des éléments permettant de les caractériser : c'est une approche que l'on peut qualifier d'objective par rapport à l'approche du médecin qui interprète l'image. Elle fournit une information sans biais lié aux connaissances du praticien. Nous proposons ainsi une méthode de recherche basée sur la transformée en ondelettes et la norme de compression JPEG-2000, permettant une caractérisation générique des images : dans cette approche, les images sont caractérisées dans leur globalité, ainsi que localement, en détectant automatiquement certaines lésions d'intérêt. Dans un deuxième temps, nous abordons la recherche de dossiers patients complets. Pour cela, nous combinons l'approche numérique présentée ci-dessus et une approche sémantique, se rapportant non pas à des descriptions visuelles, mais aux informations contextuelles du dossier patient. Trois approches différentes sont ainsi proposées pour fusionner les signatures numériques de chaque image du dossier et les informations sémantiques contextuelles : une première méthode basée sur les arbres de décisions, une deuxième basée sur les réseaux bayésiens, et une troisième sur la théorie de Dezert-Smarandache.

CHAPITRE 1
Indexation et recherche d'informations dans une base de données

L'accroissement constant, en nombre et en volume, des bases de données numériques requiert des méthodes d'indexation et des outils de recherche efficaces. Nous rappelons dans ce chapitre les concepts généraux de ce domaine du traitement d'images et de l'information. Nous en présentons les principales approches et les problèmes liés.

Nous rappelons tout d'abord le principe général de l'indexation et de la recherche d'information. Nous nous intéresserons ensuite plus particulièrement au cas des images : après un état de l'art des différentes approches existantes en indexation et recherche d'images, nous motiverons les choix que nous avons adoptés pour mettre au point nos méthodes. Ceci nous amènera à présenter en détail la recherche d'images par le contenu et le raisonnement à base de cas, ainsi que leurs applications dans le domaine médical. Finalement nous discuterons de l'implémentation et de l'évaluation des méthodes de recherche d'information.

1.1 Principe général de l'indexation et de la recherche d'information

Le problème de l'indexation de documents dans une base de données est complexe. L'index doit être conçu pour faciliter la recherche de documents. Les critères de recherche sont toujours dépendants du domaine d'application or chaque utilisateur a ses propres critères de pertinences, en fonction de ses besoins. Il n'existe donc pas une solution unique à ce problème. On distingue deux approches principales pour définir la requête. La première est la recherche par caractéristiques, où l'utilisateur "décompose" son but et décrit, à travers des primitives, ce qu'il recherche. La seconde approche est la recherche par l'exemple : l'utilisateur donne un document en requête et le système cherche les documents les plus similaires au sein de la base de données.

Les méthodes d'indexation comprennent en général les éléments suivants [113] :
– Une **signature** ou *index* du document, qui sert comme caractéristique pour le reconnaître et le comparer avec les autres. Dans le cas de la recherche par caractéristiques, celles-ci ou bien des dérivées de ces caractéristiques sont prises directement comme signatures. Quant à la recherche par l'exemple, il faut déterminer les signatures les plus appropriées pour décrire le contenu des documents d'une façon approchant le mieux possible les critères de l'utilisateur.

- Une **métrique de similitude (ou de distance)** qui permet de comparer les signatures et d'associer les documents similaires.
- Des **algorithmes de recherche** qui, basés sur les deux outils précédents, permettent de retrouver rapidement les objets recherchés. Une approche itérative est parfois proposée : à partir d'une première sélection de documents, on précise les critères, on relance la requête, et ainsi de suite.
- Une **interface utilisateur**, qui rend transparente la procédure de recherche et facilite l'introduction de la requête.

Les experts humains sont les mieux placés pour construire la signature des documents. Cependant, cette opération est très coûteuse et difficilement réalisable, étant donnée la taille énorme des bases d'images. D'où l'intérêt de l'indexation automatique.

1.2 Les principales approches pour l'indexation d'images - approche adoptée

Plusieurs techniques d'indexation ont été présentées dans la littérature [42, 46, 114]. Une première approche de l'indexation d'images consiste à décrire le contenu visuel sous forme textuelle (utilisation de mots-clés). Ces mots-clés servent comme index pour accéder aux données visuelles associées. L'avantage de cette approche est qu'elle permet de consulter les bases de données en utilisant les langages d'interrogation standard, par exemple SQL. Cependant ceci nécessite une grande quantité de traitement manuel. De plus la fiabilité des données descriptives n'est pas assurée : elles sont subjectives et elles pourraient ne pas décrire correctement le contenu de l'image. Ainsi les résultats de recherche pourraient ne pas être satisfaisants.

L'avantage de la numérisation récente des bases d'images est que l'index des images peut être déduit directement de leur contenu de façon automatique, et non plus forcément par l'intermédiaire d'annotations. En conséquence, il y a un nouvel intérêt à développer des techniques d'indexation d'image 1) qui aient la capacité de rechercher des données visuelles basées sur leur contenu numérique sans extraction-interprétation de caractéristiques, 2) qui soient indépendantes du domaine, et 3) qui puissent être automatisées. Actuellement, deux approches d'indexation sont utilisées communément :
- une approche basée sur l'extraction de caractéristiques numériques, où les index servent pour encoder le contenu des images. Cette approche est basée sur des caractéristiques telles que la couleur, la texture et les formes, qui sont utilisées comme index (voir le paragraphe suivant).
- une approche structurelle où les images sont représentées comme une hiérarchie de régions, objets, et portions d'objets. Cette approche est basée sur les rapports spatiaux entre objets ou régions dans une scène [21].

Nous nous intéressons plus particulièrement à l'approche basée sur l'extraction de caractéristiques numériques. En effet, l'approche structurelle ne s'applique pas forcément à tous les domaines de la médecine : en particulier, elle ne s'applique pas au diagnostic de la rétinopathie diabétique, pour laquelle le nombre de lésions et leur type importe beaucoup plus que leur localisation. Nous développons donc au paragraphe suivant l'approche basée sur l'extraction de caractéristiques numériques, puis nous évoquerons au paragraphe 1.5 comment généraliser cette approche à des dossiers médicaux complets.

1.3 La recherche d'images par le contenu

Depuis le début des années 90, les chercheurs dans le domaine de la vision par ordinateur se posent le problème de l'indexation automatique des images par leur contenu, qui permet la recherche d'images par le contenu (en anglais : *Content-Based Image Retrieval - CBIR*). La CBIR se situe à mi-chemin entre la vision par ordinateur et la recherche d'informations, et cherche une solution alternative semi-automatique au problème de la reconnaissance d'objets en évitant toute interprétation haut-niveau de la scène. Elle se fonde uniquement sur la similitude numérique d'images.

La première utilisation du terme "recherche d'images par le contenu" dans la littérature a été faite par T. Kato [68]. Il s'agissait de rechercher des images à l'aide de caractéristiques de bas niveau telles que la couleur et la texture. A partir de là, le terme a été utilisé pour décrire le processus de recherche d'images dans une base de données à partir de toutes caractéristiques (telles que la couleur, la texture et la forme) pouvant être extraites automatiquement des images elles-mêmes. Les caractéristiques utilisées pour la recherche peuvent être numériques ou sémantiques, mais le processus d'extraction doit être de manière prédominante automatique. La recherche d'images par les mots-clés définis manuellement n'est pas de la CBIR telle qu'on l'entend généralement - même si les mots-clés décrivent partiellement le contenu de l'image.

La CBIR diffère de la recherche d'informations textuelles essentiellement par le fait que les bases de données d'images sont non-structurées, les images numériques n'étant que des matrices d'intensités de pixels, sans signification inhérente les uns par rapport aux autres. Ce qui explique qu'une des questions clé dans tout type de traitement d'images est l'extraction de l'information utile à partir de ces matrices de pixels (par exemple, reconnaître la présence de formes particulières ou textures), avant même de commencer à faire des hypothèses sur le contenu de l'image. Les bases de données d'images différent donc des bases de données textuelles où la matière première (les mots stockés comme chaînes de caractères) a déjà été structurée logiquement par l'auteur [115].

La CBIR se simplifie lorsque l'on travaille dans des bases d'images spécialisées (par exemple dans des bases médicales spécifiques). Nous savons d'abord quelles caractéristiques des images sont susceptibles d'intéresser les utilisateurs : comme par exemple la présence ou non de certaines lésions dans les images médicales. Ensuite, si les images de la base de référence ont été interprétées par un expert, nous pouvons définir des classes, par exemple le stade d'évolution de la pathologie étudiée, et affecter chaque image à une classe.

Ceci a plusieurs conséquences. En premier lieu, cela permet de construire des signatures d'images plus spécifiques, contenant des informations très ciblées. Par conséquent, la précision des méthodes d'indexation proposées peut être considérablement améliorée par rapport au cas général. Ensuite, comme un label de classe a été affecté à chaque exemple de la base, nous pouvons définir des critères d'évaluation des performances simples (calculs de précision/rappel, cf. section 1.6). De plus, il est possible d'apprendre la relation entre la signature des images et les labels affectés, permettant ainsi de combler le fossé sémantique entre les descripteurs bas-niveau et les perceptions (haut niveau) de l'utilisateur : un problème récurrent en CBIR [25, 75].

Les méthodes de recherche d'images par le contenu, spécifiques au domaine médical, peuvent être regroupées en plusieurs catégories :
− Les méthodes basées sur la segmentation de formes d'intérêt telles que des lésions [106],

ou de régions [18, 84]. En général, il n'est pas possible d'extraire automatiquement toutes les formes d'intérêt. Ainsi, des experts médicaux sont sollicités pour déterminer des régions d'intérêt (*human/physician in the loop approach*) [123].
- Les méthodes utilisant directement la description des lésions faite par les médecins [91, 19].
- Les méthodes consistant à caractériser l'agencement des formes intéressantes (organes, lésions, ...) présentes dans l'image à l'aide d'un graphe topologique, qui sert alors d'index à l'image [104, 135, 106].
- Les méthodes basées sur l'extraction de descripteurs bas niveau connus pour bien caractériser les pathologies étudiées [83].
- Les méthodes basées sur la caractérisation de la couleur, de la texture ou de formes génériques [41, 96]. Contrairement aux bases d'images quelconques, nous pouvons sélectionner [39, 122] ou pondérer [78] les attributs discriminants, car nous connaissons l'usage qu'en font les utilisateurs.

1.4 Architecture des systèmes d'indexation de bases d'images

En se basant sur les éléments décrits précédemment (cf. section 1.1), on peut schématiser l'architecture typique d'un système d'indexation (figure 1.1). On distingue deux étapes : 1) la phase en mode autonome pour les prétraitements, l'organisation et la gestion de la base d'images de référence (sous-système d'indexation de la base), 2) la phase de consultation en ligne pour les traitements propres à chaque nouvelle requête de l'utilisateur (sous-système de recherche). Les deux sous-systèmes ont en commun les deux traitements suivants :
- L'extraction de descripteurs caractéristiques des images, que ce soit pour une image de la base durant la phase en mode autonome ou une image requête proposée par l'utilisateur lors de la phase en ligne.
- La construction des index à partir des descripteurs.

Pendant la consultation de la base, l'utilisateur sélectionne une image par le biais d'une interface graphique. Les index ou signatures de la requête sont confrontés aux index des images de références. Finalement, le système sélectionne et présente à l'utilisateur les images les plus similaires à la requête.

La phase d'indexation contient les opérations nécessaires pour organiser les descripteurs de manière à accéder rapidement aux données. Indexer une image consistera à calculer une signature depuis ses descripteurs par le biais d'une fonction d'indexation. Idéalement, plus deux signatures sont proches au sens de la métrique utilisée, plus les images associées sont proches au sens de l'utilisateur. La complexité de la comparaison des images est alors réduite à la comparaison de leur signature d'indexation.

Pour s'affranchir du parcours exhaustif de la base, une solution consiste à stocker et organiser les index des images de la base de modèles dans des tables de hachage [79] ou dans des structures arborescentes [20], en associant à chaque index les modèles de la base correspondants. Le principe de ces méthodes est de créer une partition de l'espace des paramètres en classes, regroupant ainsi les modèles dans des régions. Ces structures forment des dictionnaires permettant une recherche accélérée grâce au classement des index. Lors de la phase d'interrogation, cela élimine les parcours inutiles pour aboutir directement à une solution [8].

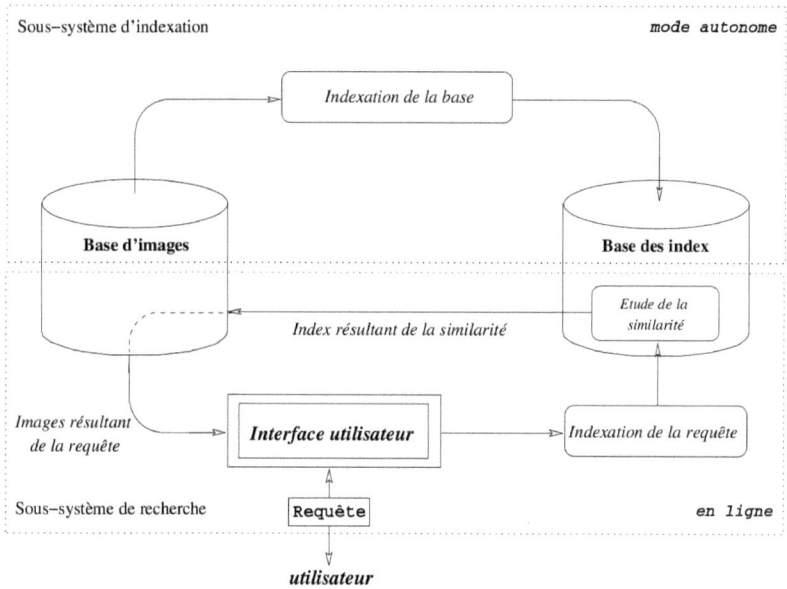

Figure 1.1 — Architecture générique d'un système d'indexation d'images

1.5 Le raisonnement à base de cas

Le raisonnement à base de cas (en anglais *Case based reasoning - CBR*) [1] est une approche plus générale que la CBIR : on ne fait pas d'hypothèses sur la nature des données. Les méthodes de recherche à base de cas résolvent les problèmes en sélectionnant dans une base de connaissances des cas analogues à un cas étudié. De plus, au lieu de sélectionner simplement les cas les plus proches, comme pour la CBIR, elles sélectionnent une solution associée à ces cas les plus proches : dans le contexte médical, la solution sélectionnée est un diagnostic sur le cas étudié. Cette méthodologie est apparue il y a une quinzaine d'années mais les travaux initiaux sur le sujet remontent aux expériences de Schank et Abelson en 1977 [116]. Le raisonnement à base de cas connaît un développement croissant dans le domaine médical [10]. Il reste néanmoins encore assez méconnu par rapport à d'autres technologies du domaine des sciences cognitives, comme la fouille de données.

Les étapes du raisonnement à base de cas sont les suivantes (voir figure 1.2) :

1. *Représentation* : la représentation des cas est similaire à celle utilisée en CBIR (généralement sous forme vectorielle).
2. *Recherche* : plusieurs heuristiques, telles que l'algorithme des plus proches voisins (*Nearest Neighbour*), peuvent être utilisées pour mesurer la similitude entre la requête et les cas de la base.
3. *Réutilisation* : on propose pour le cas placé en requête le diagnostic associé aux cas de la base les plus proches.

7

CHAPITRE 1. INDEXATION ET RECHERCHE D'INFORMATIONS DANS UNE BASE DE DONNÉES

4. *Révision* : après sa génération par la méthode, la solution du problème est testée. Si le diagnostic est correct, il est retenu : c'est la phase de conservation présentée ci-dessous. S'il n'est pas satisfaisant, il faut le corriger : c'est la phase de révision.

5. *Conservation* : au cours de cette phase, le nouveau cas et son diagnostic validé sont ajoutés à la base de cas.

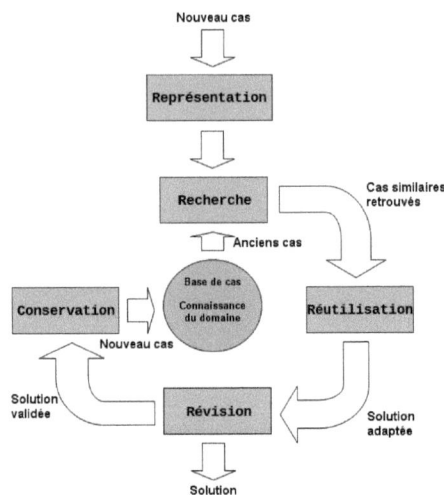

Figure 1.2 — Les étapes du raisonnement à base de cas

A l'origine, le raisonnement à base de cas a été mis au point pour traiter des documents structurés, indexables par de simples vecteurs de caractéristiques. Cependant, dans le domaine médical, l'information requise par les médecins pour diagnostiquer certaines pathologies est plus complexe. Dans le cas de la rétinopathie diabétique par exemple, les médecins analysent des séries d'images accompagnées d'information contextuelles. Les méthodes de raisonnement à base de cas dans le domaine médical doivent donc pouvoir intégrer de l'information symbolique, telles que des annotations cliniques et des informations numériques comme des images. Certaines méthodes ont été mises au point pour gérer de l'information symbolique [19]. D'autres méthodes, basées sur la CBIR, ont été mises au point pour gérer des images (voir paragraphe précédent). Cependant, il y a eu peu d'études pour tenter de fusionner ces deux types d'information dans un même système. Certes, certaines méthodes proposent de formuler en parallèle des requêtes textuelles et des requêtes numériques [3, 12], mais les deux types d'information sont traitées séparément. Une autre méthode permet de combiner linéairement une mesure de similarité basée sur le texte et une autre basée sur l'image [120]. Dans chacune des deux solutions, les relations entre informations symboliques et numériques ne sont pas exploitées. Par conséquent, la mise au point d'une telle méthode reste une question ouverte.

1.6 Critères de performance d'une méthode de recherche d'information

L'évaluation des algorithmes de recherche est une tâche très complexe. Elle doit prendre en compte les performances qualitatives des résultats fournis à l'utilisateur, mais aussi le temps de recherche ou la taille de la signature par exemple. L'évaluation des méthodes s'appuie sur deux étapes principales. Il faut d'abord définir avec précision le critère d'évaluation, puis la mesure d'évaluation associée à ce critère.

La qualité d'une méthode de recherche d'information peut être jugée par un grand nombre de critères différents. Ces critères peuvent être groupés en plusieurs classes :
- l'effectivité : la pertinence, la capacité de discrimination, la stabilité par rapport à des changements de la requête, l'intégrité des résultats, la complexité de formulation de la requête, etc.
- l'efficience : le temps de recherche, le temps pour donner le résultat de la recherche, le temps pour la génération des index, le temps d'insertion, l'espace de stockage des index, le temps pour la génération d'une requête, etc.
- la flexibilité : la convenance pour les applications, l'adaptabilité, etc.
- autres : la présentation des résultats, etc.

Chaque classe possède plusieurs sous-critères et chacun de ces sous-critères doit être évalué individuellement pour obtenir une évaluation globale de la méthode.

La deuxième étape dans le processus de l'évaluation est de définir les mesures associées aux critères d'évaluation. Elles sont simples pour certains critères (comme le temps de recherche). Mais ce n'est malheureusement pas aussi simple pour la majorité des critères cités. Le critère auquel nous allons nous intéresser principalement est la capacité de discrimination (ou l'efficacité de récupération). L'objectif d'une méthode de recherche est de retourner les documents les plus proches de la requête, pour une mesure de similitude donnée. L'efficacité globale de la méthode peut être mesurée uniquement si les similitudes réelles sont connues, ce qui suppose pour une méthode automatique une classification des documents. En général, une évaluation des méthodes de recherche demande :
1. une collection de N documents (la base de données).
2. un ensemble de M requêtes de référence.
3. un ensemble de métriques d'évaluation.

La pratique commune pour évaluer l'efficacité de récupération (*retrieval* en anglais) est la suivante : une requête est présentée au système, le système retrouve les documents par ordre de pertinence, puis, pour chaque valeur de coupure k (= nombre de documents présentés en réponse à la requête, que nous appellerons "fenêtre de retrouvaille"), les valeurs suivantes sont calculées (V_n est la pertinence du document n, $V_n = 1$ si la requête et le document n présenté en réponse appartiennent à la même classe, $V_n = 0$ sinon) :
- les détections (équation 1.1) : le nombre d'objets appropriés extraits

$$A_k = \sum_{n=0}^{k-1} V_n \qquad (1.1)$$

- les faux positifs (équation 1.2) : documents retrouvés par la recherche mais ne correspondant pas à la requête

$$B_k = \sum_{n=0}^{k-1} (1 - V_n) \qquad (1.2)$$

CHAPITRE 1. INDEXATION ET RECHERCHE D'INFORMATIONS DANS UNE BASE DE DONNÉES

- les faux négatifs (équation 1.3) : documents appropriés à la requête mais non retrouvés par la recherche

$$C_k = \sum_{n=0}^{N-1} V_n - A_k \quad (1.3)$$

Les mesures de performance usuelles du domaine de la recherche d'information sont ensuite calculées :
- le rappel (équation 1.4) : rapport entre le nombre d'objets appropriés extraits et le nombre d'objets appropriés (extraits et non extraits) dans la base de données.

$$R_k = \frac{A_k}{A_k + C_k} \quad (1.4)$$

- la précision (équation 1.5) : rapport entre le nombre d'objets appropriés extraits et le nombre total d'objets extraits (appropriés et non appropriés).

$$P_k = \frac{A_k}{A_k + B_k} \quad (1.5)$$

La précision et le rappel donnent une bonne indication de la performance de la méthode (ils prennent des valeurs entre 0 et 1 ; les valeurs élevées, voisines de 1, indiquent une bonne performance). Mais une mesure seule est insuffisante. Nous pouvons toujours avoir le rappel égal à 1, simplement en donnant à k une valeur égale à la taille de la base. De même, la précision gardera des valeurs élevées en recherchant seulement quelques documents ($k \ll$ taille de la base). Ainsi, la précision et le rappel sont en général utilisés ensemble (par exemple, la valeur de précision où le rappel est égal à 0.5), ou le nombre de documents proposés (valeur d'arrêt) est indiqué (par exemple, le rappel quand 100 images sont affichées, ou la précision pour 20 images). Le nombre k de documents proposés est choisi par l'utilisateur. Dans la pratique, ce nombre est choisi pour que ces k documents soient visualisés commodément. Cependant, les mesures sont sensibles au choix du nombre k. Si le nombre est petit, les petites différences dans l'exécution des algorithmes peuvent mener à de grandes différences dans la précision et le rappel. D'autre part, de grandes valeurs de k ne permettent pas de distinguer les différences de performance. Par conséquent, les deux mesures sont souvent calculées pour différentes valeurs de k et représentées sur le même graphique : nous obtenons une courbe paramétrée par k. Le résultat graphique est appelé graphique "précision - rappel" comme représenté sur la figure 1.3.

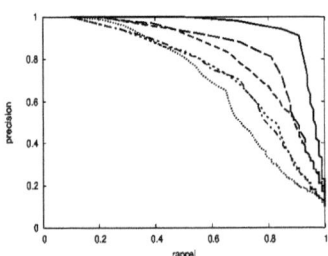

Figure 1.3 — Courbes de précision-rappel. Plusieurs courbes de précision-rappel sont présentées sur la figure, chacune étant associée à une méthode de recherche. La méthode la plus performante est celle dont la courbe est le plus à droite : les valeurs de précision sont les plus élevées pour toutes les valeurs de rappel.

CHAPITRE 2
Présentation des données

L'application cible de cette thèse est la recherche de dossiers patients constitués de séries d'images médicales, accompagnées d'informations contextuelles. Plus précisément, nous nous intéressons à l'aide au diagnostic de la rétinopathie diabétique. Dans ce cadre, nous travaillons sur une base de données de dossiers patients, construite en collaboration avec le service d'ophtalmologie de l'hôpital universitaire de Brest, qui enrichit régulièrement cette base. Pour évaluer la généricité des algorithmes proposés, nous les avons également évalués sur une base multimodale de mammographies.

Dans cette thèse, nous développons dans un premier temps des algorithmes de recherche d'images (cf. chapitre 3). Ces algorithmes sont évalués sur les deux bases médicales évoquées ci-dessus, ainsi que sur deux autres bases d'images, souvent utilisées comme référence pour évaluer des algorithmes de recherche d'images par le contenu. Puis dans un deuxième temps, nous proposons des algorithmes pour étendre ces méthodes de recherche à des séries d'images combinées à de l'information contextuelle (cf. chapitre 4). Cette deuxième catégorie d'algorithmes est évaluée sur la base de rétinopathies diabétiques constituée au LaTIM, ainsi que sur la base de mammographies.

2.1 Base de rétinopathies diabétiques

2.1.1 La rétinopathie diabétique

Le diabète peut résulter de facteurs génétiques et environnementaux et se caractérise par un excès permanent de sucre dans le sang. Face à une incroyable augmentation du nombre de malades, les experts parlent aujourd'hui d'épidémie. Le diabète attaque les vaisseaux sanguins et notamment ceux de la rétine, qui est très vascularisée.

La rétinopathie diabétique (RD) est une des principales causes de cécité et de malvoyance. Les études épidémiologiques réalisées dans les pays industrialisés la citent comme une des 4 principales causes de malvoyance dans l'ensemble de la population et la première cause de cécité chez les sujets de moins de 50 ans [70, 125].

Cette affection ne se remarque pas pendant de nombreuses années, elle ne devient symptomatique qu'au stade de complications. Le retard du traitement est la cause essentielle de la perte de vision et est évitable avec un dépistage et un traitement approprié [64]. Seul un examen effectué régulièrement peut permettre de la diagnostiquer précocement et de la traiter. La cécité et la malvoyance liées à la rétinopathie diabétique sont en effet en

CHAPITRE 2. PRÉSENTATION DES DONNÉES

grande partie évitables grâce au traitement par laser, dont l'efficacité a été depuis longtemps démontrée [54, 53].

L'enjeu économique de la maladie est très important. A titre d'exemple, il a été estimé qu'une épargne annuelle de 600 millions de dollars américains est possible aux Etats-Unis en améliorant la détection et le traitement de la rétinopathie diabétique [63]. En Suède, une épargne annuelle potentielle de 36 millions de couronnes suédoises a été estimée [63]. Ces chiffres datent de 1995, ils sous-estiment la réalité actuelle vue l'augmentation continue du nombre de diabétiques (selon les dernières estimations de l'OMS le nombre était de 177 millions en 2000, il atteindra au moins 300 millions d'ici l'an 2025) et le développement de modalités thérapeutiques plus coûteuses (injections intra vitréennes, vitrectomies...).

L'évolution de la pathologie peut être classifiée en un certain nombre de stades. L'échelle que nous utilisons est l'*International Clinical Diabetic Retinopathy Disease Severity Scale* (ICDRS) [147] qui comporte cinq stades, auxquels nous rajoutons un stade 0 correspondant à une absence de pathologie.

Parce que les enjeux sanitaires et économiques sont importants, nous nous sommes intéressés au développement d'outils d'aide au diagnostic de cette pathologie. De plus l'existence d'une classification en stades de la RD permet d'évaluer simplement les performances des algorithmes proposés.

Les stades de la RD sont déterminés en fonction du type, du nombre et de la localisation des lésions présentes (chaque rétine est divisée en quatre quadrants). Les différents types de lésions qui peuvent apparaître au cours du développement de la RD sont au nombre de 9, certains d'entre eux se déclinant en sous-catégories. Ils sont listés dans le tableau 2.1. Les stades de la RD sont décrits dans le tableau 2.2.

Tableau 2.1 — Lésions de la rétinopathie diabétique

1	Microanévrismes
2	Hémorragies rétiniennes
3	Diffusions
4	Nodules cotonneux
5	AMIRs (Anomalies Microvasculaires IntraRétiniennes)
6	Anomalies veineuses
7	Ischémie rétinienne
8	Exsudats
9	Néovaisseaux
10	Traces de laser

2.1. BASE DE RÉTINOPATHIES DIABÉTIQUES

Tableau 2.2 — Stades de la rétinopathie diabétique

stade	description
0 - Pas de rétinopathie apparente	
1 - Rétinopathie non proliférante minime	Présence de microanévrismes uniquement
2 - Rétinopathie non proliférante modérée	Présence de lésions autres que des microanévrismes mais ne correspond pas au stade 3
3 - Rétinopathie non proliférante sévère	Une des 3 conditions suivantes est satisfaite : • Plus de 20 hémorragies intra rétiniennes dans chacun des 4 quadrants • anomalies veineuses certaines dans au moins 2 quadrants • AMIR proéminants dans au moins 1 quadrant mais ne correspond pas au stade 4
4 - Rétinopathie proliférante	Une des 2 conditions suivantes est satisfaite : • présence de néovaisseaux • hémorragie vitrée / pré rétinienne
5 - Rétinopathie traitée non active	La rétine a été traitée au laser et la rétinopathie n'est plus active

2.1.2 Les dossiers patients

Dans le cadre de cette étude, une base de données de 63 cas correspondant à des patients diabétiques examinés au CHU Morvan à Brest depuis juin 2003 a été utilisée. Les 995 images constituant cette base ont été interprétées par un médecin, qui a notamment affecté un stade de sévérité à chaque patient. La distribution des stades d'évolution parmi les patients de la base de données est donnée dans le tableau 2.3.

Tableau 2.3 — Distribution des stades d'évolution de la RD parmi les patients de la base des rétines

	stade d'évolution	nombre de patients
0	Pas de rétinopathie apparente	7
1	Rétinopathie non proliférante minime	9
2	Rétinopathie non proliférante modérée	22
3	Rétinopathie non proliférante sévère	9
4	Rétinopathie proliférante	9
5	Rétinopathie traitée non active	11

Les différents types d'informations disponibles sur le contexte clinique des patients sont listés dans le tableau 2.4. Pour chaque patient, plusieurs de ces informations ne sont pas disponibles. Ainsi, sur l'ensemble des dossiers de la base de données, 40,5% des informations contextuelles sont manquantes.

Les photographies du fond de l'œil sont multimodales. En effet, pour chaque patient,

CHAPITRE 2. PRÉSENTATION DES DONNÉES

Tableau 2.4 — Informations sur le contexte clinique du patient

attributs	valeurs possibles
contexte clinique général	
contexte clinique familial	diabète, glaucome, cécité, autre
contexte clinique médical	HTA[a], dyslipidémie, protéinurie, dialyse rénale, allergie, autre
contexte clinique chirurgical	cardiovasculaire, greffe pancréas, greffe rénale, autre
contexte clinique ophtalmologique	cataracte, myopie, DMLA[b], troubles des milieux, glaucome, chirurgie de la cataracte, chirurgie du glaucome, autre
circonstances, réalisation de l'examen cadre du diabète	
type du diabète	DID[c] (type I), DNID[d] (type II), néant, Diabète insulino-nécessitant
ancienneté du diabète	< 1 an, 1 à 5 ans, 5 à 10 ans, > 10 ans
équilibre du diabète	bon, mauvais, modifications rapides, hémoglobine glycosylée
traitements	insuline injection, insuline pompe, ADO[e] + insuline, ADO, greffe du pancréas
symptômes ophtalmologiques avant réalisation angiographie	
asymptomatique sur le plan ophtalmologique	néant, dépistage oph. systématique diabète connu, attente diabétique extra ophtalmologie, diabète de découverte récente par bilan
symptomatique sur le plan ophtalmologique	infection, autre, néant, BAV[f] unilatérale, BAV bilatérale, glaucome néovasculaire, hémorragie intrarétinienne, décollement de rétine
maculopathie	
maculopathie	œdemateuse focale, œdemateuse diffuse, néant, ischémique

[a] HyperTension Artérielle
[b] Dégénérescence Maculaire Liée à l'Age
[c] Diabète Insulino-Dépendant
[d] Diabète Non Insulino-Dépendant
[e] AntiDiabétiques Oraux
[f] Baisse de l'Acuité Visuelle

une série de photographies est acquise en appliquant différents filtres de couleurs, ou en injectant un produit de contraste et en réalisant une angiographie. Pour les angiographies, le produit de contraste utilisé est la fluorescéine. Il est injecté dans les vaisseaux sanguins et on observe l'évolution de sa concentration en chaque point de la rétine. Pour cela, plusieurs

2.1. BASE DE RÉTINOPATHIES DIABÉTIQUES

clichés successifs sont pris. L'évolution de la concentration du produit de contraste permet de faire ressortir des anomalies. L'appareil utilisé pour acquérir ces images est un *Topcon Retinal Digital Camera (TRC-50IA)*. Certains clichés sont effectués sur le centre de la rétine et d'autres sur sa périphérie. Les différents types d'images sont énumérés dans le tableau 2.5 et un exemple de série d'images pour une rétine d'un patient est donné sur la figure 2.2.

Tableau 2.5 — Types d'images acquises sur le fond de l'œil

modalité	localisation	définition	nombre d'images
couleur	centrales	768 x 576 pixels	35
filtre vert anérythre (complémentaire hémoglobine)	centrales	1280 x 1008 pixels	109
filtre bleu	centrales	1280 x 1008 pixels	110
filtre rouge	centrales	1280 x 1008 pixels	4
angiographies précoces	centrales	1280 x 1008 pixels	113
angiographies intermédiaires	centrales	1280 x 1008 pixels	110
angiographies intermédiaires	supérieures	1280 x 1008 pixels	98
angiographies intermédiaires	inférieures	1280 x 1008 pixels	97
angiographies intermédiaires	nasales	1280 x 1008 pixels	96
angiographies intermédiaires	temporales	1280 x 1008 pixels	99
angiographies tardives	centrales	1280 x 1008 pixels	103

Ces informations sont également incomplètes. En effet, pour certains patients, seule une rétine est photographiée. De plus, les modalités ne sont pas forcément toutes disponibles pour un œil donné. Ainsi, parmi l'ensemble des yeux photographiés, 12,1% des images sont manquantes. Pour montrer les corrélations entre la valeur des attributs et le stade d'évolution du patient, l'histogramme joint des stades d'évolution et des valeurs prises par chaque attribut nominal est donné sur la figure 2.1.

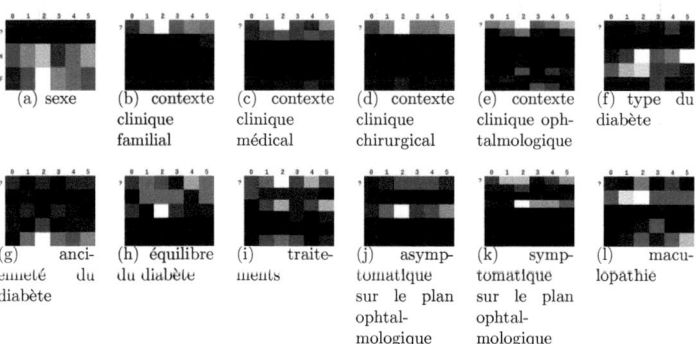

(a) sexe (b) contexte clinique familial (c) contexte clinique médical (d) contexte clinique chirurgical (e) contexte clinique ophtalmologique (f) type du diabète

(g) ancienneté du diabète (h) équilibre du diabète (i) traitements (j) asymptomatique sur le plan ophtalmologique (k) symptomatique sur le plan ophtalmologique (l) maculopathie

Figure 2.1 — Histogramme joints "valeur des attributs nominaux" / "stades d'évolution". La valeur de chaque niveau de l'histogramme est proportionnel à l'intensité de l'image. Chaque colonne correspond à un stade et chaque ligne correspond à une valeur de l'attribut (voir tableau 2.4). La première ligne correspond aux attributs manquants.

CHAPITRE 2. PRÉSENTATION DES DONNÉES

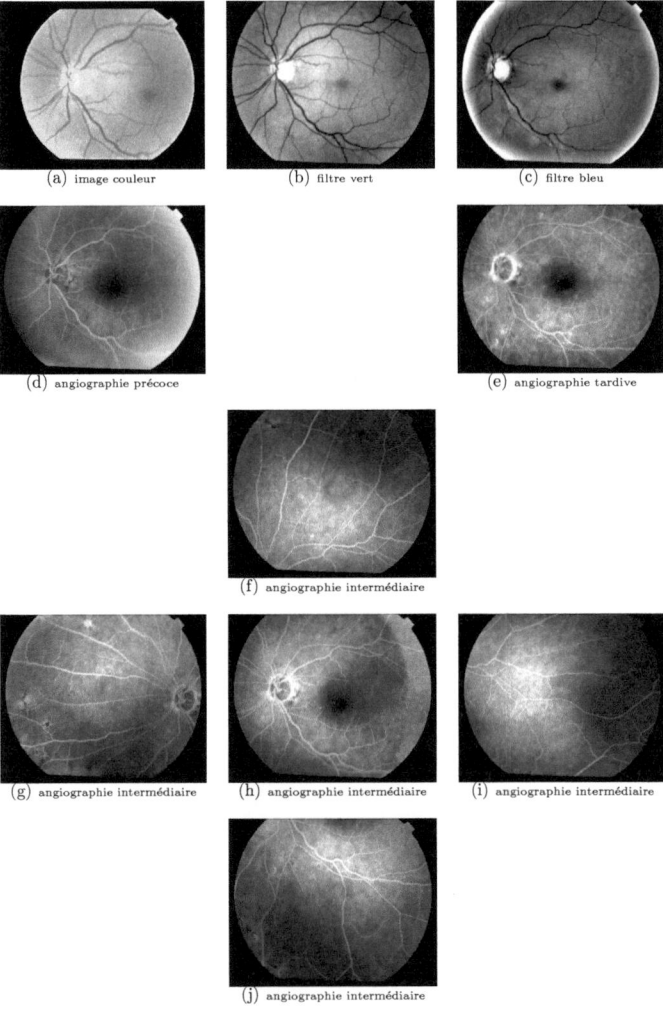

Figure 2.2 — Série d'images acquises sur une rétine d'un patient

2.1.3 Connaissances a priori sur la rétinopathie diabétique

De grandes études épidémiologiques ont permis de mieux cerner l'incidence des complications rétiniennes de la rétinopathie diabétique (RD). On estime qu'environ 40% des diabétiques sont porteurs d'une rétinopathie, ce qui représenterait environ 1 000 000 de patients en France.

La RD survient très fréquemment après 10 à 20 ans d'évolution du diabète. L'évolution est d'autant plus rapide que le diabète est mal équilibré et qu'il existe d'autres facteurs de risque vasculaire (**hypertension artérielle** notamment).

La rétinopathie diabétique est aussi fréquente au cours du diabète de type 1 (insulino-dépendant) qu'au cours du diabète de type 2 (non insulino-dépendant) :
- dans le diabète de type 1, la RD ne survient en général pas avant 7 ans d'évolution ; après 20 ans d'évolution, 90 à 95 % des diabétiques de type 1 ont une RD, dont 40% une RD proliférante.
- dans le diabète de type 2, 20% des diabétiques de type 2 ont une RD dès la découverte de leur diabète. Le risque à long terme des diabétiques de type 2 est moins celui d'une rétinopathie proliférante (20% des patients) que celui d'un œdème maculaire (60% des patients).

Dans le cas d'une rétinopathie débutante, il n'y a pas de symptômes.

La RD proliférante correspond à une prolifération de néovaisseaux à la surface de la rétine, puis dans le vitré, due à l'occlusion étendue des capillaires rétiniens (créant une ischémie rétinienne). Des complications peuvent alors survenir : hémorragie intra-vitréenne par saignement des néovaisseaux, **décollement de la rétine**, voire une prolifération des néovaisseaux sur l'iris et dans l'angle iridio-cornéen (**glaucome néovasculaire**).

La RD peut être révélée par une **baisse d'acuité visuelle**. Celle-ci est en général tardive et ne survient qu'après une longue période d'évolution silencieuse de la rétinopathie diabétique.

Le risque de développement de la **cataracte** augmente en cas de rétinopathie diabétique. La **baisse d'acuité visuelle** chez un patient diabétique ayant de la cataracte traduit souvent l'existence de la rétinopathie diabétique.

Chez les enfants diabétiques, la prévalence de la RD est faible, et il n'y a notamment pas de RD avant la puberté. Par contre, une aggravation rapide peut se voir à l'occasion de celle-ci.

2.2 La base de mammographies

Le projet DDSM (*Digital Database for Screening Mammography*) [58], impliquant le Massachusetts General Hospital, l'Université de Floride du Sud et les laboratoires Sandia National, a permis la constitution d'une base de données d'images de mammographies. Cette base de données publique a pour but la validation d'algorithmes d'aide au dépistage du cancer. La base est formée de plus de 2000 dossiers patients. Chaque dossier contient deux images de chaque sein. Ces images ont des définitions variables, d'environ 2000x5000 pixels. Elles sont accompagnées d'informations contextuelles sur le patient : l'âge au moment de l'étude, le niveau de densité des tissus (échelle ACR). Elles sont également accompagnées d'informations sur les images : le type de scanner, la résolution spatiale. Un exemple de séries d'images est donné sur la figure 2.3.

Le diagnostic du médecin est disponible pour chaque dossier. Les patients sont donc classés en trois catégories :
- les patients sains

CHAPITRE 2. PRÉSENTATION DES DONNÉES

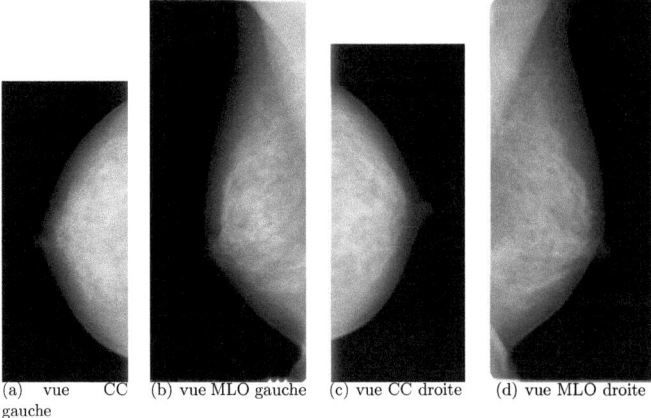

(a) vue CC gauche (b) vue MLO gauche (c) vue CC droite (d) vue MLO droite

Figure 2.3 — Exemple de série d'images mammographiques. (a) et (b) sont des images du sein gauche, (c) et (d) des images du sein droit.

- les patients présentant des lésions bénignes
- les patients atteints de cancer

Le nombre de patients pour chaque catégorie est donné dans le tableau 2.6.

Tableau 2.6 — Distribution des catégories de patients de la base des mammographies

catégorie	nombre de patients	nombre d'images
sains	695	2780
lésions bénignes	669	2676
cancer	913	3652

Contrairement à la base de rétinopathies diabétiques, il n'y a pas d'informations manquantes dans les dossiers patients ce cette base.

2.3 Les bases de données d'images seules

2.3.1 La base ORL Visages

Cette base d'images de visages du laboratoire de recherche Olivetti à Cambridge[1] contient 10 images de 40 personnes distinctes (la base de données contient donc 400 images). Les images changent de par l'expression faciale (sourire/non sourire, les yeux ouverts/fermés) et les détails faciaux (lunettes/pas de lunettes). Pour quelques personnes, les images ont été prises à des temps différents, induisant une variation supplémentaire liée à l'âge. Les images

---
[1] www.cl.cam.ac.uk/research/dtg/attarchive/facedatabase.html

ont une résolution de 92x112 pixels. Un exemple de séries d'images est présenté sur la figure 2.4.

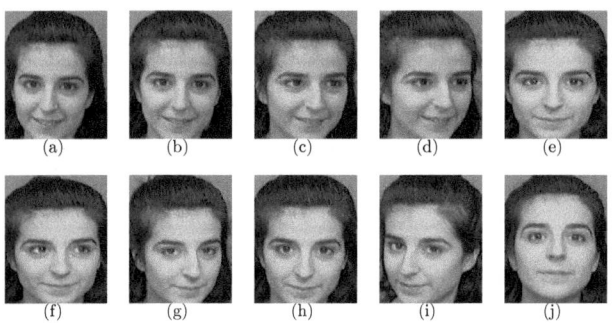

Figure 2.4 — La base ORL visages. Exemple de visage avec 10 expressions différentes.

2.3.2 La base de données Corel

La base d'images Corel[2] est constituée de 1006 photographies couleur d'environ 350000 pixels. Elle est souvent utilisée comme référence pour évaluer des algorithmes de recherche d'images par le contenu. Les images qui la composent sont classifiées en fonction du concept dominant qu'elles représentent parmi un ensemble de 21 concepts tels que "plage", "personnes", "Afrique", "bâtiments", "dinosaures" ou "fleurs". Des exemples d'images rattachées au concept "plage" sont données sur la figure 2.5.

Figure 2.5 — Images de la base Corel

2.4 Application cible

Les méthodes ont été développées dans le cadre de l'aide au diagnostic de la rétinopathie diabétique. Nous précisons ici les objectifs visés dans ce cadre et les critères d'évaluation qui en découlent. Les mêmes critères d'évaluation seront appliqués aux autres bases de données,

---

[2]www.corel.com

CHAPITRE 2. PRÉSENTATION DES DONNÉES

par soucis de cohérence de comparaison des résultats.

Nous ne nous sommes pas placés dans le cadre strict du dépistage de la RD, mais de la détermination du niveau de sévérité de la pathologie chez un patient. Ce niveau est défini sur une échelle standard (la classification ICDRS). Afin de le déterminer, l'ophtalmologiste doit acquérir un ensemble de photographies multimodales (voir figure 2.2) et analyser ces images de manière différentielle afin de détecter les éventuelles lésions caractéristiques de la RD. Le niveau de sévérité est ensuite déterminé en fonction du nombre, du type et de la localisation de ces lésions. Chaque niveau de sévérité entraîne une procédure spécifique (traitements, fréquence des contrôles, etc.). Ce qui est donc important au final pour l'ophtalmologiste est de déterminer le niveau de sévérité.

Comme nous l'avons mentionné en introduction de la thèse, nous n'effectuons pas une classification indiquant directement au médecin le niveau de sévérité prédit par le système, nous lui proposons des cas semblables à celui qu'il étudie, à charge pour lui d'utiliser cette information pour établir son diagnostic. Le nombre de dossiers sélectionnés par le système pour une requête est fixé à cinq, à la demande des médecins. Ils jugent en effet ce nombre suffisant, en particulier pour des raisons de temps d'analyse des dossiers sélectionnés et au vu des résultats fournis par le système. Pour les deux bases de données médicales, nous retournerons donc ce nombre d'images, ceci malgré la grande différence de taille entre les deux bases. Par souci de comparaison entre les bases de données, nous en ferons de même pour les deux autres bases. Dans ces conditions, le principal critère de performances retenu pour évaluer et optimiser le paramétrage des systèmes d'aide au diagnostic sur chacune des bases de données est la précision moyenne pour une fenêtre de retrouvaille de cinq images. C'est à dire que nous calculons le pourcentage moyen de dossiers patients (ou d'images) pertinent(e)s parmi les cinq premiers résultats proposés lors d'une requête. Lorsque nous parlerons de score de précision moyenne dans la suite du texte, sans préciser la taille de la fenêtre de retrouvaille, il s'agira d'une fenêtre de cinq dossiers patients ou images. Les courbes de précision-rappel sont fournies à titre indicatif, mais nous ne les utilisons pas pour comparer deux méthodes.

2.5 Conclusion

Pour évaluer les méthodes proposées, nous les appliquons à des bases de données constituées d'images et pour certaines d'informations contextuelles. Nous présentons dans le chapitre suivant une méthode pour indexer les images et rechercher des images similaires dans une base de données images. Cette méthode est évaluée sur les bases médicales, ainsi que sur les bases Visage et Corel, qui ne contiennent que des images. Nous étendons ensuite dans le chapitre 4 la problématique de la recherche par le contenu à la recherche de documents multimodaux. Ces méthodes sont alors évaluées sur les bases médicales, où les documents, les dossiers patients, contiennent des séries d'images numériques et de l'information textuelle.

CHAPITRE

3 Indexation et recherche d'images basée sur la transformée en ondelettes

La recherche d'images par le contenu, à partir d'une image requête, s'appuie sur la comparaison d'images, et donc la définition d'une mesure de distance entre deux images. Ce travail peut être simplifié en associant aux images des signatures, ou index, qui les représentent de manière plus compacte que leur matrice de pixels. Diverses méthodes ont été proposées pour construire ces signatures (voir chapitre 1). Suite aux travaux de J.R. Ordóñez Varela, réalisés aux LaTIM en recherche d'images par le contenu basée sur des méthodes de compression [142], nous nous sommes intéressés à l'utilisation de la transformée en ondelettes pour l'extraction de caractéristiques numériques des images. Nous proposons deux approches différentes pour les indexer (représenter synthétiquement l'information qu'elles contiennent) et sélectionner des images semblables : une approche globale et une approche locale. La première fournit des descripteurs fréquentiels, texturels des images, alors que la deuxième fournit des descripteurs locaux. La transformée en ondelettes est en effet bien adaptée pour ces deux types d'approches, car elle fournit une représentation localisée à la fois en fréquence et en espace. L'approche globale proposée est générique : elle s'adapte aux images étudiées. Elle est basée sur la distribution des coefficients de la transformée de l'image, dans chacune des sous-bandes de la décomposition (voir section 3.3). La seconde est spécifique aux images étudiées, elle est basée sur la recherche des lésions de la rétinopathie diabétique. Elle se base sur un apprentissage et la détection de ces lésions dans les images (voir section 3.4).

L'un des intérêts de la transformée en ondelettes pour indexer des images réside dans sa capacité à concentrer l'information pertinente qu'elles contiennent, d'où son utilisation en compression, dans la norme JPEG-2000 [65]. Elle présente également un intérêt pratique pour la gestion de grandes bases de données d'images : nous pouvons construire directement la signature des images à partir des images compressées dans la norme JPEG-2000.

Afin d'améliorer les performances qualitatives de la recherche d'images, nous proposons d'adapter la construction des signatures et le système de recherche aux images étudiées, par un processus d'optimisation. Pour la construction des signatures, nous proposons de rechercher une ondelette adaptée aux images étudiées, avec un critère d'adaptation de haut niveau : les performances de détection (pour la signature locale) ou de récupération (pour la signature globale). Nous rappelons dans la section 3.1 les éléments principaux de la théorie des ondelettes, puis en 3.2 nous développons les méthodes utilisées pour adapter l'ondelette à nos objectifs. Nous appliquons ensuite ces méthodes pour générer des signatures globales et locales (3.3, 3.4).

3.1 La transformée en ondelettes

3.1.1 Présentation de la transformée en ondelettes

La théorie de Fourier montre qu'un signal peut être décrit et représenté une somme infinie de sinusoïdes. Cette somme est désignée sous le nom de série ou d'expansion de Fourier. L'inconvénient de cette expansion de Fourier est qu'elle décompose uniquement le signal en fréquence : elle ne contient aucune information spatiale. Ceci signifie que, bien que nous puissions déterminer toutes les fréquences dans un signal, nous ne savons pas quand elles sont présentes. Plusieurs solutions ont été proposées pour représenter en même temps un signal dans les domaines temporels et fréquentiels. Mais d'après le principe de l'incertitude de Heisenberg, il est impossible de connaître la fréquence exacte et le temps exact de l'occurrence de cette fréquence dans un signal. En d'autres termes, un signal ne peut pas simplement être représenté comme un point dans l'espace de temps-fréquence.

La transformée en ondelettes ou l'analyse en ondelettes est une des solutions les plus utilisées pour surmonter les problèmes temps-fréquence de la transformée de Fourier. Dans l'analyse en ondelettes, l'utilisation d'une fenêtre modulée en échelle résout le problème de découpage du signal. La fenêtre est déplacée sur le signal et pour chaque position, le spectre est calculé. Puis le processus est répété plusieurs fois avec une fenêtre légèrement plus courte (ou plus longue) pour chaque nouveau cycle : c'est l'analyse temps-échelle. A la fin, le résultat est une collection de représentations temps-fréquence du signal, à différentes résolutions. Nous parlons alors d'analyse multi-résolution.

La transformation en ondelettes est très intéressante en traitement du signal, et a fortiori en compression, grâce à son approche multi-résolution. Cette transformation produit une représentation à deux paramètres (temps-échelle) d'un signal. L'échelle permet d'obtenir une nouvelle notion de caractéristique "fréquentielle" dépendant du temps. La transformée en ondelettes peut être perçue comme un intermédiaire entre la transformée de Fourier à fenêtre glissante et la transformée de Wigner-Ville [51]. La transformée de Fourier à fenêtre glissante donne une représentation fréquentielle locale d'un signal (voir figure 3.1) qu'il faut considérer localement stationnaire, alors que la transformée de Wigner-Ville donne (sous différents aspects) une représentation temps-fréquence instantanée du signal [29].

La transformée en ondelettes continue d'une fonction $f \in L_2(\mathbb{R})$ est donnée par l'équation 3.1.

$$\gamma(s,\tau) = \int f(t)\Psi_{s,\tau}^*(t)dt \qquad (3.1)$$

où * dénomme le complexe-conjugué. Cette équation montre comment une fonction f est décomposée dans un ensemble de fonctions $\Psi_{s,\tau}$ appelées les ondelettes. Les variables s et τ sont les nouvelles dimensions, échelle et translation, de la transformée en ondelettes. La transformée en ondelettes inverse est donnée par l'équation 3.2.

$$f(t) = \iint \gamma(s,\tau)\Psi_{s,\tau}^*(t)d\tau ds \qquad (3.2)$$

3.1. LA TRANSFORMÉE EN ONDELETTES

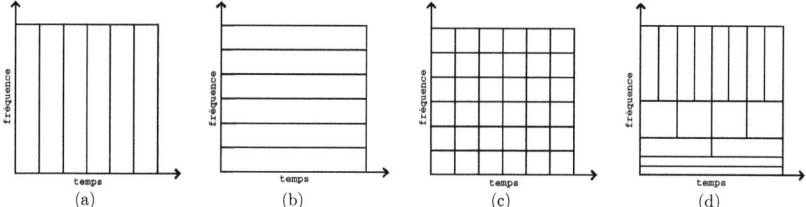

Figure 3.1 — Les différentes représentations temps-fréquence d'un signal. Ces figures représentent, pour chaque représentation du signal, la "boîte de Heisenberg" de certaines fonctions de base, c'est à dire leur localisation en temps et en fréquence : (a) pour la représentation de Shannon, (b) pour la représentation de Fourier, (c) pour la représentation de Fourier à fenêtre glissante et (d) pour la représentation en ondelettes.

Les ondelettes (équation 3.3) sont générées à partir d'une ondelette Ψ appelée l'ondelette-mère, en appliquant des opérations de changement d'échelle et des translations.

$$\Psi_{s,\tau}(t) = \frac{1}{\sqrt{s}} \Psi(\frac{t-\tau}{s}) \tag{3.3}$$

s est le facteur d'échelle, τ est le facteur de translation et $\frac{1}{\sqrt{s}}$ est un facteur de normalisation à travers les différents échelles. Il est important de noter que les fonctions de base des ondelettes ne sont pas indiquées. C'est une différence entre la transformée en ondelettes et la transformée de Fourier. La théorie de la transformée en ondelettes traite des propriétés générales des ondelettes et de la transformée associée. Elle définit un cadre dans lequel nous pouvons concevoir des ondelettes pour différentes applications.

3.1.2 L'analyse multirésolution

L'ondelette mère Ψ est construite à partir d'une fonction dite d'échelle, notée Φ, satisfaisant l'équation différentielle 3.4.

$$\Phi(t) = \sqrt{2} \sum_{k=-\infty}^{\infty} h_k \Phi(2t - k) \tag{3.4}$$

L'ondelette mère Ψ est elle définie par l'équation 3.5.

$$\Psi(t) = \sqrt{2} \sum_{k=-\infty}^{\infty} g_k \Phi(2t - k) \tag{3.5}$$

Les fonctions d'échelle (resp. d'ondelette) à une échelle j génèrent un sous-espace V_j (resp. W_j) de $L^2(R)$. L'approximation d'une fonction f jusqu'à l'échelle j est dans V_j et les détails sont dans W_j. $\{V_j\}_{j \in Z}$ et $\{W_j\}_{j \in Z}$ constituent ce que l'on appelle une analyse multirésolution.

Cette analyse multirésolution, qui nous permet de décomposer le signal, est appelée analyse multirésolution primale. Pour reconstruire le signal (synthèse), on définit une seconde analyse multirésolution, dite duale. Cette nouvelle analyse multirésolution est formée de sous-espaces duaux : $\tilde{V}_j$, généré par une fonction d'échelle $\tilde{\Phi}$, et $\tilde{W}_j$, généré par une fonction

CHAPITRE 3. INDEXATION ET RECHERCHE D'IMAGES BASÉE SUR LA TRANSFORMÉE EN ONDELETTES

mère $\tilde{\Psi}$. Une fonction $f \in L_2(\mathbb{R})$ peut alors s'écrire comme suit :

$$x \mapsto f(x) = \sum_{j,k \in \mathbb{Z}} <f, \tilde{\Psi}_{j,k}> \Psi_{j,k}(x)$$
$$= \sum_{k \in \mathbb{Z}} <f, \tilde{\Phi}_{N_l,k}> \Phi_{N_l,k}(x) \quad (3.6)$$
$$+ \sum_{j \leq N_l, k \in \mathbb{Z}} <f, \tilde{\Psi}_{j,k}> \Psi_{j,k}(x), N_l \in \mathbb{Z}$$

Pour que la reconstruction soit parfaite, il faut que les bases d'ondelettes primales et duales soient biorthogonales :

$$\begin{cases} <\tilde{\Phi}_{jk}, \Phi_{jl}> = \delta_{kl} \\ <\tilde{\Psi}_{jk}, \Psi_{jl}> = \delta_{kl} \\ <\tilde{\Psi}_{jk}, \Phi_{jl}> = 0 \\ <\tilde{\Phi}_{jk}, \Psi_{jl}> = 0 \end{cases} \quad (3.7)$$

Les études menées par Mallat [88] ont prouvé une équivalence entre la théorie mathématique des ondelettes et l'approche multi-résolution par bancs de filtres, ce qui lui a permis de mettre au point un algorithme de décomposition en ondelettes rapide, à l'aide de bancs de filtres. La compréhension est plus immédiate avec cette seconde approche, propre au traitement du signal. L'idée sous-jacente de l'approche par bancs de filtres est de représenter le signal à analyser selon différentes bandes correspondant à des domaines fréquentiels donnés. Cette approche n'est pas nouvelle, elle était déjà bien connue avant la théorie des ondelettes. La figure 3.2 illustre un banc de filtres à deux bandes où H et $\tilde{H}$ désignent des filtres passe-bas, G et $\tilde{G}$ des filtres passe-haut. Nous notons $\{h_k\}_{k \in \mathbb{Z}}$, $\{\tilde{h}_k\}_{k \in \mathbb{Z}}$, $\{g_k\}_{k \in \mathbb{Z}}$ et $\{\tilde{g}_k\}_{k \in \mathbb{Z}}$ les coefficients des filtres correspondants. $\{h_k\}_{k \in \mathbb{Z}}$ et $\{g_k\}_{k \in \mathbb{Z}}$ sont les coefficients des filtres d'échelle et d'ondelette vus précédemment (cf. équations 3.4 et 3.5). Ainsi le produit de convolution entre $x[n]$ et H (resp. G) s'écrit $\sum_{\mathbb{Z}} h_k x[n-k]$ (resp. $\sum_{\mathbb{Z}} g_k x[n-k]$). $\{\tilde{h}_k\}_{k \in \mathbb{Z}}$ et $\{\tilde{g}_k\}_{k \in \mathbb{Z}}$ sont les coefficients des filtres d'échelle et d'ondelette duales.

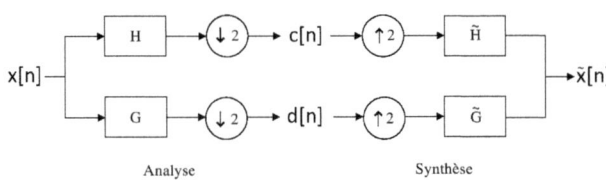

Figure 3.2 — Banc de filtres. Le symbole $\downarrow 2$ représente la décimation par 2, et $\uparrow 2$ un sur-échantillonnage (en intercalant un zéro entre deux coefficients consécutifs).

Dans le cas des ondelettes biorthogonales, les filtres $\tilde{H}$ et $\tilde{G}$ sont reliés de la manière suivante : $\{\tilde{h}_k = (-1)^k g_{-k}\}_{k \in \mathbb{Z}}$ et $\{\tilde{g}_k = (-1)^k h_{-k}\}_{k \in \mathbb{Z}}$. Dans le cas plus particulier des ondelettes orthogonales : $\tilde{H} = H$ et $\tilde{G} = G$.

L'étape de décomposition (analyse) d'un signal discret $x[n]$ donne naissance à deux signaux : $c[n]$, une approximation du signal (*coarse*), et $d[n]$ le détail. En disposant le banc de filtres de la figure 3.2 en cascade, tel qu'illustré sur la figure 3.3, des approximations

3.1. LA TRANSFORMÉE EN ONDELETTES

successives de $x[n]$ sont obtenues : $c^1[n]$, $c^2[n]$, ..., $c^{N_l}[n]$, où N_l est le nombre de niveaux de décomposition (cf. équation 3.6). Ces approximations sont des versions lissées et sous-échantillonnées de $x[n]$ ($\downarrow 2^j$ à l'échelle j). Lorsque la mise en cascade s'étend à l'infini, le signal $x[n]$ est caractérisé par la somme (infinie) des "détails" d^i issus des filtres passe-haut G.

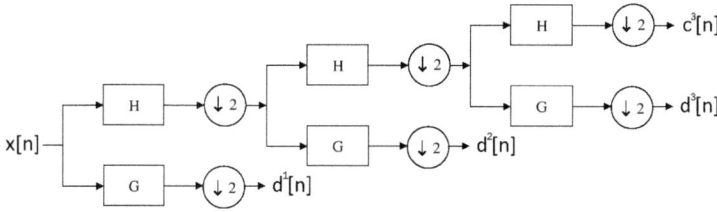

Figure 3.3 — Banc de filtres en cascade à $N_l = 3$ niveaux de décomposition

3.1.3 Propriétés des ondelettes

Pour que la transformée en ondelettes permette de traiter efficacement un signal, il est souhaitable que l'ondelette respecte certaines conditions, les plus importantes étant la *condition d'admissibilité* et la *condition de régularité*. Les fonctions $\Psi(t)$ qui satisfont la *condition d'admissibilité* (équation 3.8) :

$$\int \frac{|\hat{\Psi}(w)|^2}{|w|} dw < +\infty \qquad (3.8)$$

où $\hat{\Psi}$ est la transformée de Fourier de Ψ, peuvent être employés d'abord pour analyser, puis pour reconstruire un signal sans perte d'information. La *condition d'admissibilité* implique que la transformée de Fourier de $\Psi(t)$ disparaît à la fréquence nulle, c'est à dire $|\hat{\Psi}(w)|\big|_{w=0} = 0$. Ceci signifie que les ondelettes doivent avoir un spectre passe-bande. Un zéro à la fréquence zéro signifie également que la valeur moyenne d'une ondelette dans le domaine temporel doit être zéro ($\int \Psi(t) dt = 0$) et donc qu'elle doit être oscillante. En d'autres termes, Ψ doit être une onde.

Comme nous l'avons vu, la transformée en ondelettes d'une fonction unidimensionnelle (fonction de t) est bidimensionnelle (fonction de s et τ), la transformée en ondelettes d'une fonction bidimensionnelle est quadridimensionnelle. Le produit "temps x largeur de bande" d'une transformée en ondelettes est le carré du signal d'entrée; mais pour la plupart des applications pratiques, ce n'est pas une propriété souhaitable. Par conséquent, on impose une condition additionnelle aux fonctions d'ondelettes afin de faire décroître rapidement la transformée en ondelettes pour les échelles décroissantes s. Ce sont les conditions de régularité, qui établissent que la fonction d'ondelettes doit avoir une certaine "douceur" et "concentration" dans les domaines temps et fréquence.

Si nous développons la transformée en ondelettes dans une série de *Taylor* en $t = 0$ jusqu'à l'ordre n (laissant $\tau = 0$ pour simplifier), nous obtenons l'équation 3.9 :

$$\gamma(s,0) = \frac{1}{\sqrt{s}} \left(\sum_{p=0}^{n} f^{(p)}(0) \int \frac{t^p}{p!} \psi(\frac{t}{s}) dt + O(n+1) \right) \tag{3.9}$$

où $f^{(p)}$ est la $p^{\text{ième}}$ dérivée de f et $O(n+1)$ représente le reste de l'expansion. Si nous définissons les moments d'"ondelettes" par M_p (équation 3.10),

$$M_p = \int t^p \psi(t) dt \tag{3.10}$$

alors nous pouvons réécrire l'équation 3.9 sous la forme d'un développement fini (équation 3.11) :

$$\gamma(s,0) = \frac{1}{\sqrt{s}} \left(f(0)M_0 s + \frac{f^{(1)}(0)}{1!} M_1 s^2 + \frac{f^{(2)}(0)}{2!} M_2 s^3 + ... + \frac{f^{(n)}(0)}{n!} M_n s^{n+1} + O(s^{n+2}) \right) \tag{3.11}$$

La condition d'admissibilité impose que le moment d'ordre 0, M_0, soit nul, de sorte que la première partie dans l'expression précédente soit égale à zéro. Si nous parvenons maintenant à rendre les autres moments jusqu'à M_n nuls également, alors les coefficients de la transformée en ondelettes $\gamma(s,t)$ diminueront aussi rapidement que s^{n+2} pour un signal doux $f(t)$.

Une autre propriété souhaitable des ondelettes est la compacité du support. La taille de son support doit être aussi petite que possible, afin que le calcul du signal transformé soit rapide.

3.1.4 Extension à deux dimensions

A l'instar de la transformée de Fourier, la transformée en ondelettes peut être appliquée aux images en considérant que les deux dimensions sont séparables. Concrètement, la transformée en ondelettes est d'abord appliquée à toutes les lignes de l'image, puis à toutes les colonnes de l'image obtenue à l'issue du traitement des lignes. Cette représentation est très utilisée en traitement et compression des images, mais il existe des représentations à 2 dimensions non-séparables [74, 73]. La formulation mathématique donne naissance à une fonction d'échelle (Φ) et à trois ondelettes (Ψ_{Hori}, Ψ_{Vert}, Ψ_{Diag}) à deux dimensions :

$$\Phi(x,y) = \Phi(x)\Phi(y) \tag{3.12}$$
$$\Psi_{Hori}(x,y) = \Phi(x)\Psi(y) \tag{3.13}$$
$$\Psi_{Vert}(x,y) = \Psi(x)\Phi(y) \tag{3.14}$$
$$\Psi_{Diag}(x,y) = \Psi(x)\Psi(y) \tag{3.15}$$

Cet ensemble de fonctions fournit une représentation dyadique de l'image, avec trois sous-bandes de coefficients d'ondelettes pour chaque résolution n ($n = 1..N_l$) notées nHL, nLH et nHH, et une unique image d'approximation, notée N_lLL. Cette représentation est obtenue de la manière suivante :

- à chaque niveau n, la sous-bande de basse fréquence du niveau précédent, $(n-1)$LL, est décomposée ligne par ligne et colonne par colonne (0LL est en fait l'image de départ).

3.1. LA TRANSFORMÉE EN ONDELETTES

- on obtient alors quatre nouvelles sous-bandes nLL, nLH, nHL et nHH :
  - nLL regroupe les coefficients de basse fréquence selon l'axe vertical et selon l'axe horizontal
  - nHL regroupe les coefficients de haute fréquence selon l'axe vertical et de basse fréquence selon l'axe horizontal
  - nLH regroupe les coefficients de basse fréquence selon l'axe vertical et de haute fréquence et selon l'axe horizontal
  - nHH regroupe les coefficients de haute fréquence selon l'axe vertical et selon l'axe horizontal

La figure 3.4 montre un exemple de transformée en ondelettes d'une image obtenue par cette représentation.

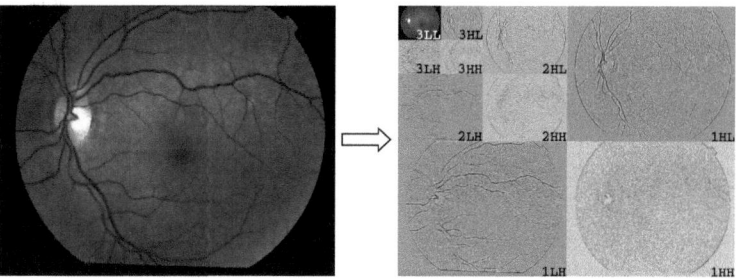

Figure 3.4 — Transformée en ondelettes d'une image - schéma de décomposition pyramidal

Un tel schéma de décomposition est dit pyramidal. D'autres schémas sont envisageables. Il est possible en effet :

1. de décomposer d'autres sous-bandes du niveau $n-1$ que $(n-1)$LL, et ainsi former des sous-niveaux de décomposition
2. de décomposer une sous-bande uniquement ligne par ligne ou colonne par colonne, et ainsi former uniquement 2 sous-bandes de niveau n pour une sous-bande donnée du niveau $n-1$.
3. de faire un choix différent pour les points 1. et 2. à chaque résolution n

La partie II du format JPEG-2000 [66] permet de spécifier n'importe quel schéma de décomposition. Il en propose notamment quatre schémas, présentés sur la figure 3.5 :
- la décomposition pyramidale
- la décomposition SPACL (Signal Processing And Coding Lab, Université d'Arizona)
- décomposition en paquets d'ondelettes
- la décomposition FBI (Federal Bureau of Investigation, pour la compression d'images d'empreintes digitales)

CHAPITRE 3. INDEXATION ET RECHERCHE D'IMAGES BASÉE SUR LA TRANSFORMÉE EN ONDELETTES

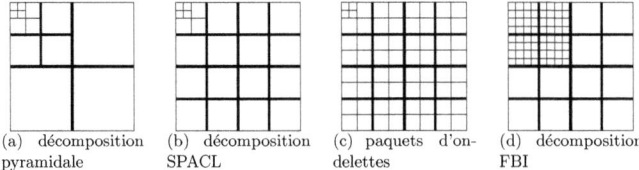

(a) décomposition pyramidale   (b) décomposition SPACL   (c) paquets d'ondelettes   (d) décomposition FBI

Figure 3.5 — Différents schémas de décomposition. Le niveau des décompositions est indiqué par la largeur du trait (la largeur décroissant lorsque le niveau augmente). La différence entre la décomposition SPACL et la décomposition pyramidale, par exemple, est que dans le premier cas les sous-bandes $1HL$, $1LH$ et $1HH$ sont décomposées 1 fois.

3.1.5 La transformée en ondelettes invariante par translation

Pour certaines applications, notamment pour le débruitage, le sous-échantillonnage peut poser des problèmes dus à la perte de résolution. De plus la transformée en ondelettes des images n'est pas invariante par translation : elle dépend du temps ou de la position dans l'image, ce qui peut poser problème pour caractériser des formes. Pour résoudre ce problème, Coifman a introduit la transformée en ondelettes invariante par translation (ou transformée en ondelettes redondante), qui consiste à ne pas sous-échantillonner les approximations du signal [27]. Ainsi, toutes les sous-bandes de la décomposition ont les dimensions du signal de départ. La transformée en ondelettes invariante s'obtient en appliquant le banc de filtre en cascade de la figure 3.3, en supprimant les étapes de sous-échantillonnage.

3.2 Adaptation de l'ondelette

3.2.1 Adaptation d'une ondelette à un problème spécifique

La construction d'une base ondelette ayant de "bonnes propriétés" est une tâche difficile dans le schéma classique (cf. section 3.1.3). En effet, plusieurs contraintes doivent être satisfaites à la fois (telles que la biorthogonalité, la régularité ou l'admissibilité) [26]. Néanmoins, plusieurs études ont été menées pour adapter une ondelette à un signal de référence, avec différentes contraintes sur les propriétés de l'ondelette et sur le critère d'adaptation. L'objectif est généralement de minimiser la norme L^2 entre le signal et son approximation jusqu'à une certaine échelle (à des fins de compression par exemple) [138, 57]. Ces méthodes ont été appliquées dans le domaine médical, pour classifier des signaux à forme d'ondes [87, 32]. Dans notre cas, nous ne cherchons pas un filtre qui soit une approximation du signal de référence. Nous cherchons à paramétrer une signature générique d'image (cf. section 3.3) et un détecteur générique de lésions (cf. section 3.4). Nous n'avons donc pas de critère simple pour caractériser une bonne transformée en ondelettes. La seule mesure d'adaptation dont nous disposons est la précision du moteur de recherche et la sensibilité du classifieur. Nous devons donc construire l'ondelette de manière empirique, par une procédure d'optimisation, dans laquelle la fonction d'adaptation de l'ondelette n'est pas donnée explicitement. Donc, si nous voulons construire un filtre qui satisfasse toutes les contraintes nécessaires pour engendrer une transformée en ondelettes, nous devrions mener une optimisation sous contraintes. Or le coût d'une telle optimisation est très élevée.

Des solutions ont été proposées pour rechercher facilement une ondelette adaptée, en imposant certaines restrictions sur l'espace des ondelettes considéré. La décomposition en treillis (*lattice decomposition*) en est un exemple [130, 97]. Cette décomposition ne concerne que les ondelettes orthogonales. L'utilisation de la décomposition dans un processus d'optimisation en treillis est intéressante, car les filtres sont définis par un vecteur d'angles, ce qui nous procure des bornes sur l'espace à parcourir $((\alpha_i/ - \pi \leq \alpha_i < \pi, \forall i).)$. Nous avons cependant préféré adopter une autre solution.

En 1994, Sweldens a proposé une méthode simple pour satisfaire toutes ces contraintes, en ramenant le problème à une simple relation entre les coefficients de l'ondelette. Cette approche, appelée le schéma de lissage (*lifting scheme*) [134], reformule simplement le schéma classique de la transformée en ondelettes. Ce schéma permet de se ramener à une procédure d'optimisation simple. Le schéma de lissage est présenté à la section 3.2.2. Parcequ'il permet un calcul rapide de la transformée en ondelettes, le schéma de lissage est utilisé dans le standard de compression JPEG-2000 [65]. Donc par souci d'efficacité des calculs et de compatibilité avec la méthode de compression, il est intéressant de rechercher une ondelette dans le cadre du schéma de lissage.

3.2.2 Le schéma de lissage

Le schéma de lissage (*lifting scheme*) [134] est une nouvelle approche pour construire les ondelettes biorthogonales à support compact. Il est basé sur une simple relation entre toutes les analyses multirésolutions qui partagent une même fonction d'échelle : soit $\left\{\Phi, \tilde{\Phi}^0, \Psi^0, \tilde{\Psi}^0\right\}$ un ensemble initial de fonctions d'échelle et d'ondelette biorthogonales, alors un nouvel ensemble $\left\{\Phi, \tilde{\Phi}, \Psi, \tilde{\Psi}\right\}$ peut être trouvé d'après l'équation 3.16.

CHAPITRE 3. INDEXATION ET RECHERCHE D'IMAGES BASÉE SUR LA TRANSFORMÉE EN ONDELETTES

$$\begin{cases} \Psi(x) = \Psi^0(x) - \sum_k s_k \Phi(x-k) \\ \tilde{\Phi}(x) = 2\sum_k \tilde{h}_k^0 \tilde{\Phi}(2x-k) + \sum_k s_{-k}\tilde{\Psi}(x-k) \\ \tilde{\Psi}(x) = 2\sum_k \tilde{g}_k \tilde{\Phi}(2x-k) \end{cases} \quad (3.16)$$

Les coefficients s_k de l'équation 3.16 peuvent être choisis librement. Par conséquent, on peut partir d'un ensemble initial de filtres biorthogonaux simples et générer de nouveaux filtres biorthogonaux à l'aide de la relation précédente. L'ondelette biorthogonale la plus simple est l'ondelette dite paresseuse (*lazy wavelet*) : elle ne fait que diviser un signal $x[n]$ en deux signaux formés pour l'un des coefficients pairs de $x[n]$ et pour l'autre de ses coefficients impairs.

Dans [26], les auteurs proposent un banc de filtres adapté de l'équation 3.16. Ils définissent deux filtres P et U à partir des coefficients s_k (voir figure 3.6) :
- séparation : le signal $x[n]$ est divisé en deux signaux $x_o[n]$ et $x_e[n]$, l'un contenant les coefficients impairs de $x[n]$ ($x_o[n]$) et l'autre les coefficients pairs ($x_e[n]$). Ceci revient à utiliser l'ondelette paresseuse comme ensemble initial de filtres.
- prédiction (*predict*) : on génère les coefficients d'ondelettes $d[n]$, qui correspondent à l'erreur de prédiction de $x_o[n]$ par $x_e[n]$, en utilisant l'opérateur de prédiction P : $d[n] = x_o[n] - P(x_e[n])$.
- mise à jour (*update*) : on combine $x_e[n]$ et $d[n]$ pour obtenir les coefficients d'échelle $c[n]$, qui représentent une approximation grossière du signal original $x[n]$. Cette mise à jour est effectuée par un opérateur U : $c[n] = x_e[n] + U(d[n])$.

Soient N_p et N_u la taille du support des filtres linéaires P et U. On note $\{p_k\}_{k=0..N_p-1}$ et $\{u_k\}_{k=0..N_u-1}$ les coefficients des filtres P et U.

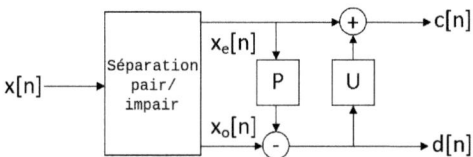

Figure 3.6 — Banc de filtre à un étage appliquant le schéma de lissage

La séquence séparation/prédiction/mise à jour est équivalente au banc de filtre défini à la section 3.1.2 et illustré sur la figure 3.2. Ainsi les signaux $c[n]$ et $d[n]$ obtenus en sortie du filtre sont les mêmes que ceux obtenus à la section 3.1.2 pour un signal d'entrée $x[n]$ donné. L'équivalence entre le schéma de lissage et le schéma classique est illustrée sur un exemple (cf. figure 3.7). L'intérêt de représenter le banc de filtre sous la forme de la figure 3.6 est qu'il est plus facile de vérifier différentes propriétés intéressantes des ondelettes : la biorthogonalité (cf. section 3.2.2.1), la régularité de l'ondelette primale Ψ (cf. section 3.2.2.2) et la régularité de l'ondelette duale $\tilde{\Psi}$ (cf. section 3.2.2.3).

Dans le cas d'une transformée en ondelettes invariante par translation (présenté au paragraphe 3.1.5), le banc de filtre utilisé est donné sur la figure 3.8.

Les filtres G et H équivalents ont des tailles de support égales à N_g et à N_h, respectivement, définies par l'équation 3.17 (le couple de tailles de support des filtres H et G est noté N_h/N_g).

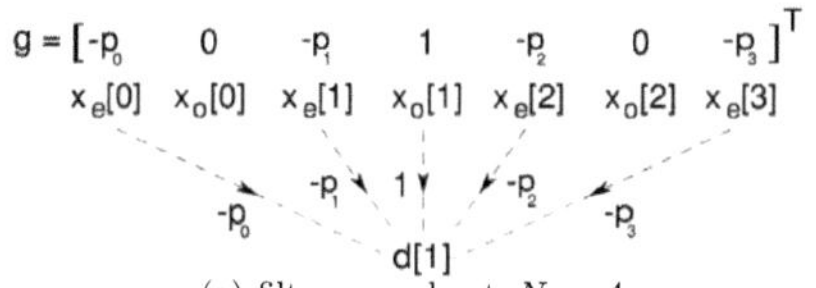

3.2. ADAPTATION DE L'ONDELETTE

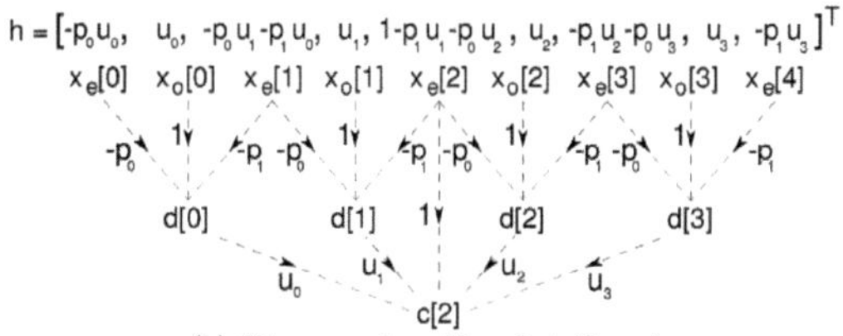

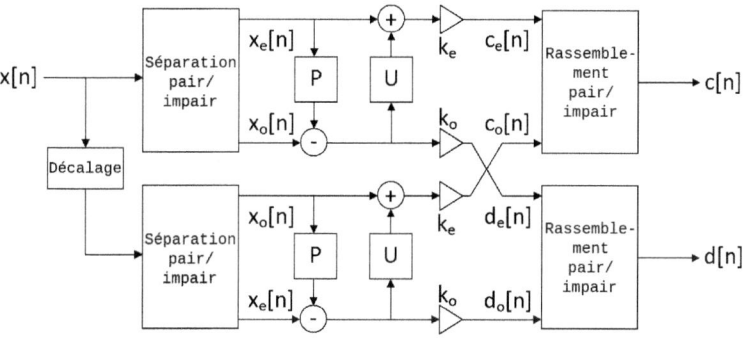

Figure 3.7 — Equivalence entre le schéma de lissage et le schéma classique. En appliquant la procédure de la figure 3.6 au signal d'entrée x, on en déduit les filtres passe-haut G et passe-bas H correspondants.

Figure 3.8 — Banc de filtre à un étage appliquant le schéma de lissage (décomposition invariante par translation). Dans le cas invariant par translation, on applique deux fois le banc de filtre de la figure 3.6 en changeant, dans le deuxième filtre, le rôle des coefficients pairs et impairs.

$$\begin{cases} N_h = 2(N_p + N_u) - 3 \\ N_g = 2N_p - 1 \end{cases} \quad (3.17)$$

3.2.2.1 Contraintes minimales sur les coefficients de P et de U

Il a été démontré [26] que pour que l'ondelette soit biorthogonale, les filtres P et U doivent uniquement satisfaire les conditions suivantes (équations 3.18 et 3.19) :

31

CHAPITRE 3. INDEXATION ET RECHERCHE D'IMAGES BASÉE SUR LA TRANSFORMÉE EN ONDELETTES

$$\sum_{i=1}^{N_p} p_i = 1 \tag{3.18}$$

$$\sum_{i=1}^{N_u} u_i = \frac{1}{2} \tag{3.19}$$

Le système a donc $N_p + N_u - 2$ degrés de liberté. Dans le cadre de la compression, ces coefficients sont déterminés de telle sorte que l'erreur de prédiction soit la plus faible possible [26] (condition de régularité). Nous utilisons une partie de ces degrés de liberté pour adapter l'ondelette à notre problème et une partie pour contrôler la régularité de l'ondelette primale (cf. 3.2.2.2) et celle de l'ondelette duale (cf. 3.2.2.3). Par défaut, quand nous ne le préciserons pas, l'intégralité des $N_p + N_u - 2$ degrés de libertés seront utilisés pour adapter l'ondelette.

Claypoole a montré comment utiliser l'intégralité des degrés de liberté pour améliorer au maximum la régularité des deux ondelettes [26]. Nous montrons, dans les deux sections suivantes, comment nous pouvons en utiliser une partie à cet effet et réserver les autres pour adapter l'ondelette.

3.2.2.2 Contrôle de la régularité de l'ondelette primale

Le but de l'étape de prédiction est d'éliminer les basses fréquences du signal d'entrée $x[n]$. Nous souhaitons donc annuler les premiers moments de l'ondelette primale. Soit $M_p \leq N_p$ le nombre de moments que nous voulons annuler. Nous définissons la matrice V, de dimensions $M_p \times N_g$, comme suit :

$$V(k,l) = (l + 1 - N_p)^k, k = 0..M_p - 1, l = 0..N_g - 1 \tag{3.20}$$

Par exemple, si $N_p = 6$ (donc $N_g = 11$) et $M_p = 3$, nous obtenons la matrice V suivante :

$$V = \begin{pmatrix} 1 & 1 & 1 & 1 & 1 & 1 & 1 & 1 & 1 & 1 & 1 \\ -5 & -4 & -3 & -2 & -1 & 0 & 1 & 2 & 3 & 4 & 5 \\ 25 & 16 & 9 & 4 & 1 & 0 & 1 & 4 & 9 & 16 & 25 \end{pmatrix} \tag{3.21}$$

Ainsi, pour que l'étape de prédiction annule tous les moments d'ordre inférieur à M_p, il suffit que :

$$V.G = 0 \tag{3.22}$$

Ce qui, pour notre exemple donne :

$$V.\begin{pmatrix} -p_0 & 0 & -p_1 & 0 & -p_2 & 1 & -p_3 & 0 & -p_4 & 0 & -p_5 \end{pmatrix}^T = 0 \tag{3.23}$$

On constate que les coefficients pairs de G (le coefficient central ayant l'indice 0) sont nuls, sauf le coefficient central qui vaut 1. Par conséquent, on peut réduire la dimension du problème. En définissant la matrice C, qui contient les colonnes paires de V, l'équation 3.22 devient :

$$C.\begin{pmatrix} p_0 & \ldots & p_{N_p-1} \end{pmatrix}^T = \begin{pmatrix} 1 & 0 & \ldots & 0 \end{pmatrix}^T \tag{3.24}$$

3.2. ADAPTATION DE L'ONDELETTE

Pour notre exemple :

$$C = \begin{pmatrix} 1 & 1 & 1 & 1 & 1 & 1 \\ -5 & -3 & -1 & 1 & 3 & 5 \\ 25 & 9 & 1 & 1 & 9 & 25 \end{pmatrix} \quad (3.25)$$

Remarque : la contrainte correspondant à la première ligne de C est équivalente à l'équation 3.18. Ainsi, l'équation 3.18 est un cas particulier de l'équation 3.22, pour le cas où M_p vaut un.

Nous avons donc $M_p = 3$ équations et $N_p = 6$ inconnues. Les $N_p - M_p = 3$ degrés de libertés restants sont utilisés pour adapter l'ondelette au problème considéré. Ainsi, les coefficients $(p_i)_{i=0..N_p-M_p-1}$ sont générés par le module d'optimisation (qui sera décrit aux sections 3.2.3), puis les coefficients $(p_i)_{i=N_p-M_p..N_p-1}$ sont déterminés par l'équation 3.24. On se ramène pour cela à la résolution d'un système linéaire $A.x = b$ de dimension M_p où :
- A est la matrice carrée de dimension M_p, formée des M_p dernières colonnes de C.
- Soit B la matrice formée des $N_p - M_p$ premières colonnes de C. Le second membre b vaut $\begin{pmatrix} 1 & 0 & \dots & 0 \end{pmatrix}^T - B.\begin{pmatrix} p_0 & \dots & p_{N_p-M_p-1} \end{pmatrix}^T$.

Nous résolvons ce système par la méthode LU [44].

3.2.2.3 Contrôle de la régularité de l'ondelette duale

Le filtre passe-bas H, qui dépend à la fois de P et de U (voir figure 3.7), est censé conserver les basses fréquences du signal, tout en atténuant ses hautes fréquences. De manière équivalente, nous pouvons chercher à éliminer les moments d'ordre faible de l'ondelette duale. Puisque nous travaillons avec des ondelettes biorthogonales, le filtre dual $\tilde{G}$ de H est défini comme suit :

$$\tilde{g}_k = (-1)^k h_k \quad (3.26)$$

Ainsi, dans le cas où $N_p = 2$ et $N_u = 4$ (voir figure 3.7 (b)), nous obtenons :

$$H = \begin{pmatrix} -p_0 u_0 \\ u_0 \\ -p_0 u_1 - p_1 u_0 \\ u_1 \\ 1 - p_1 u_1 - p_0 u_2 \\ u_2 \\ -p_1 u_2 - p_0 u_3 \\ u_3 \\ -p_1 u_3 \end{pmatrix} \tilde{G} = \begin{pmatrix} -p_0 u_0 \\ -u_0 \\ -p_0 u_1 - p_1 u_0 \\ -u_1 \\ 1 - p_1 u_1 - p_0 u_2 \\ -u_2 \\ -p_1 u_2 - p_0 u_3 \\ -u_3 \\ -p_1 u_3 \end{pmatrix} \quad (3.27)$$

Soit $M_u \leq N_u$ le degré maximal des moments que nous voulons annuler. De façon similaire à la section précédente, nous définissons la matrice V', de dimension $M_u \times N_h$, comme suit :

$$V'(k, l) = (l + 2 - N_p - N_u)^k, k = 0..M_u - 1, l = 0..N_h - 1 \quad (3.28)$$

Dans le cas où $N_p = 2$, $N_u = 4$ et $M_u = 2$ par exemple, nous obtenons la matrice V' suivante :

CHAPITRE 3. INDEXATION ET RECHERCHE D'IMAGES BASÉE SUR LA TRANSFORMÉE EN ONDELETTES

$$V' = \begin{pmatrix} 1 & 1 & 1 & 1 & 1 & 1 & 1 & 1 & 1 \\ -4 & -3 & -2 & -1 & 0 & 1 & 2 & 3 & 4 \end{pmatrix} \qquad (3.29)$$

Ainsi, pour que l'étape de prédiction annule tous les moments d'ordre inférieur à M_u, il suffit que :

$$V'.\tilde{G} = 0 \qquad (3.30)$$

Nous supposons que le filtre P a été déterminé par la méthode présentée à la section précédente. Nous avons donc $M_u = 2$ équations et $N_u = 4$ inconnues. Les $N_u - M_u = 2$ degrés de libertés restants sont utilisés pour adapter l'ondelette au problème considéré. Ainsi, les coefficients $(u_i)_{i=0..N_u-M_u-1}$ sont générés par le module d'optimisation (qui sera décrit aux sections 3.2.3), puis les coefficients $(u_i)_{i=N_u-M_u..N_u-1}$ sont déterminés par l'équation 3.30. On se ramène pour cela à la résolution d'un système linéaire $A'.x = b'$ de dimension M_u.

Avant de nous ramener à un système de dimension M_u, nous passons par une étape intermédiaire : nous nous ramenons à un système de dimension $M_u \times N_u$ (nombre d'équation × nombre d'inconnues), comme au paragraphe précédent, et la simplification de ce système intermédiaire sera identique. Soit $\tilde{g}_i^j$ le facteur de u_j dans l'expression littérale de $\tilde{g}_i$ (si $\tilde{g}_i = -p_0 u_1 - p_1 u_0$, alors $\tilde{g}_i^0 = -p_1$, $\tilde{g}_i^1 = -p_0$, $\tilde{g}_i^2 = 0$, ...). Nous définissons la matrice C', de dimension $M_u \times N_u$, comme suit :

$$C'(k,l) = \sum_u V'(k,u) \tilde{g}_u^l \qquad (3.31)$$

Pour l'exemple précédent, nous obtenons la matrice C' suivante :

$$C' = \begin{pmatrix} -p_0 V'(0,0) - V'(0,1) - p_1 V'(0,2) & -p_0 V'(1,0) - V'(1,1) - p_1 V'(1,2) \\ -p_0 V'(0,2) - V'(0,3) - p_1 V'(0,4) & -p_0 V'(1,2) - V'(1,3) - p_1 V'(1,4) \\ -p_0 V'(0,4) - V'(0,5) - p_1 V'(0,6) & -p_0 V'(1,4) - V'(1,5) - p_1 V'(1,6) \\ -p_0 V'(0,6) - V'(0,7) - p_1 V'(0,8) & -p_0 V'(1,6) - V'(1,7) - p_1 V'(1,8) \end{pmatrix}^T \qquad (3.32)$$

$$C' = \begin{pmatrix} -p_0 - 1 - p_1 & -p_0 - 1 - p_1 & -p_0 - 1 - p_1 & -p_0 - 1 - p_1 \\ 4p_0 + 3 + 2p_1 & 2p_0 + 1 & -1 - 2p_1 & -2p_0 - 3 - 4p_1 \end{pmatrix} \qquad (3.33)$$

L'équation 3.30 se simplifie de la manière suivante :

$$C'.u = \begin{pmatrix} -1 & 0 & \ldots & 0 \end{pmatrix}^T \qquad (3.34)$$

Le second membre correspond au produit de la colonne centrale de V' par le 1 du coefficient central de $\tilde{G}$. Le passage de l'équation 3.30 à l'équation 3.34 est nécessaire pour déterminer U. Elle suppose néanmoins que l'on dispose d'une expression littérale pour $\tilde{G}$ afin de déterminer les coefficients $\tilde{g}_i^j$ intervenant dans l'équation 3.31. Le calcul de l'expression littérale pour H, dont découle $\tilde{G}$ (voir l'équation 3.26), s'obtient facilement par le principe illustré sur la figure 3.7 (b).

Le système linéaire final à résoudre est le suivant :
- La matrice A' est formée des M_u dernières colonnes de C'.
- Soit B' la matrice formée des $N_u - M_u$ premières colonnes de C'. Le second membre b' vaut $\begin{pmatrix} -1 & 0 & \ldots & 0 \end{pmatrix}^T - B'.\begin{pmatrix} u_0 & \ldots & u_{N_u-M_u-1} \end{pmatrix}^T$.

3.2. ADAPTATION DE L'ONDELETTE

Ici encore, nous résolvons le système par la méthode LU.

3.2.3 Adaptation des coefficients de l'ondelette

Dans le cadre du schéma de lissage, les filtres de prédiction P et de mise à jour U ont des supports de longueur paire non nulle. Les filtres associés à la fonction d'échelle (H) et à la fonction d'ondelette mère (G) correspondants ont les tailles de supports N_h/N_g suivants (d'après l'équation 3.17 de la section 3.2.2) :
- 5/3 (si $N_p = 2$ et $N_u = 2$)
- 9/3 (si $N_p = 2$ et $N_u = 4$)
- 9/7 (si $N_p = 4$ et $N_u = 2$)
- 13/7 (si $N_p = 4$ et $N_u = 4$)
- ou plus

Lorsque nous nous intéressons aux détails de l'image (pour la recherche des lésions par exemple), il est inutile de rechercher des ondelettes de plus grand support.

En fonction de la taille du support choisi, le nombre de degrés de liberté est défini par les équations 3.18 et 3.19 de la section 3.2.2 :
- 5/3 → 2 coefficients indéterminés
- 9/3 → 4 coefficients indéterminés
- 9/7 → 4 coefficients indéterminés
- 13/7 → 6 coefficients indéterminés

Nous proposons de déterminer ces coefficients de telle sorte que le taux de classification du détecteur de forme (pour la signature locale) ou directement l'efficacité du système de recherche (pour la signature globale) soit maximale. Ces coefficients sont donc recherchés par optimisation.

Le processus d'optimisation proposé est basé sur les algorithmes génétiques (cf. 3.2.4) et la méthode des directions de Powell (cf. 3.2.5). Ces algorithmes ont été choisis car la fonction à optimiser (le taux de classification ou l'efficacité du système de recherche en fonction de l'ondelette) présente potentiellement plusieurs optima locaux et nous ne connaissons pas son gradient. L'intérêt d'utiliser conjointement ces deux algorithmes est le suivant :
- L'algorithme génétique permet de parcourir grossièrement un grand espace et de générer une population de solutions proches de bons optima locaux.
- Les m meilleures solutions trouvées par l'algorithme génétique peuvent être utilisées pour initialiser l'algorithme de descente et ainsi approcher plus précisément les optima locaux.

Dans les algorithmes proposés, nous effectuons $m = 5$ descentes de gradient.

3.2.4 Les algorithmes génétiques

Les algorithmes génétiques [50] sont des métaheuristiques dont le but est d'obtenir rapidement une solution approchée à un problème d'optimisation, lorsqu'on ne connaît pas de méthode exacte pour le résoudre en un temps raisonnable. Les algorithmes génétiques utilisent la notion de sélection naturelle développée au XIXe siècle par Darwin et l'appliquent à une population de solutions potentielles au problème considéré. On se rapproche par "bonds" successifs d'une solution, comme dans une procédure de séparation et évaluation, à ceci près que ce sont des formules qui sont recherchées et non plus directement des valeurs.

Les algorithmes génétiques sont souvent utilisés pour rechercher les extrema d'une fonction dans un domaine délimité de l'espace, de manière stochastique. Ces algorithmes font évoluer plusieurs solutions (une population de solutions, appelées génomes). A chaque itération (génération), on génère une nouvelle population de solutions obtenues par sélection des individus les plus prometteurs, qui sont recopiés, recombinés deux à deux ou légèrement modifiés (mutés). Cette procédure permet de converger rapidement vers les extrema locaux tout en se donnant les moyens d'en sortir (grâce aux recombinaisons ou croisements). Les algorithmes sont paramétrés par les probabilités de croisement et de mutation, ainsi que par la manière dont les solutions sont sélectionnées, croisées et mutées, qui conditionnent la qualité des solutions ainsi que la vitesse de convergence.

Les génomes sont composés d'un ensemble de gènes, qui correspondent aux paramètres de la solution. Dans le cas le plus simple, les génomes sont des vecteurs de paramètres. A chaque génome est associé une mesure d'évaluation qui traduit son adaptation au problème. Plus le génome est adapté, plus il aura de chance d'être sélectionné pour former la génération suivante.

L'algorithme le plus simple consiste à :

(i) générer N individus à chaque itération (par sélection, recombinaisons et mutations), N étant la taille de la population

(ii) remplacer les anciens individus par les nouveaux.

L'algorithme que nous avons utilisé est celui de la création continue (*steady state*). Son principe est le suivant :

(i) à chaque itération, n individus ($n < N$) sont générés à partir de la génération précédente

(ii) les n nouveaux individus sont mélangés avec ceux de la génération précédente

(iii) les n plus mauvais candidats de la population résultante sont éliminés

Contrairement aux algorithmes de descente, les algorithmes génétiques peuvent être facilement parallélisés. En effet, à chaque itération, on évalue indépendamment un certain nombre d'individus générés à partir de la population à l'itération précédente. Ces nouveaux individus peuvent alors être répartis entre différents processeurs pour y être évalués. Une fois la population évaluée sur les différents processeurs, leur score est retourné au processeur maître, qui peut s'en servir pour générer la population suivante. Nous avons donc parallélisé l'algorithme de création continue à l'aide de la librairie MPI sur un cluster de 27 noeuds.

3.2.5 Méthode de l'ensemble de directions de Powell

La méthode de l'ensemble de directions de Powell en dimension n est un algorithme de descente basé sur des directions conjuguées [45].

L'algorithme admet en entrée la fonction f à minimiser, un point initial P_0 et un ensemble de directions $D = \{u_1, u_2, ..., u_n\}$, généralement les vecteurs de la base canonique de $\mathbb{R}^n$. Son principe est le suivant :

1. Pour $i = 1, ..., n$: on recherche le minimum de f le long de la droite parallèle à u_i passant par P_{i-1}, on appelle ce point P_i.
2. Pour $i = 1, ..., n-1$: $u_i := u_{i+1}$.
3. $u_n := P_n - P_0$.
4. on recherche le minimum de f le long de la droite parallèle à u_n passant par P_n, on appelle ce point P_0.

3.2. ADAPTATION DE L'ONDELETTE

5. tant que la meilleure solution évolue, aller au point 1.

L'intérêt de cette méthode est qu'elle ne nécessite pas la connaissance du gradient de f. Contrairement aux algorithmes génétiques, décrits ci-dessus, cet l'algorithme de descente ne permet pas de sortir des minima locaux. Il doit donc bien être initialisé. Nous utilisons en fait cet algorithme couplé avec un algorithme génétique. Ce dernier permet de parcourir grossièrement un intervalle d'intérêt de la fonction f et d'identifier la position approximative des meilleurs extrema locaux : $\{p_1, p_2, ..., p_m\}$. L'algorithme de Powell permet ensuite d'approcher plus précisément ces extrema. Nous pouvons en effet effectuer m descentes par l'algorithme de Powell, en prenant comme point initial $P_0 = p_i \ \forall i = 1...m$.

3.2.6 Visualisation de la fonction de score des ondelettes pour un problème donné

Pour visualiser la fonction d'adaptation des ondelettes à un problème donné, nous utilisons l'algorithme SOM [71] (carte auto adaptative - *Self-organizing maps*). L'algorithme SOM est utilisé pour cartographier un espace réel, c'est-à-dire pour étudier la répartition de données dans un espace à grande dimension, tel que l'espace des ondelettes biorthogonales à support compact. Cette cartographie est généralement utilisée pour réaliser des tâches de discrétisation, de quantification vectorielle [142], ou de classification. Les cartes auto-organisatrices de Kohonen sont constituées d'une grille (le plus souvent uni- ou bidimensionnelle). Dans chaque noeud de la grille se trouve un neurone associé à un vecteur représentatif d'une zone dans l'espace d'entrée (voir figure 3.9). Ces vecteurs sont positionnés de telle façon qu'ils conservent la forme topologique de l'espace d'entrée.

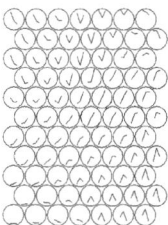

Figure 3.9 — Exemple de carte auto organisatrice. Chaque neurone de la carte est représenté par un cercle, le vecteur représentatif associé est représenté à l'intérieur de ce cercle. Nous voyons que les vecteurs représentatifs associés à deux neurones voisins sur la carte sont similaires.

Nous utilisons l'algorithme de Kohonen pour discrétiser le sous-espace des ondelettes biorthogonales à support compact qui nous intéresse. Pour l'apprentissage de la grille, les vecteurs d'entrée sont des couples de filtres (filtre passe bas H, filtre passe haut G). Ces couples (H, G) sont générés de la manière suivante : 1) des couples de filtres (filtre de prédiction P, filtre de mise à jour U) sont générés aléatoirement en imposant des contraintes sur la taille des filtres et éventuellement sur leurs coefficients, 2) les couples de filtres (H, G) correspondants sont calculés. Il est possible de spécifier dans cet algorithme la mesure de distance utilisée pour comparer deux vecteurs (un exemple d'apprentissage (H^1, G^1) et le vecteur représentatif d'un neurone (H^2, G^2)). La mesure de distance D que nous avons utilisée est la suivante, car elle est simple et donne de bons résultats :

CHAPITRE 3. INDEXATION ET RECHERCHE D'IMAGES BASÉE SUR LA TRANSFORMÉE EN ONDELETTES

$$D\left((H^1, G^1), (H^2, G^2)\right) = \sum_{k=0}^{N_h-1} |h_k^1 - h_k^2| + \sum_{k=0}^{N_g-1} |g_k^1 - g_k^2| \qquad (3.35)$$

Pour visualiser une fonction de score sur l'espace des ondelettes considéré, nous calculons le score associé à chaque vecteur représentatif d'un neurone de la grille. Puis on construit une image dont chaque pixel correspond à un neurone et le niveau de gris du pixel est proportionnel au score du vecteur représentatif. Un exemple de représentation est donné sur la figure 3.10.

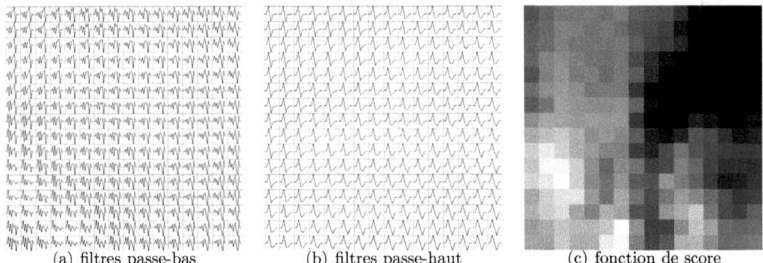

(a) filtres passe-bas   (b) filtres passe-haut   (c) fonction de score

Figure 3.10 — Exemple de fonction de score des ondelettes. Sur cet exemple, les filtres sont recherchés parmi l'ensemble des ondelettes de support 9/3 (i.e. on n'impose que la contrainte minimale sur les filtres P et U). Le score de chaque couple de filtres (passe-bas, passe-haut) est proportionnel à l'intensité du pixel correspondant dans l'image (c).

3.3 Signature globale des images

L'approche usuelle pour caractériser une image de manière générique, dans le contexte de la CBIR, consiste à calculer des grandeurs globales sur toute l'image, soit en calculant des valeurs moyennes, soit en construisant des histogrammes. Ces valeurs constituent la signature ou l'index de l'image. La technique la plus courante consiste à construire simplement des histogrammes de couleurs. La caractérisation d'images par des histogrammes de coefficients d'ondelette a aussi été proposée [37, 142]. Nous nous proposons dans cette section de voir comment adapter ces signatures et les mesures de distances associées aux images étudiées, pour lesquelles nous disposons d'une classification, cette classification nous permettant d'ajuster les paramètres du système par apprentissage. Nous explorons en particulier tous les degrés de liberté proposés dans la norme JPEG-2000 pour rendre le système flexible et donc paramétrable. Les résultats seront comparés à la méthode basée sur la comparaison d'histogrammes de couleurs, qui est en fait un cas particulier de la méthode proposée.

3.3.1 Signatures basées sur les histogrammes

Une première approche pour calculer l'index d'une image basée sur la transformée en ondelettes consiste à construire, pour chaque sous-bande, un histogramme des coefficients de la transformée. Soit N_l le nombre de niveaux de décomposition de l'image. Dans le cas d'un schéma pyramidal, le nombre d'histogrammes à construire est $3 \times N_l + 1$.

Pour comparer deux images, nous comparons d'abord une à une les sous-bandes correspondantes des deux images. Pour cela, nous devons établir une mesure de distance entre deux histogrammes. Puis les mesures de distance sont combinées afin d'obtenir la distance entre les deux images.

Tout d'abord, se pose le problème de la construction des histogrammes :
- Le nombre de coefficients de l'histogramme doit être suffisamment important pour que la mesure soit discriminante, mais pas trop pour que la signature ne soit pas de trop grande taille. Le choix s'est porté sur des histogrammes à 32 valeurs.
- Pour combiner les distances, en particulier, il faut connaître la plage de variation des coefficients des images transformées dans chaque sous-bande pour le type d'images considéré. Pour cela, des statistiques ont été effectuées sur les bases de données.

Ensuite quelle mesure de distance faut-il utiliser pour comparer deux histogrammes ? Le choix de la mesure de distance est discuté dans la thèse de John Richard Ordóñez Varela [142]. La mesure la plus simple, définie par l'équation 3.36 a été retenue :

$$distance(h_1, h_2) = \sum_{i=1}^{32} |h_1(i) - h_2(i)| \qquad (3.36)$$

Finalement, la distance totale est obtenue en sommant les $3 \times N_l + 1$ mesures de distance associées chacunes à une sous-bande.

Cette mesure de distance fournit de bons résultats, notamment sur la base des visages. De plus, la mesure de distance est relativement rapide à calculer. Cependant, la taille de la signature est relativement importante. En effet, si nous choisissons une résolution $N_l=4$ et un schéma pyramidal, le nombre de coefficients constituant la signature est $32\times(3\times N_l+1) = 416$. Il nous est donc apparu intéressant de trouver une méthode pour réduire la taille de la signature. C'est l'objet du paragraphe suivant.

3.3.2 Signatures basées sur les gaussiennes généralisées

Une deuxième approche consiste à voir les coefficients de l'image transformée comme des réalisations d'une loi statistique dont nous cherchons à paramétrer la distribution. En effet, d'après Wouwer [151], dans le cas des textures, les coefficients de la transformée en ondelettes, pour chaque sous-bande, sont distribués selon une loi gaussienne généralisée. Nous voulons savoir dans quelle mesure une telle modélisation peut se transposer dans le cas des images étudiées.

3.3.2.1 Loi gaussienne généralisée

La loi gaussienne généralisée est une loi centrée qui dérive de la loi normale. La loi normale centrée, n'étant définie que par un paramètre, ne suffit pas à représenter précisément la distribution. Ainsi la loi gaussienne généralisée est paramétrée par :
- α : le paramètre d'échelle, qui correspond à l'écart-type dans le cas d'une loi gaussienne classique.
- β : le paramètre de forme, qui est inversement proportionnel au taux de décroissance du pic (il vaut 2 dans le cas d'une gaussienne)

L'expression de sa densité est la suivante (équation 3.37) :

$$p(x;\alpha,\beta) = \frac{\beta}{2\alpha\Gamma(\frac{1}{\beta})} e^{-\left(\frac{|x|}{\alpha}\right)^\beta} \quad (3.37)$$

où $\Gamma(z) = \int_0^\infty e^{-t} t^{z-1} dt$, $z > 0$ est la fonction gamma. Une méthode pour obtenir une approximation de la fonction Γ avec une précision de 2×10^{-10} $\forall z > 0$ est donnée dans *Numerical Recipes in C* [43]. Des exemples de densités de lois gaussiennes généralisées sont données figure 3.11.

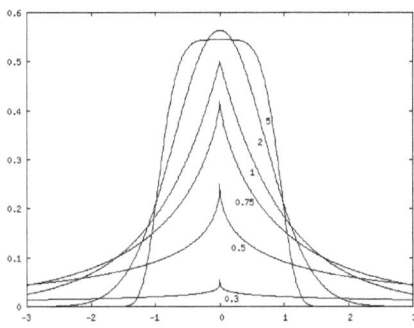

Figure 3.11 — Exemples de densités de lois gaussiennes généralisées (différentes valeurs pour β / $\alpha = 1$)

3.3.2.2 Estimateur du maximum de vraisemblance

Nous cherchons à calculer un estimateur du maximum de vraisemblance pour cette distribution : soit $\mathbf{x} = (x_1, ..., x_L)$ les coefficients de l'image transformée pour une sous-bande

3.3. SIGNATURE GLOBALE DES IMAGES

donnée. Nous supposons les données x_i indépendantes. Alors Varanasi et Aazhang [141] ont montré que l'estimateur du maximum de vraisemblance $(\hat{\alpha}, \hat{\beta})$ est donné par le système d'équation suivant :

$$\hat{\alpha} = \left(\frac{\hat{\beta}}{L} \sum_{i=1}^{L} |x_i|^{\hat{\beta}} \right)^{\frac{1}{\hat{\beta}}} \tag{3.38}$$

$$1 + \frac{F(\frac{1}{\hat{\beta}})}{\hat{\beta}} - \frac{\sum_{i=1}^{L} |x_i|^{\hat{\beta}} \log |x_i|}{\sum_{i=1}^{L} |x_i|^{\hat{\beta}}} + \frac{\log \left(\frac{\hat{\beta}}{L} \sum_{i=1}^{L} |x_i|^{\hat{\beta}} \right)}{\hat{\beta}} = 0 \tag{3.39}$$

où la fonction digamma F est définie par $F(z) = \frac{\Gamma'(z)}{\Gamma(z)}$. La valeur de $\hat{\beta}$ doit donc d'abord être retrouvée par un algorithme de recherche de racines. L'algorithme itératif de Newton-Raphson [69] converge efficacement vers l'unique solution, à condition d'être bien initialisée. Do et Vetterli [37] proposent pour déterminer une solution initiale une méthode qui permet de faire converger Newton-Raphson en typiquement 3 itérations avec une précision de 10^{-6}. Cette méthode consiste à faire correspondre les moments d'ordre 1 et 2 (m_1 et m_2) des coefficients de l'image transformée avec ceux de la gaussienne généralisée recherchée. Do a montré que le rapport entre la moyenne et l'écart-type d'une gaussienne généralisée est une fonction monotone F_M de β, définie par l'équation 3.40 [37] :

$$F_M(\beta) = \frac{\Gamma(\frac{2}{\beta})}{\sqrt{\Gamma(\frac{1}{\beta})\Gamma(\frac{3}{\beta})}} \tag{3.40}$$

Une estimation initiale $\bar{\beta}$ pour β est donc donnée par l'équation 3.41 :

$$\bar{\beta} = F_M^{-1} \left(\frac{m_1}{\sqrt{m_2}} \right) \tag{3.41}$$

L'algorithme de Newton-Raphson peut être utilisé pour la recherche de la racine de la fonction monotone suivante :

$$x \mapsto F_M(x) - \frac{m_1}{\sqrt{m_2}} \tag{3.42}$$

3.3.2.3 Algorithme de Newton-Raphson et algorithme de Newton-Raphson robuste

Pour calculer les racines d'une fonction f par la méthode de Newton-Raphson, il faut connaître une expression de la dérivée f' de f. Le principe de l'algorithme est le suivant :

(i) une solution initiale x_0 doit être fournie

(ii) tant que $\frac{f(x_k)}{f'(x_k)} > \varepsilon : x_{k+1} = x_k - \frac{f(x_k)}{f'(x_k)}$

La dérivée du premier membre de l'équation 3.39, pour le calcul de $\hat{\beta}$ est donnée par [37]. Elle fait intervenir la fonction trigamma F', la dérivée de la fonction F. Des approximations efficaces de ces deux fonctions sont également disponibles.

La dérivée de l'équation 3.42, pour le calcul de $\bar{\beta}$ est déterminée de la manière suivante :
- Soit $lF_M(\beta) = \log F_M(\beta)$; $lF_M(\beta)$ est défini par l'équation 3.43.

$$lF_M(\beta) = \log(\Gamma(\frac{2}{\beta})) - \frac{\log(\Gamma(\frac{1}{\beta})) + \log(\Gamma(\frac{3}{\beta}))}{2} \qquad (3.43)$$

- Soit dlF_M la dérivée de lF_M par rapport a β. dlF_M est déterminé par l'équation 3.44.

$$dlF_M(\beta) = \frac{\frac{1}{2} \times F(\frac{1}{\beta}) + \frac{3}{2} \times F(\frac{3}{\beta}) - 2 \times F(\frac{2}{\beta})}{\beta^2} \qquad (3.44)$$

- Finalement, la dérivée de $F_M(\beta)$, $dF_M(\beta)$, s'obtient par l'équation 3.45.

$$dF_M(\beta) = F_M(\beta) \times dlF_M(\beta) \qquad (3.45)$$

Dans le cas d'images médicales, nous constatons que pour certaines ondelettes l'algorithme de Newton-Raphson peut diverger. Cela se produit lorsque le rapport $\frac{f(x_k)}{f'(x_k)}$ (point (ii) de l'algorithme) est trop important. Il se peut alors qu'après mise à jour, x_{k+1} soit négatif ou proche de 0, après quoi l'algorithme diverge. Ceci nous a conduit à proposer une modification de l'algorithme initial de Newton-Raphson pour le rendre robuste.

Nous couplons l'algorithme de Newton-Raphson à un algorithme de bissection (qui converge moins rapidement, mais est assuré de converger). Le principe de la méthode de bissection est le suivant :

1. on recherche dans un premier temps a et $b > a$ tels que $f(a)f(b) < 0$; cette première étape consiste donc à encadrer la solution cherchée,
2. on choisit un point c entre a et b, typiquement $c = \frac{a+b}{2}$, puis on calcule $f(c)$,
3. si $f(a)f(c) < 0$ la solution est entre a et c, sinon elle est entre c et b,
4. l'intervalle $[a, b]$ est donc remplacé par $[a, c]$ ou $[c, b]$ suivant le cas et le processus est itéré jusqu'à convergence.

A chaque itération, nous décidons s'il faut appliquer une étape de l'algorithme de bissection ou une étape de l'algorithme de Newton-Raphson, ces deux méthodes faisant bien sûr évoluer le même point. Le choix entre ces deux étapes se fait en fonction de $|\frac{f(x_k)}{f'(x_k)}|$. Si $|\frac{f(x_k)}{f'(x_k)}| < \epsilon$, $\epsilon > 0$ et $\epsilon << (b-a)$, nous effectuons une étape de l'algorithme de bissection, sinon nous effectuons une étape de l'algorithme de Newton-Raphson (nous avons choisi $\epsilon = 10^{-6}$). De même, si $x_k - \frac{f(x_k)}{f'(x_k)}$ est en dehors de l'intervalle $[a; b]$, alors x_{k+1} est déterminé par une étape de l'algorithme de bissection.

Il faut définir un nouveau critère d'arrêt pour l'algorithme hybride, un critère qui soit calculable pour les deux méthodes. Le critère suivant a été utilisé : $x_{courant} - x_{precedent} < seuil$. Pour la méthode de bissection cette différence vaut $c = \frac{b-a}{2}$, pour la méthode de Newton-Raphson il vaut $\frac{f(x)}{f'(x)}$. L'intervalle initial pour la bissection est $[\epsilon; C]$. Nous avons choisi $C = 5$, qui n'est jamais atteint. En effet, la valeur de β est généralement comprise entre 0 et 2 (la forme des distributions est proche d'un Laplacien).

3.3.2.4 Mesure de distance entre deux distributions gaussiennes généralisées

D'après [37], la mesure de distance la mieux adaptée pour comparer deux distributions statistiques est la distance de Kullback-Leibler. la forme générale de la distance de Kullback-Leibler est la suivante :

3.3. SIGNATURE GLOBALE DES IMAGES

$$KL(p(X;\theta_q)||p(X;\theta_i)) = \int p(X;\theta_q) \log \frac{p(X;\theta_q)}{p(X;\theta_i)} dx \tag{3.46}$$

où $p(X;\theta_q)$ et $p(X;\theta_i)$ sont les densités de deux distributions paramétrées par θ_q et θ_i. Cette "distance" n'est en fait pas symétrique. Mais ceci ne pose pas de problème pour la CBIR, car la recherche non plus n'est pas symétrique : nous comparons une distribution requête $p(X;\theta_q)$ à toutes les distributions $p(X;\theta_i)$, correspondant aux images candidates.

Dans le cas des distributions gaussiennes généralisées, en introduisant l'équation 3.37 dans l'équation 3.46, nous obtenons la distance suivante (équation 3.47) :

$$KL(p(X;\alpha_1,\beta_1)||p(X;\alpha_2,\beta_2)) = \log\left(\frac{\beta_1 \alpha_2 \Gamma(\frac{1}{\beta_2})}{\beta_2 \alpha_1 \Gamma(\frac{1}{\beta_1})}\right) + \left(\frac{\alpha_1}{\alpha_2}\right)^{\beta_2} \frac{\Gamma(\frac{\beta_2+1}{\beta_1})}{\Gamma(\frac{1}{\beta_1})} - \frac{1}{\beta_1} \tag{3.47}$$

Finalement, pour obtenir la distance entre une image requête et une image candidate, nous effectuons la somme des distances de Kullback-Leibler obtenues pour chaque sous-bande.

Remarque : Pour tester si l'asymétrie de la divergence de Kullback-Leibler affecte l'efficacité de la mesure de distance, nous avons également testé une version symétrique KLS définie par l'équation 3.48. Cette distance sera aussi utilisée au chapitre 4, par un algorithme de classification non supervisée, qui nécessite une mesure de distance symétrique.

$$\begin{aligned}KLS(p(X;\theta_r)||p(X;\theta_s)) &= \frac{1}{2}\left(KL(p(X;\theta_r)||p(X;\theta_s)) + KL(p(X;\theta_s)||p(X;\theta_r))\right) \quad (3.48)\\ &= \frac{1}{2} \times \int (p(X;\theta_r) - p(X;\theta_s)) \log \frac{p(X;\theta_r)}{p(X;\theta_s)} dx \tag{3.49}\end{aligned}$$

Ce qui dans notre cas donne l'équation 3.50 :

$$KLS(p(X;\alpha_1,\beta_1)||p(X;\alpha_2,\beta_2)) = \left(\frac{\alpha_1}{\alpha_2}\right)^{\beta_2} \frac{\Gamma(\frac{\beta_2+1}{\beta_1})}{\Gamma(\frac{1}{\beta_1})} + \left(\frac{\alpha_2}{\alpha_1}\right)^{\beta_1} \frac{\Gamma(\frac{\beta_1+1}{\beta_2})}{\Gamma(\frac{1}{\beta_2})} - \frac{1}{\beta_1} - \frac{1}{\beta_2} \tag{3.50}$$

Nous n'avons pas observé de différence significative dans les scores de précision moyenne obtenus par la mesure symétrique et la mesure asymétrique.

Pour pouvoir étudier la distribution des images de la base dans l'espace des signatures, nous proposons d'interpréter visuellement la divergence de Kullback-Leibler dans le plan (α, β). Pour cela nous étudions la divergence $KL(p(X;\alpha_0,\beta_0)||p(X;\alpha_i,\beta_i))$ d'un point (α_0,β_0) aux points (α_i,β_i) du plan. Pour des raisons d'échelle, il est en fait plus clair de visualiser la mesure de similitude $e^{-\eta KL(p(X;\alpha_0,\beta_0)||p(X;\alpha_i,\beta_i))}$ ($\eta > 1$). Nous observons l'allure de la distance dans la portion $[0;30] \times [0;2]$ qui contient tous les couples (α,β) observés sur les bases de données étudiées. Les images ainsi obtenues pour plusieurs points (α_0,β_0) sont données sur la figure 3.12.

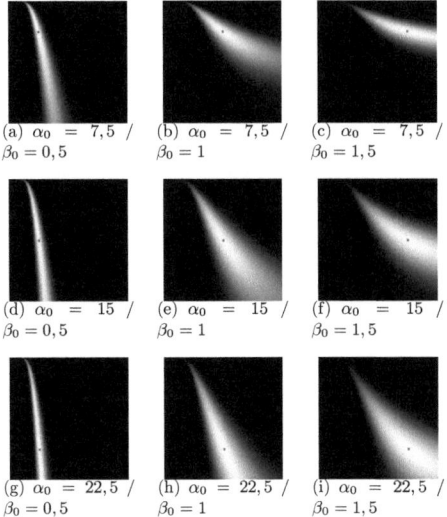

(a) $\alpha_0 = 7,5$ / $\beta_0 = 0,5$
(b) $\alpha_0 = 7,5$ / $\beta_0 = 1$
(c) $\alpha_0 = 7,5$ / $\beta_0 = 1,5$

(d) $\alpha_0 = 15$ / $\beta_0 = 0,5$
(e) $\alpha_0 = 15$ / $\beta_0 = 1$
(f) $\alpha_0 = 15$ / $\beta_0 = 1,5$

(g) $\alpha_0 = 22,5$ / $\beta_0 = 0,5$
(h) $\alpha_0 = 22,5$ / $\beta_0 = 1$
(i) $\alpha_0 = 22,5$ / $\beta_0 = 1,5$

Figure 3.12 — Visualisation de la distance de Kullback-Leibler dans le plan (α, β). Chaque image représente la mesure de similitude entre un point (α_0, β_0) indiqué par un carré et chaque point (α_i, β_i) du plan. α varie selon l'axe des abscisses, β selon l'axe des ordonnées. La mesure de similitude est $e^{-\eta KL(p(X;\alpha_0,\beta_0)||p(X;\alpha_i,\beta_i))}$ avec $\eta = 5$. Plus un point (α_i, β_i) du plan est clair, plus il est proche de (α_0, β_0).

3.3.2.5 Adaptation aux images des bases de données étudiées

L'approximation de la distribution des coefficients de l'image transformée en ondelettes par des gaussiennes généralisées a été faite précédemment pour des textures avec succès. Une différence importante entre une image "quelconque" et une texture est que le terme de basses fréquences est irrégulier dans le premier cas, alors qu'il est constant dans le second.

Ainsi, pour les images de la base des visages ou des rétines, la distribution de la sous-bande de basse fréquence (N_lLL, où N_l est le nombre de niveaux de décomposition) n'est pas du tout une gaussienne généralisée. Nous perdrions beaucoup d'informations si nous cherchions à l'estimer par une telle distribution.

Cependant, pour les autres sous-bandes, une telle approximation semble convenir. Pour l'illustrer, nous avons superposé les histogrammes calculés précédemment avec les densités des gaussiennes généralisées paramétrées pour une image de la base des rétines sur la figure 3.13.

Ces figures permettent d'illustrer les avantages et les inconvénients qualitatifs des deux méthodes de calcul des signatures :
- Le principal problème de la méthode des histogrammes est que nous devons répartir les 32 niveaux sur une plage de valeurs suffisamment large pour correspondre à tous les histogrammes, dont l'allure peut varier beaucoup d'une image à l'autre. Ainsi, dans certains cas, l'essentiel des informations se concentre sur très peu de niveaux.

3.3. SIGNATURE GLOBALE DES IMAGES

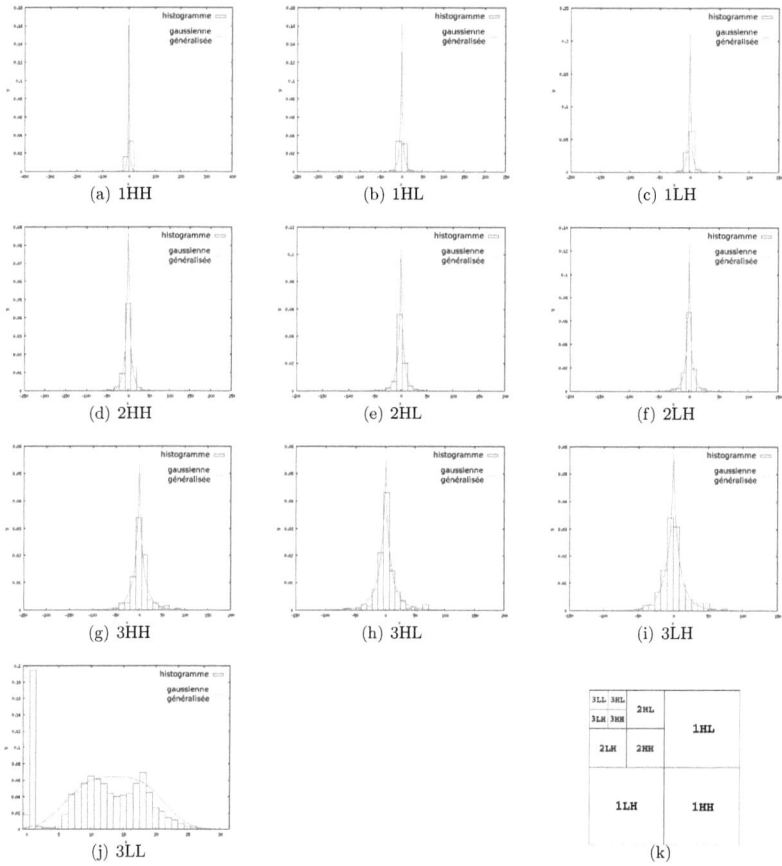

Figure 3.13 — Superposition des histogrammes et des gaussiennes généralisées. Distribution des coefficients de la transformée en ondelettes d'un image avec un niveau de décomposition de 3. Nous voyons sur la figure (j) que la représentation par des gaussiennes généeralisées n'est pas adaptée à la sous-bande de basses fréquences. Nous voyons qu'au contraire, pour les sous-bandes de hautes fréquences (a), (b) et (c), la représentation par des histogrammes n'est pas adaptée, les coefficients d'ondelettes étant très concentrés autour de zéro (le paramètre β de la gaussienne généralisée est très faible).

- Le principal problème de la méthode des gaussiennes généralisées est que nous lissons l'information.

Pour calculer la signature de la sous-bande de basse fréquence, une autre méthode a été utilisée. Comme précédemment, nous estimons la distribution des coefficients par un histogramme.

Puisque nous travaillons conjointement avec deux types de signature (basées sur les gaussiennes généralisées et sur les histogrammes), nous avons dû trouver une mesure de distance permettant de les associer, en leur donnant un poids relatif adapté. La mesure de distance entre deux images est calculée de la manière suivante :
- Pour chaque sous-bande HH, HL et LH, nous calculons la distance de Kullback-Leibler entre les deux gaussiennes généralisées
- Pour la sous-bande LL, nous calculons une mesure de distance entre les deux histogrammes
- La distance entre les deux images est la somme des distances définies ci-dessus

Il semble judicieux d'utiliser des mesures de distance similaires pour comparer les deux types de modèles de distribution. Ainsi, [37] propose une distance de Kullback-Leibler KLD entre deux histogrammes normalisés (tels que la somme des coefficients vaille 1, voir équation 3.51), qui est la version discrétisée de la divergence de Kullback-Leibler vue précédemment :

$$KLD(\mathbf{p}^{(q)}||\mathbf{p}^{(i)}) = \sum_{k=1}^{R} p_k^{(q)} \log \frac{p_k^{(q)}}{p_k^{(i)}} \qquad (3.51)$$

où $\mathbf{p}^{(q)} = \{p_k^{(q)}, k = 1..R\}$ et $\mathbf{p}^{(i)} = \{p_k^{(i)}, k = 1..R\}$ sont les histogrammes normalisés des sous-bandes LL des images requête et candidate. Cette mesure de distance n'a pas pu être adoptée car il arrive fréquemment que des coefficients d'histogrammes soient nuls. Une autre distance entre distributions discrètes a été choisie : la statistique du χ^2 (équation 3.52) [118] :

$$\chi^2(\mathbf{p}||\mathbf{q}) = \sum_{k=1}^{R} \frac{(p_k - q_k)^2}{p_k + q_k} \qquad (3.52)$$

(ici, la division par zéro ne pose pas problème car si $p_k + q_k = 0$ alors $p_k = q_k = 0$ et la contribution du niveau à la distance totale doit donc logiquement être nulle). Cependant, cette mesure de distance donne des poids inégaux entre les signatures basées sur les gaussiennes généralisées et celles sur les histogrammes.

Il est donc inapproprié de calculer les distances entre les différentes sous-bandes et d'en faire la somme. D'où l'idée d'en faire une somme pondérée. Le paragraphe 3.3.3 explique la démarche mise en œuvre pour obtenir des poids adaptés.

L'économie de taille pour les signatures est important. En effet, si nous travaillons avec un nombre de niveaux de décomposition $N_l = 4$ et un schéma pyramidal, alors la taille de la signature est : 32 (histogramme) $+2 \times 3 \times N_l$ (paramètres α et β) = 56 au lieu de 416 pour la méthode des histogrammes.

3.3.2.6 Comparaison de deux images couleurs

Pour comparer deux images couleurs entre elles, nous comparons les composantes rouge, verte et bleue des deux images. Nous obtenons alors trois mesures de distances, nous effectuons la somme de ces distances pour obtenir la distance entre les deux images.

3.3. SIGNATURE GLOBALE DES IMAGES

3.3.2.7 Comparaison d'une image couleur avec une image en niveaux de gris

La base des rétines est composée à la fois d'images couleur et d'images en niveaux de gris. Pour comparer une image couleur et une image en niveaux de gris, deux méthodes ont été envisagées :
– Une première méthode, générale, consiste à faire un changement de base de représentation des couleurs. Au lieu de considérer les composantes RVB de l'image couleur, nous considérons sa composante de brillance, définie par l'équation 3.53.

$$Brillance = 0,299 \times R + 0,587 \times V + 0,114 \times B \qquad (3.53)$$

– La deuxième méthode est spécifique aux images de rétinopathie diabétique. Il a été montré ([144]) que dans le cas des images angiographiques rétiniennes, la composante verte de l'image comporte l'essentiel des informations. Ainsi, il suffit de comparer la signature de la composante verte de l'image couleur avec la signature de l'image en niveaux de gris. En ce qui concerne les images filtrées, il suffit de les comparer avec le canal correspondant de l'image couleur.

La deuxième méthode fournit de meilleurs résultats, c'est donc celle qui a été adoptée.

3.3.2.8 Corrélations entre la distribution des coefficients et la classe des images

Puisque la distribution des coefficients dans chaque sous-bande a été modélisée par une gaussienne généralisée, définie par deux paramètres, nous pouvons aisément visualiser la distribution des images dans l'espace paramétrique. Ceci ne serait pas possible en utilisant la modélisation par des histogrammes. Nous observons que les différentes classes sont difficilement séparables. Cependant, deux images proches dans le plan (α, β) d'une sous-bande, au sens de la distance de Kullback-Leibler, sont généralement proches de par leur classe. Cette propriété est intéressante dans le cadre de la CBIR. Nous observons d'ailleurs sur plusieurs sous-bandes un gradient du niveau de sévérité de la pathologie. Dans le cas des images mammographiques, nous observons trois groupes d'images indépendants du niveau de sévérité de la pathologie : chaque groupe correspond à un appareil d'acquisition différent. Nous remarquons également que la corrélation entre la classe des images et la distribution des couples (α, β) est plus ou moins forte selon la sous-bande. Par exemple, pour les images mammographiques, nous observons que les sous-bandes horizontales (HL) sont moins corrélées avec le stade d'évolution que les sous-bandes verticales et diagonales. Cette différence est probablement due à la direction privilégiée des lésions sur les images. Pour cette raison, nous avons décidé de fusionner les mesures de distances entre chaque sous-bande plus finement que par une simple somme. Pour fusionner ces mesures de distance, nous calculons une somme pondérée des distances sous-bande par sous-bande. Nous explicitons ces calculs au paragraphe suivant.

3.3.3 Fusion des mesures de distance entre sous-bandes

3.3.3.1 Problème

Soit N_l le nombre de niveaux de décomposition. Nous recherchons les $3 \times N_l$ coefficients α_i (pour un schéma pyramidal) qui maximisent l'efficacité du système dans une base d'images, la distance entre deux images I et J, $D(I, J)$, étant définie par l'équation 3.54 :

$$D(I, J) = \sum_{i=1}^{3 \times N_l} \alpha_i d_i + d_{(3 \times N_l + 1)} \qquad (3.54)$$

où d_i est la distance entre les sous-bandes $i \in \{1\text{HH}, 1\text{HL}, 1\text{LH}, 2\text{HH}, ..., N_l\text{LL}\}$ des images I et J : les $3 \times N_l$ premières mesures de distance (pour un schéma pyramidal) sont des distances entres distributions modélisées par des gaussiennes généralisées (pour les sous-bandes de détail) et la dernière ($3 \times N_l + 1$) est la mesure de distance entre distributions modélisées par des histogrammes (pour les sous-bandes d'approximation). Les signatures d'images et la mesure de distance définie ci-dessus sont dépendantes de l'orientation des images, chaque sous-bande contenant de l'information selon une direction donnée. Cela suppose donc que les images de la base de données et l'image requête soient préalablement bien orientées ; c'est bien le cas des images que nous étudions, du fait des protocoles d'acquisition des images.

Pour comparer deux méthodes de recherche, nous devons leur attribuer à chacune un score sous la forme d'une valeur numérique. La mesure d'évaluation classique des algorithmes de CBIR, la courbe de précision-rappel (voir paragraphe 1.6), n'est pas adaptée : elle ne permet pas de définir un ordre entre les méthodes. Comme nous l'avons précisé au paragraphe 2.4, nous avons choisi la précision moyenne de retrouvaille pour une fenêtre de cinq images comme critère principal d'évaluation des méthodes. Nous utilisons donc ce critère pour définir le score de chaque système.

Nous devons résoudre un problème de maximisation de fonction dans $\mathbb{R}^{3 \times N_l}$. La fonction à maximiser est donnée par l'équation 3.55.

$$f : \begin{pmatrix} \mathbb{R}^{3 \times N_l} \mapsto [0; 1] \\ (\alpha_i)_{i=1..3 \times N_l} \to \text{précision moyenne} \end{pmatrix} \qquad (3.55)$$

Cette fonction n'est pas continue. En effet, puisque nous comptons un nombre d'images correctement sélectionnées, la fonction est à valeur dans un espace dénombrable, de la forme $c \times \mathbb{N}$, $c \in \mathbb{R}$. Par conséquent, un algorithme de descente classique du type gradient conjugué n'est pas adapté. De plus, la fonction pouvant présenter a priori plusieurs maxima locaux, nous ne sommes pas assurés de trouver le maximum global. Une autre approche a donc été utilisée : un algorithme génétique. Les algorithmes génétiques sont présentés à la section 3.2.4. Dans le cas étudié, les gènes sont les poids affectés à chaque sous-bande pour le calcul de la distance entre deux images, c'est à dire les α_i, $i = 1..3 \times N_l$ pour un schéma pyramidal ; la mesure d'adaptation des génomes est la précision moyenne pour une fenêtre de cinq images. Les paramètres qui ont été utilisés sont donnés dans le tableau 3.1.

Tableau 3.1 — Paramètres de l'algorithme génétique utilisé pour la recherche de poids entre les sous-bandes

taille des populations	25
nombre de générations	100
probabilité de mutation	0.06
probabilité de croisement	0.7
méthode de sélection	tournoi
méthode de croisement	pair / impair

3.3. SIGNATURE GLOBALE DES IMAGES

remarques :
- Il vaut mieux privilégier le nombre de générations par rapport à la taille des populations. Cependant, dans certains cas, la population arrête rapidement d'évoluer, nous avons donc prévu d'arrêter l'algorithme quand les solutions ne s'améliorent plus.
- Le fait d'avoir une probabilité de croisement importante (70%) permet de sortir facilement des maxima locaux.
- La méthode de sélection par tournoi consiste à sélectionner deux individus avec une probabilité proportionnelle à leur adaptation et à conserver le meilleur des deux.

Les paramètres à évaluer sont les suivants :
- la modélisation de la distribution des coefficients de la transformée (histogrammes / gaussiennes généralisées),
- le nombre de niveaux de décomposition N_l,
- l'ondelette utilisée,
- le schéma de la décomposition (décomposition pyramidale, décomposition en paquets d'ondelettes ou décomposition SPACL - voir paragraphe 3.1.4).

3.3.4 Résultats

Les résultats sont présentés sous forme de courbes précision-rappel, pour chaque base de données. Les scores de précision moyenne sont récapitulés dans le tableau 3.2. Par défaut, les calculs sont effectués avec les paramètres suivants :
- modélisation par des gaussiennes généralisées,
- $N_l = 3$,
- ondelette Daubechies 9/7,
- décomposition pyramidale

Nous allons comparer les résultats obtenus par notre méthode à la méthode classique basée sur la comparaison d'histogrammes couleurs. La méthode classique est en fait un cas particulier de notre méthode : en effet, quel que soit le schéma de décomposition ou l'ondelette choisie, en prenant un niveau de décomposition $N_l = 0$, le résultat de la transformée en ondelettes de l'image est l'image elle-même. Ainsi, la première ligne du tableau 3.2 correspond au résultat obtenu par la méthode classique basée sur la méthode des histogrammes.

Les performances des différentes modélisations de la distribution des coefficients sont données sur la figure 3.14 et les courbes de précision-rappel en fonction du nombre de niveaux de décomposition sur la figure 3.15.

Sur la base des visages, nous observons que la précision diminue lorsque N_l augmente, au delà de $N_l = 2$. La raison est que le point commun entre les images d'une même classe (un même visage) est l'allure générale, donc les basses fréquences. Sur la base des rétines, nous observons que les scores de précision moyenne chutent rapidement au delà d'une fenêtre de cinq ou dix images. En effet une classe sémantique (le stade d'évolution de la pathologie) ne correspond pas à une classe unique dans l'espace paramétrique.

Pour évaluer l'influence de l'ondelette utilisée, nous avons décomposé les images sur différentes bases d'ondelettes classiques. Les ondelettes suivantes ont été utilisées :
- l'ondelette Le Gall 5/3 [81], utilisée dans la première partie du standard JPEG-2000
- l'ondelette Daubechies 9/7, elle aussi utilisée dans ce standard
- l'ondelette de Haar
- l'ondelette B-spline cubique

Tableau 3.2 — Précision moyenne pour une fenêtre de cinq images

Paramètre	Valeur	Visages	Rétines	Corel	Mammographies
N_l	0	93,80%	*41,28%*	*29,60%*	*63,97%*
	1	**95,00%**	48,73%	32,21%	67,43%
	2	93,65%	49,75%	32,98%	67,72%
	3	91,20%	50,05%	33,61%	68,23%
	4	83,50%	50,08%	33,95%	**68,37%**
	5	*70,90%*	**50,33%**	**34,49%**	67,99%
ondelette	Le Gall 5/3	87,30%	50,48%	33,53%	68,17%
	Daubechies 9/7	**91,20%**	50,05%	**33,61%**	**68,23%**
	Haar	*63,85%*	*46,92%*	*31,49%*	*64,15%*
	B-spline cubique	82,75%	48,48%	33,24%	66,34%
	Daubechies 4	75,10%	52,37%	33,26%	66,10%
	Daubechies 6	75,75%	**52,13%**	32,96%	64,95%
modélisation	histogrammes	*76,00%*	*49,93%*	**35,17%**	**69,75%**
	gaussiennes généralisées	**91,20%**	**50,05%**	*33,61%*	*68,23%*
schéma	pyramidal	**91,20%**	50,05%	33,61%	*68,23%*
	paquets d'ondelettes	*85,30%*	*49,63%*	**33,62%**	**68,63%**
	SPACL	90,25%	**50,17%**	*31,57%*	68,55%

Au vu des scores de précision moyenne, nous voyons que la méthode proposée est bien adaptée à la base des visages et celles des mammographies. Les paramètres les plus importants sont le niveau de décomposition et la base d'ondelettes utilisée.

– l'ondelette Daubechies 4 [31]
– l'ondelette Daubechies 6

Les résultats pour un nombre de niveaux de décomposition $N_l = 3$ sont donnés sur la figure 3.16.

L'influence du schéma de décomposition est illustrée sur la figure 3.17.

3.3. SIGNATURE GLOBALE DES IMAGES

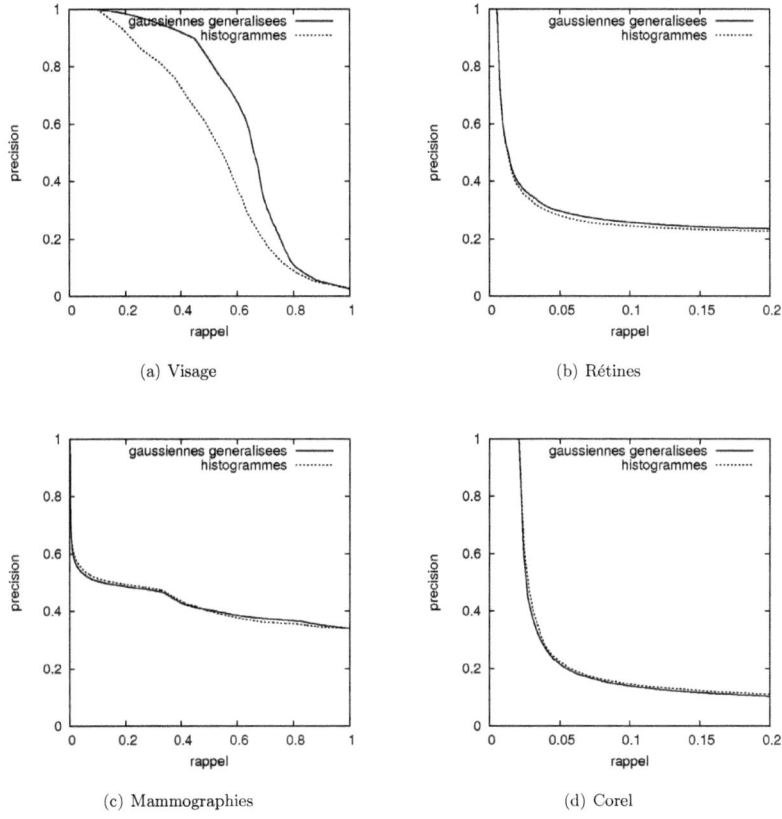

(a) Visage (b) Rétines

(c) Mammographies (d) Corel

Figure 3.14 — Influence de la modélisation de la distribution des coefficients. Nous voyons que la modélisation par des gaussiennes généralisées est le plus souvent mieux adaptée que la modélisation par des histogrammes, bien que la différence entre les deux modélisations soit faible.

CHAPITRE 3. INDEXATION ET RECHERCHE D'IMAGES BASÉE SUR LA TRANSFORMÉE EN ONDELETTES

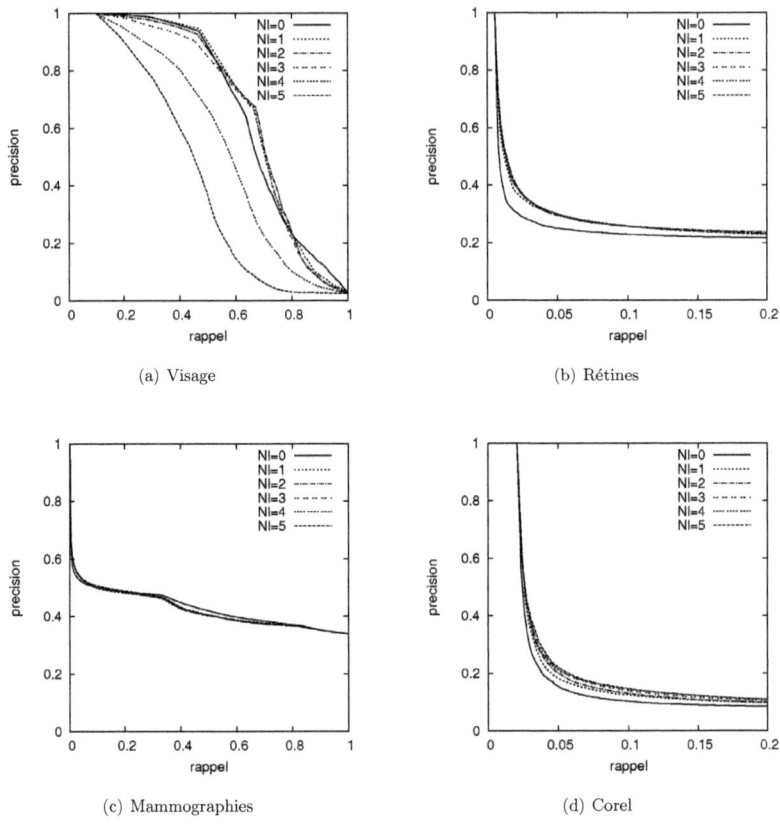

(a) Visage

(b) Rétines

(c) Mammographies

(d) Corel

Figure 3.15 — Influence du nombre de niveaux de décomposition. Nous voyons que le niveau de décomposition joue un rôle important sur la précision de la méthode.

3.3. SIGNATURE GLOBALE DES IMAGES

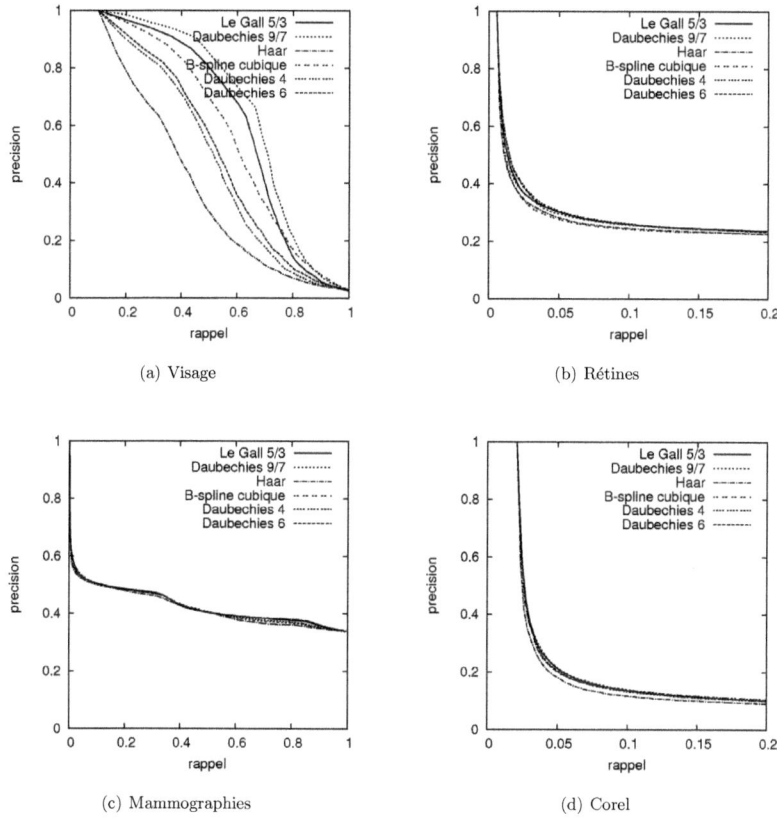

(a) Visage

(b) Rétines

(c) Mammographies

(d) Corel

Figure 3.16 — Influence de l'ondelette utilisée pour décomposer les images. Nous voyons que le choix de l'ondelette joue également un rôle important sur la précision de la méthode.

CHAPITRE 3. INDEXATION ET RECHERCHE D'IMAGES BASÉE SUR LA TRANSFORMÉE EN ONDELETTES

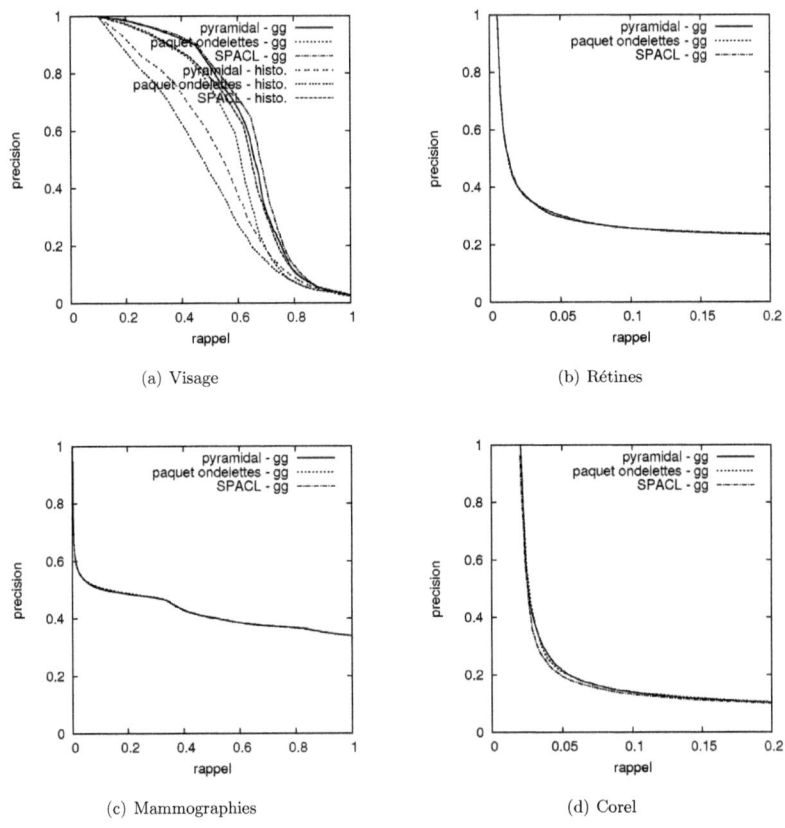

(a) Visage

(b) Rétines

(c) Mammographies

(d) Corel

Figure 3.17 — Influence du schéma de décomposition. Nous voyons que le schéma de décomposition a peu d'influence sur la précision de la méthode.

3.3. SIGNATURE GLOBALE DES IMAGES

Dans le cas des images rétiniennes, nous avons également étudié séparément chaque modalité d'acquisition. Les courbes de précision-rappel sont données sur la figure 3.18 (a).

Jusqu'à présent, le critère qui a été utilisé pour évaluer les paramètres de la méthode sur la base des rétinopathies diabétiques est le stade d'évolution de la pathologie. Nous proposons également d'évaluer l'influence de ces paramètres avec un critère de plus bas niveau : les images sélectionnées par le système contiennent-elles les mêmes lésions que l'image requête ? Ainsi pour chaque lésion i de la rétinopathie diabétique, nous définissons deux classes : la classe L_i qui regroupe les images contenant au moins une lésion de type i et la classe $\bar{L}_i$ qui regroupe les autres. Compte tenu du déséquilibre entre les classes L_i et $\bar{L}_i$, la précision et le rappel moyens ne sont calculés que pour les classes L_i (pour les lésions i rares, la précision et le rappel moyens sont trivialement proches de 100% pour la classe $\bar{L}_i$). Les courbes de précision-rappel pour les paramètres par défaut sont données sur la figure 3.18 (b).

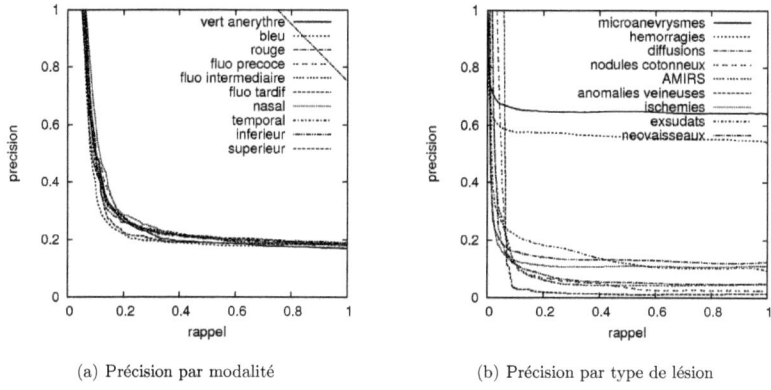

(a) Précision par modalité   (b) Précision par type de lésion

Figure 3.18 — Courbes de précision-rappel pour la base des rétines, relatif à chaque modalité d'acquisition et à chaque type de lésions. Nous voyons que les scores de précision moyenne sont plus élevés pour les lésions les plus fréquentes (microanévrismes et hémorragies), ce qui est logique. Cependant, le rapport entre précision moyenne et fréquence de la lésion dans les images est élevé pour certaines lésions peu fréquentes, ce qui indique que la méthode est bien adaptée : c'est le cas des lésions étendues (diffusions et ischémies).

3.3.4.1 Ondelette adaptée

la figure 3.16 montre que le choix de la base d'ondelette utilisée pour décomposer les images à une influence non négligeable sur la précision de la recherche. Il est donc intéressant de rechercher une ondelette adaptée aux images étudiées. Une ondelette peut en effet être intéressante pour une base de données mais pas pour d'autres (l'ondelette Daubechies 6 est intéressante pour la base des rétines mais pas pour les autres). Une ondelette doit aussi être adaptée à un critère de satisfaction de la requête donné. Ainsi, sur la base des rétines, si nous recherchons des images contenant une lésion donnée ou des images à un stade donné, la base d'ondelette fournissant les meilleurs résultats n'est pas la même.

CHAPITRE 3. INDEXATION ET RECHERCHE D'IMAGES BASÉE SUR LA TRANSFORMÉE EN ONDELETTES

Etant donné que le critère d'adaptation des ondelettes est complexe, il ne dépend d'ailleurs pas uniquement des images elles-mêmes, une recherche classique de l'ondelette est insuffisante. C'est pourquoi nous utilisons un critère de haut niveau pour évaluer chaque ondelette. Nous proposons d'utiliser directement la précision moyenne de la recherche comme critère d'adaptation. La recherche de l'ondelette est décrite au paragraphe 3.2.3. Les résultats sont donnés dans le tableau 3.3. La recherche de l'ondelette a été effectuée pour des ondelettes de support 9/7 avec les contraintes minimales sur les coefficients des filtres de prédiction (P) et de mise à jour (U) pour assurer la biorthogonalité.

Tableau 3.3 — Précision moyenne pour une fenêtre de cinq images en utilisant une ondelette adaptée

Ondelette	Visages	Rétines	Corel	Mammographies
Le Gall 5/3	87,30%	50,48%	33,53%	68,17%
Daubechies 9/7	**91,20%**	50,05%	**33,61%**	**68,23%**
Haar	*63,85%*	*46,92%*	*31,49%*	*64,15%*
B-spline cubique	82,75%	48,48%	33,24%	66,34%
Daubechies 4	75,10%	52,37%	33,26%	66,10%
Daubechies 6	75,75%	**52,13%**	32,96%	64,95%
ondelette adaptée (9/7)	**96,50%**	**53,54%**	**35,83%**	**70,91%**

Nous voyons que, pour chacune des bases, l'adaptation de l'ondelette permet une amélioration de la précision moyenne du système.

Nous étudions dans le tableau 3.4 et la figure 3.19 la précision moyenne associée à l'ondelette, en fonction des contraintes imposées sur son support (N_p et N_u) et ses coefficients (le nombre de coefficients utilisés pour supprimer les moments du signal), sur la base des visages.

Ces résultats montrent qu'il vaut mieux construire le filtre P de telle sorte qu'il améliore la régularité de l'ondelette primale et utiliser le filtre U pour adapter le banc de filtre au signal étudié (voir figures 3.19 (a) et (c)). Ces résultats ne sont pas surprenants : en compression d'images également, il est connu que la régularité de l'ondelette primale est plus importante que celle de l'ondelette duale [73].

Nous montrons sur la figure 3.20 la précision moyenne du système en fonction de l'ondelette utilisée sur la base des visages. Cette figure montre que le choix de l'ondelette joue un rôle important sur l'efficacité du système.

3.3. SIGNATURE GLOBALE DES IMAGES

Tableau 3.4 — Influence des contraintes imposées à l'ondelette sur la précision moyenne (base des visages)

(a) $N_p = 2 \ / \ N_u = 2$

95,45% (2)	95,60% (1)
94,45% (1)	$\emptyset$ (0)

(b) $N_p = 2 \ / \ N_u = 4$

95,35% (4)	95,00% (3)	95,20% (2)	95,10% (1)
94,70% (3)	94,70% (2)	94,85% (1)	$\emptyset$ (0)

(c) $N_p = 4 \ / \ N_u = 2$

95,55% (4)	95,35% (3)
95,45% (3)	94,95% (2)
95,10% (2)	94,85% (1)
95,10% (1)	$\emptyset$ (0)

(d) $N_p = 4 \ / \ N_u = 4$

95,05% (6)	95,95% (5)	95,20% (4)	95,20% (3)
96,35% (5)	**96,30%** (4)	95,25% (3)	95,05% (2)
95,30% (4)	95,10% (3)	95,15% (2)	95,15% (1)
95,20% (3)	95,30% (2)	95,20% (1)	$\emptyset$ (0)

(e) $N_p = 6 \ / \ N_u = 2$

95,75% (6)	95,10% (5)
94,90% (5)	94,70% (4)
95,05% (4)	94,80% (3)
94,85% (3)	95,00% (2)
95,10% (2)	94,80% (1)
95,25% (1)	$\emptyset$ (0)

(f) $N_p = 6 \ / \ N_u = 4$

$\emptyset$ (8)	$\emptyset$ (7)	95,05% (6)	*72,95%* (5)
$\emptyset$ (7)	95,40% (6)	95,20% (5)	95,35% (4)
95,45% (6)	95,55% (5)	95,40% (4)	94,95% (3)
44,90% (5)	95,50% (4)	94,45% (3)	95,05% (2)
95,05% (4)	95,20% (3)	94,95% (2)	95,00% (1)
95,20% (3)	95,10% (2)	94,75% (1)	$\emptyset$ (0)

(g) $N_p = 2 \ / \ N_u = 6$

94,70% (6)	95,10% (5)	94,75% (4)	93,75% (3)	95,10% (2)	95,65% (1)
95,00% (5)	94,20% (4)	93,55% (3)	94,65% (2)	94,50% (1)	$\emptyset$ (0)

(h) $N_p = 4 \ / \ N_u = 6$

$\emptyset$ (8)	$\emptyset$ (7)	94,15% (6)	*67,45%* (5)	95,20% (4)	95,10% (3)
$\emptyset$ (7)	95,70% (6)	94,65% (5)	94,30% (4)	94,85% (3)	94,85% (2)
94,80% (6)	94,80% (5)	93,85% (4)	95,00% (3)	95,00% (2)	94,90% (1)
94,80% (5)	95,10% (4)	94,50% (3)	95,00% (2)	94,85% (1)	$\emptyset$ (0)

(i) $N_p = 6 \ / \ N_u = 6$

$\emptyset$ (10)	$\emptyset$ (9)	$\emptyset$ (8)	$\emptyset$ (7)	*72,55%* (6)	*72,10%* (5)
$\emptyset$ (9)	$\emptyset$ (8)	$\emptyset$ (7)	*65,00%* (6)	*66,50%* (5)	94,55% (4)
$\emptyset$ (8)	$\emptyset$ (7)	92,35% (6)	*55,20%* (5)	95,00% (4)	94,65% (3)
$\emptyset$ (7)	95,15% (6)	*54,65%* (5)	*53,65%* (4)	94,70% (3)	94,60% (2)
95,05% (6)	*49,95%* (5)	93,45% (4)	95,00% (3)	94,95% (2)	95,10% (1)
94,80% (5)	94,15% (4)	95,00% (3)	95,05% (2)	95,00% (1)	$\emptyset$ (0)

Pour chaque couple de tailles de filtre (N_p, N_u), $N_p \in \{2, 4, 6\}$, $N_u \in \{2, 4, 6\}$, nous imposons M_p contraintes sur le filtre P et M_u contraintes sur le filtre U, $M_p = 1..N_p$, $M_u = 1..N_u$. Nous avons un tableau par couple de tailles de filtre (N_p, N_u) : la précision moyenne associée à chaque quadruplet (N_p, N_u, M_p, M_u) est indiquée à la $M_p^{ème}$ ligne est la $M_u^{ème}$ colonne. Nous indiquons entre parenthèses le nombre de degrés de liberté ddl pour la détermination des filtres P et U : $ddl = (N_p - M_p) + (N_u - M_u)$. Nous imposons une contrainte sur ddl : $0 < ddl \leq 6$.

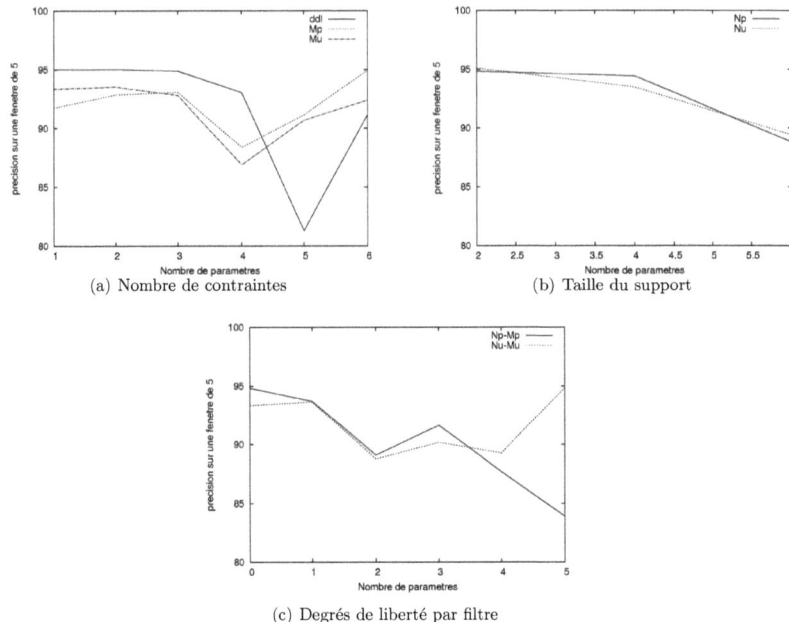

(a) Nombre de contraintes (b) Taille du support

(c) Degrés de liberté par filtre

Figure 3.19 — Influence des contraintes imposées aux filtres de prédiction et de mise à jour sur la précision moyenne du système (base des visages). Nous voyons qu'il vaut mieux construire le filtre P de telle sorte qu'il améliore la régularité de l'ondelette primale et utiliser le filtre U pour adapter le banc de filtre au signal étudié.

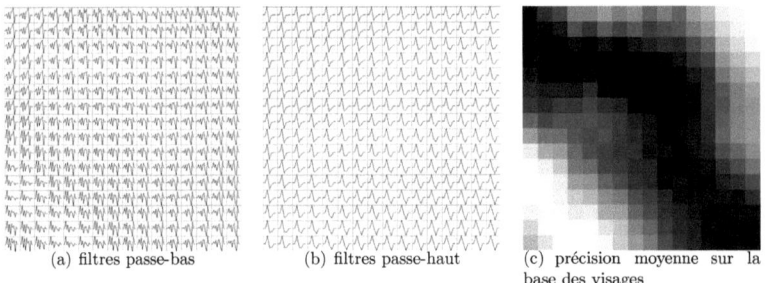

(a) filtres passe-bas (b) filtres passe-haut (c) précision moyenne sur la base des visages

Figure 3.20 — Influence de l'ondelette sur le score de précision moyenne. Sur cet exemple, les filtres sont recherchés parmi l'ensemble des ondelettes de support 9/3. La précision moyenne associée à chaque couple de filtres (passe-bas, passe-haut) est proportionnel à l'intensité du pixel correspondant dans l'image (c).

3.3. SIGNATURE GLOBALE DES IMAGES

Les résultats obtenus sont comparés à la méthode de recherche d'image classique basée sur la comparaison d'histogrammes couleur, sur la figure 3.21.

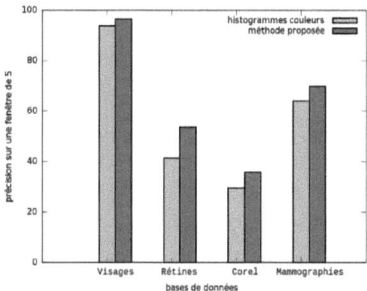

Figure 3.21 — Comparaison avec la méthode basée sur les histogrammes couleur. Les résultats obtenus pour la méthode de référence correspondent à la première ligne du tableau 3.2. Nous voyons que la méthode proposée améliore significativement les résultats obtenus par la comparaison d'histogrammes de couleur sur trois des bases de données. Cette amélioration est moins évidente sur la base des visages ; c'est logique, pour cette base, la méthode proposée fournit ses meilleurs résultats lorsqu'on utilise un faible niveau de décomposition.

3.3.4.2 Temps de calcul

Le temps de calcul moyen pour rechercher les cinq images les plus proches d'un image requête dans chacune des bases est donné dans le tableau 3.5. Ce calcul a été effectué pour chaque type de signatures : celui basé sur les histogrammes (H) et celui basé sur les gaussiennes généralisées. Tous les calculs ont été effectués par un processeur AMD Athlon 64-bit cadencé à 2 GHz. Pour comparer les deux approches, les même valeurs de paramètres ont été utilisées pour P_2, P_3 et P_4 : les valeurs par défaut.

Tableau 3.5 — Temps de calcul moyen de recherche dans une base de donnée

		Rétines	Mammographies	Visages	Corel
	transformée en ondelettes	0.22s	1.99s	0.005s	0.08s
H	histogrammes	0.03s	0.22s	0.0002s	0.03s
H	distance avec chaque image dans la base	0.31s	2.26s	0.109s	0.68s
H	total	0.56s	4.47s	0.114 s	0.79s
GG	estimation de $(\hat{\alpha}, \hat{\beta})$	4.35s	33.90s	0.03s	2.8s
GG	distance avec chaque image dans la base	0.16s	1.16s	0.056s	0.35s
GG	total	4.73s	37.05s	0.091s	3.23s

Nous voyons que le calcul de la signature basée sur des histogrammes est plus rapide que celui de la signature basée sur des gaussiennes généralisées. Les conclusions pour les temps de calcul des distances sont inversées. Le choix de la modélisation la plus adaptée, du point de vue des temps de calcul, dépend donc de la taille des images et de la taille de la base.

3.3.5 Discussion

L'efficacité de la méthode proposée, mesurée par la précision moyenne pour une fenêtre de cinq images, est intéressante : elle atteint en effet 53,54% sur la base des rétines, 69,75% sur celle des mammographies, 96,50% pour celle des visages et 35,17% pour Corel, en utilisant une ondelette adaptée est en modélisant la distribution des coefficients par des gaussiennes généralisées. Concrètement, sur la base des rétines, cela veut dire que deux ou trois images parmi les cinq sélectionnées par le système sont appropriées pour la requête.

D'après les courbes de précision-rappel et les valeurs de précision moyenne, nous voyons que les paramètres les plus importants sont la base d'ondelettes ainsi que le nombre de niveaux de décomposition. C'est pour cette raison que nous nous sommes intéressés à la recherche d'une ondelette adaptée. L'ondelette optimale trouvée par le processus d'optimisation fournit dans tous les cas une meilleur précision que les bases d'ondelettes classiques testées, bien que l'amélioration soit modeste. Le schéma de décomposition, quant à lui, n'a pas d'impact significatif sur la précision du système. Par conséquent, nous n'avons pas exploré cette piste plus en détail. Cependant, dans le cas où ce paramètre jouerait un rôle, une bonne solution pour rechercher un schéma de décomposition adapté consisterait à appliquer l'algorithme de la meilleure base (*best basis*) introduite par Coifman [28]. Le meilleur modèle pour représenter la distribution des coefficients (entre celui basé sur les histogrammes et celui basé sur les gaussiennes généralisées) dépend d'une base de données à l'autre. Le choix d'un de ces deux modèles a cependant un rôle limité sur la précision du système. Cependant, le deuxième modèle est plus intéressant car il produit des signatures plus petites ; nous pouvons donc considérer qu'il est meilleur.

Du point de vue des temps de calcul, chacun des deux modèles à son avantage. Pour ce qui est du calcul des signatures, l'approche basée sur les histogrammes est presque vingt fois plus rapide que l'autre. En revanche, pour ce qui est de la mesure de distance, l'approche basée sur les gaussiennes généralisées est deux fois plus rapide. Par conséquent, plus la base de données est grande, plus l'approche basée sur les gaussiennes généralisées est intéressante et plus l'image requête est grande, moins cette approche est intéressante.

Le système de recherche proposé est mieux adapté aux bases de données classifiées en fonction d'un critère étroitement lié au contenu des images. Ainsi, dans la base de données Corel, le concept dominant d'une image, définissant sa classe, n'est pas toujours en rapport direct avec les descripteurs de bas niveau de l'image, par conséquent les résultats sont assez faibles. Par contre, dans la base des visages, deux images de la même personne partagent évidemment des caractéristiques commune quelle que soit l'échelle d'observation des images, d'où les bonnes performances obtenues. De la même manière, sur les deux bases de données médicales, le niveau de gravité de la pathologie, utilisé comme classe, est lié à la présence ou non de lésions dans l'image et à leur nombre. Or la présence de ces lésions dans une image à une influence sur la distribution des coefficients d'ondelette à une échelle donnée : l'échelle typique de ces lésions. De plus, dans la base des mammographies, la présence de ces lésions affecte la distribution des coefficients dans certaines directions : les sous-bandes verticales (LH) et diagonale (HH) sont plus discriminantes que les sous-bandes horizontales ; ceci est dû à l'anisotropie des lésions dans les images. Donc, notre processus d'optimisation

3.3. SIGNATURE GLOBALE DES IMAGES

des poids, en donnant plus de poids aux sous-bandes les plus pertinentes, dans laquelle se trouve l'information correspondant aux images, assure une bonne précision.

3.4 Signature intégrant une information locale : le nombre de lésions détectées

Comme nous l'avons dit au chapitre 1.3, une des particularités de la CBIR dans le domaine médical est que nous pouvons savoir quelles caractéristiques des images sont plus particulièrement pertinentes pour les utilisateurs. Par contre, contrairement à d'autres types d'images (telles que des photographies de la base Corel), nous ne nous intéressons généralement pas à l'organisation spatiale des objets détectés. Nous proposons donc d'exploiter l'organisation spatiale des coefficients dans la transformée en ondelettes des images, à un niveau local, pour identifier des éléments locaux pertinents pour le diagnostic. Pour ce faire, nous allons chercher ces éléments en déplaçant une fenêtre sur l'image étudiée pour décider ou non de la présence de lésions (ou d'autres formes d'intérêt) à l'intérieur de cette fenêtre. La signature locale de l'image est ensuite formée uniquement du nombre de lésions de chaque type détectées dans l'image.

Une approche générale, basée sur la transformée en ondelettes, est proposée dans cette section pour détecter une forme paramétrique. Tout comme la méthode d'indexation globale des images présentée ci-dessous, nous allons personnaliser la base d'ondelette et le schéma de décomposition des images, pour l'adapter au type d'élément cherché. Cette approche est appliquée à la détection des microanévrismes dans les images ophtalmologiques [108]. Ce sont en effet des lésions pertinentes pour le diagnostic dans les images de rétines que nous étudions.

3.4.1 Détection de lésions dans la transformée en ondelettes des images

Dans la recherche d'une méthode générique pour détecter des lésions dans la transformée en ondelettes des images, nous avons d'abord défini une procédure générale, dont voici le principe :

1. parcourir conjointement toutes les sous-bandes de la transformée en ondelettes de l'image (ou un sous-ensemble). Ainsi, sur chaque sous-bande considérée, nous déplaçons une fenêtre dont le côté et la position sont proportionnels à l'échelle de la sous-bande. Voir figure 3.22.

2. construire un vecteur contenant les coefficients de l'image transformée contenus dans l'ensemble des fenêtres.

3. classifier ce vecteur par apprentissage.

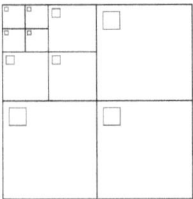

Figure 3.22 — La géométrie du système de fenêtres pour l'extraction de paramètres

La première solution envisagée pour classifier chaque vecteur multi-échelle a été d'utiliser un algorithme d'apprentissage automatique supervisé. L'algorithme est entraîné sur des exem-

3.4. SIGNATURE INTÉGRANT UNE INFORMATION LOCALE : LE NOMBRE DE LÉSIONS DÉTECTÉES

ples de lésions, ainsi que des contre-exemples, et il construit automatiquement un classifieur. Les algorithmes suivants ont été testés [62] :
- les machines à vecteurs de support (SVM : *support vector machines*) [11]
- la méthode des plus proches voisins
- l'analyse discriminante (linéaire) de Fisher
- l'analyse discriminante quadratique
- le classifieur de Mahalonobis
- les réseaux de neurones
- la méthode des fenêtres de Parzen

Afin d'améliorer les performances de la classification, nous ne classifions pas directement les données brutes, mais des caractéristiques dérivées. Différentes caractéristiques ont été testées :
- les données normalisées (soit sous-bande par sous-bande, soit sur l'ensemble des paramètres)
- des moments géométriques calculés sur chaque sous-bande, afin de caractériser les relations spatiales entre les coefficients
- les estimateurs d'un mouvement brownien
- la variance et l'énergie des coefficients dans chaque sous-bande
- ...

Cette technique s'est montrée plus ou moins efficace en fonction des lésions testées. Elle est notamment inadaptée pour détecter les microanévrismes, qui sont des éléments importants pour le diagnostic de la RD. En fait ces lésions présentent des variations de taille importantes (leur diamètre varie de 12 à 125 microns - de 2 à 15 pixels sur nos images). Or aucune des solutions proposées précédemment n'est indépendante de la taille. Il est donc nécessaire de mettre au point une autre méthode pour classifier les vecteurs de paramètres : nous proposons une méthode pour détecter des formes paramétriques dans la transformée en ondelettes des images. Cette méthode est appliquée à la détection des microanévrismes au paragraphe 3.4.4.

3.4.2 L'ajustement de modèle (*Template matching*) dans le domaine des ondelettes

Si un type de lésion possède une forme caractéristique que nous pouvons modéliser par une fonction paramétrique, alors nous pouvons la détecter par la méthode du *template matching* (ajustement de modèle). Pour cela, nous déplaçons une fenêtre F sur une image à classifier et nous ajustons du mieux le modèle à l'image, à l'intérieur de F. La plage de variation des paramètres du modèle doit être fixée en fonction des connaissances *a priori* sur les lésions et la modalité d'acquisition des images. Une approche similaire a été proposée pour détecter des nodules pulmonaires dans des images de tomographie axiale calculée, en utilisant un modèle gaussien, dans le domaine spatial [82]. Cependant, les images ophtalmologiques étudiées présentent des variations locales d'éclairement ainsi que de bruit, voir figure 2.2. Il serait donc difficile d'ajuster efficacement un modèle de lésion directement dans le domaine spatial.

Par conséquent nous proposons plutôt d'ajuster la transformée en ondelettes du modèle (TOM) sur la transformée en ondelettes de l'image. La transformée en ondelettes d'une image produit plusieurs sous-bandes, contenant chacune de l'information à une échelle (ou fréquence) donnée. Donc en ignorant les sous-bandes de haute (resp. de basse) fréquence, nous pouvons minimiser l'impact du bruit (resp. des variations locales d'intensité). Ces problèmes pourraient être résolus en prétraitant les images par des méthodes classiques de traitement d'images. Cependant, la chaîne de traitement ne serait plus générique, elle dépendrait de la modalité des images. De plus, l'utilisation de la transformée en ondelettes possède d'autres intérêts. L'un d'entre eux est que la moyenne de la transformée en ondelettes des images est nulle sur chaque sous-bande (à l'exception de celle des plus basses fréquences) [89] : ainsi, il est possible de supprimer la composante constante du modèle. De manière générale, nous pouvons ajuster la TOM sur la transformée en ondelettes de l'image, en utilisant un sous-ensemble des sous-bandes de la décomposition en ondelettes. Soit S ce sous-ensemble de sous-bandes. Le critère d'adaptation du modèle est la moyenne des erreurs au carré, pixel par pixel, entre l'image transformée et la transformée du modèle dans les sous-bandes de S, dans un voisinage du point.

Ainsi, nous calculons en chaque point de l'image la moyenne des erreurs au carré entre l'image transformée et la transformée du modèle le plus proche. Un seuil sur cette distance devra alors être recherché pour décider si un point de l'image est situé sur une lésion. Le voisinage sur lequel est évaluée la somme des erreurs au carré (SSE : Sum of the Squared Errors) doit être adapté aux paramètres du modèle étudié. Nous définissons n tailles de voisinage, et pour chaque jeu de paramètres du modèle, nous choisissons la taille de voisinage la plus adaptée. Nous constatons qu'il est en fait plus intéressant de choisir un seuil pour chaque taille de modèles : nous faisons donc n hypothèses sur la taille de la lésion et pour chaque taille de voisinage, nous recherchons le modèle le plus proche et la distance associée. Nous devons donc apprendre n seuils différents. La procédure de l'ajustement est détaillée au paragraphe 3.4.4.4 dans le cas du détecteur de microanévrismes.

3.4.3 Le processus d'optimisation global

3.4.3.1 Schéma du processus d'optimisation

Pour apprendre les paramètres du classifieur, un certain nombre d'images doit être segmenté par un expert (il indique la position du centre de toutes les lésions contenues dans chaque image). Cette base d'images est ensuite séparée en deux sous-ensembles : un pour l'apprentissage et l'autre pour l'évaluation.

Les paramètres à apprendre sont les suivants :
- les paramètres du modèle
- les sous-bandes sur lesquelles calculer la SSE. Nous avons $3 \times N_l + 1$ variables booléennes à déterminer, où N_l est le nombre maximum de niveaux de décomposition. Dans le cas de la détection des microanévrismes, nous avons fixé N_l à 3. En effet, les informations correspondant à ces petites structures n'apparaissent pas dans les sous-bandes au delà de ce seuil. Soit $I = \{1HH, 1HL, 1LH, 2HH, 2HL, 2LH, 2HH, 3HL, 3LH, 3LL\}$ l'ensemble des sous-bandes envisagées (voir figure 3.4). Nous avons à évaluer chaque sous ensemble $J \in 2^I - \emptyset$ (où 2^I est l'ensemble des sous-ensembles de I, $card(2^I - \emptyset) = 1023$).
- la taille et les coefficients des filtres. Nous avons évalué à la fois des ondelettes classiques et des ondelettes adaptées

Les groupes de paramètres sont calibrés dans un ordre spécifique. Les paramètres du modèle sont calibrés en premier, puisqu'ils sont indépendants des deux autres groupes. Pour simplifier le processus d'apprentissage, les meilleures sélections de sous-bandes sont d'abord recherchées en considérant quelques ondelettes classiques. Les meilleurs ensembles de sous-bandes trouvés sont alors utilisés pour rechercher une ondelette adaptée.

3.4. SIGNATURE INTÉGRANT UNE INFORMATION LOCALE : LE NOMBRE DE LÉSIONS DÉTECTÉES

La procédure d'apprentissage peut se résumer de la manière suivante (il est illustré sur la figure 3.23) :
1. la sélection des paramètres du modèle (voir paragraphe 3.4.4.2)
2. la sélection des sous-bandes (voir paragraphe 3.4.3.3)
3. l'adaptation de l'ondelette (voir paragraphe 3.4.3.4).

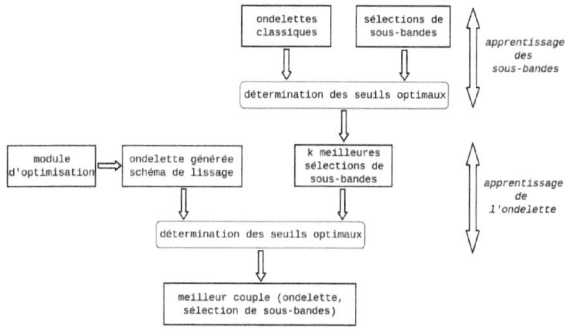

Figure 3.23 — Procédure d'optimisation du classifieur

Pour sélectionner les sous-bandes et pour construire les ondelettes adaptées, nous devons calculer les n seuils s_i sur la SSE à chaque fois qu'un couple (ondelette, sélection de sous-bandes) est évalué. Leur calcul est expliqué au paragraphe suivant.

3.4.3.2 Détermination des seuils optimaux

Comme il a été dit au paragraphe 3.4.2, nous devons apprendre un seuil s_i, $1 \leq i \leq n$, pour chaque taille de modèle (α_i). Les seuils sont déterminés simultanément. Tout d'abord, chaque image I de l'ensemble d'apprentissage est décomposée par l'ondelette W_j à évaluer. Pour chaque image I, chaque position de la fenêtre F sur I et chaque taille de modèle, nous calculons la SSE (en utilisant les sous-bandes de la sélection J_m à évaluer). Nous recherchons le vecteur de seuils $\{s_1, ..., s_n\}$ qui fournit le meilleur score de classification (défini ci-dessous). Nous effectuons pour cela une recherche sur grille : l'espace des seuils est parcouru avec un certain pas et le meilleur vecteur de seuils est conservé. La procédure est illustrée sur la figure 3.24.

Il est important de noter que lorsque nous recherchons le vecteur de seuils, nous avons en fait deux critères à maximiser :
- la sensibilité : le pourcentage de lésions détectées
- la valeur de prédiction positive (VPP) : le pourcentage de détections correctes (pourcentage de détections qui sont effectivement des lésions)

Il faut donc rechercher le meilleur compromis entre les deux. Dans [120], les auteurs combinent les deux scores objectifs de la manière suivante : $score = \sqrt{\text{sensibilité} \times \text{VPP}}$. Cependant, dans le contexte médical, il est plus grave de ne pas détecter une lésion que de faire une fausse détection. Par conséquent, la sensibilité doit être favorisée. Pour cela, nous

CHAPITRE 3. INDEXATION ET RECHERCHE D'IMAGES BASÉE SUR LA TRANSFORMÉE EN ONDELETTES

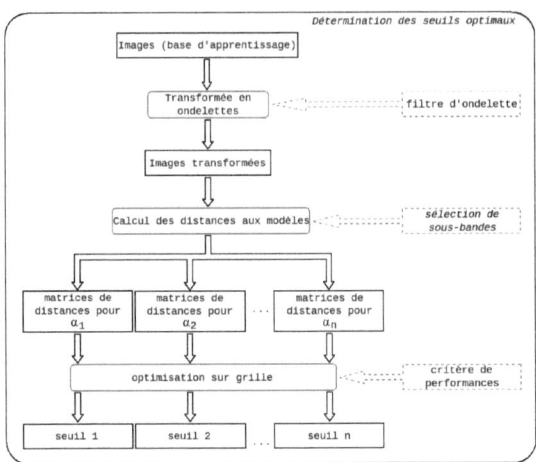

Figure 3.24 — Détermination des seuils optimaux

pénalisons les vecteurs de seuils pour lesquels la sensibilité est inférieure à la VPP. Le score objectif utilisé est décrit dans l'équation 3.56.

$$\begin{cases} score = f\left(\frac{\text{sensibilité}}{\text{VPP}}\right) \times \sqrt{\text{sensibilité} \times \text{VPP}} \\ f(x) = x \text{ pour } x < 1, f(x) = 1 \text{ sinon} \end{cases} \quad (3.56)$$

Un exemple de trace d'optimisation sur grille est donné sur la figure 3.25.

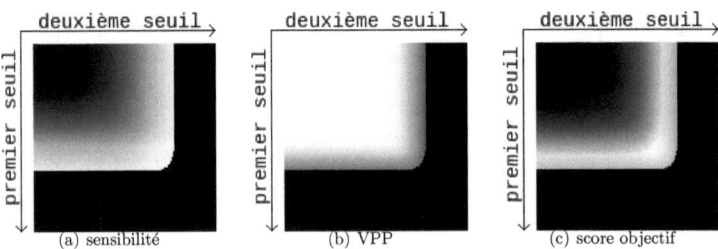

Figure 3.25 — Optimisation sur grille. Les scores sont proportionnels à l'intensité de l'image. Les zones en noir correspondent aux zones qui n'ont pas été évaluées car le nombre de fausses détections est trop élevé. Au fur et à mesure que les seuils augmentent, la sensibilité augmente et la VPP diminue. Un compromis est trouvé pour le score objectif le long de la courbe d'intensité maximale sur l'image (c).

3.4. SIGNATURE INTÉGRANT UNE INFORMATION LOCALE : LE NOMBRE DE LÉSIONS DÉTECTÉES

3.4.3.3 Sélection des sous-bandes

Les ensembles de sous-bandes optimaux sont recherchés pour plusieurs ondelettes classiques. Les familles d'ondelettes que nous avons testées sont données ci-dessous, avec leur support (support du filtre passe-bas/support du filtre passe-haut) :
- l'ondelette orthogonale de Haar (support=2/2)
- l'ondelette biorthogonale Le Gall 5/3 [81], utilisée dans la première partie du standard JPEG-2000 (support=5/3)
- l'ondelette biorthogonale Daubechies 9/7, elle aussi utilisée dans ce standard (support=9/7)
- l'ondelette orthogonale Daubechies 4 [31] (support=4/4)

Pour chaque sous-ensemble de sous-bandes J_m, $1 \leq m \leq card(2^I - \emptyset)$, et chaque ondelette classique W_i, $1 \leq i \leq N$, nous calculons le score du couple (J_m, W_i), défini comme le score obtenu pour le meilleur vecteur de seuils (voir paragraphe 3.4.3.2). Le score global, calculé sur toutes les ondelettes classiques, de chaque sous-ensemble J_m est donné par l'équation 3.57.

$$score(J_m) = \frac{1}{N} \sum_{i=1}^{N} score(J_m, W_i) \qquad (3.57)$$

Nous conservons ensuite les k meilleures sélections de sous-bandes ($J_1^{opt}, J_2^{opt}, ..., J_k^{opt}$), celles ayant les plus hauts scores.

3.4.3.4 Adaptation de l'ondelette

Pour chacune des meilleures sélections de sous-bandes J_i^{opt}, $1 \leq i \leq k$, nous recherchons l'ondelette W_{opt} qui maximise le score (W_{opt}, J_i^{opt}), par la procédure décrite au paragraphe 3.2.

3.4.4 Application au détecteur de microanévrismes

3.4.4.1 Données d'apprentissage

Pour calibrer l'algorithme, un sous-ensemble des images de la base à été segmenté par un expert. La segmentation des images consiste simplement à indiquer le centre de tous les microanévrismes présents dans l'image. En tout 120 images ont été segmentées pour un total de 6500 lésions indiquées. Les images ont été acquises par trois modalités différentes :
- 50 photographies obtenus par application d'un filtre vert
- 35 angiographies
- 35 photographies couleur

Ces modalités correspondent à celles utilisées par les médecins pour détecter les microanévrismes.

3.4.4.2 Un modèle paramétrique pour les microanévrismes

Mises à part leurs variations de taille, les microanévrismes sont assez invariants en forme. Les microanécrismes sont de petites hernies, que l'on peut modéliser par des sphères. Ainsi, une coupe dans un microanévrisme, passant par son centre, peut être approchée par un disque de rayon R. La hauteur h du microanévrisme en fonction de r, la distance au

CHAPITRE 3. INDEXATION ET RECHERCHE D'IMAGES BASÉE SUR LA TRANSFORMÉE EN ONDELETTES

centre de la lésion, est alors égale à $2\sqrt{R^2 - r^2}$ (l'équation d'un cercle de centre (a, b) de rayon R est donnée par $y = b \pm \sqrt{R^2 - (x - a)^2}$, voir figure 3.26 (a)). D'après la loi de Beer-Lambert, l'intensité lumineuse I_0 est atténuée par la diffusion et l'absorption, proportionnellement à la distance d parcourue par la lumière, tel qu'exprimé par l'équation suivante.

$$I = I_0 \exp(-\Gamma d) \qquad (3.58)$$

où Γ est le coefficient d'extinction du milieu. Le profil d'intensité $f_{theorique}$ du microanévrisme est donné par l'équation 3.59 et représenté sur la figure 3.26 (b).

$$f_{theorique}(r; K, R, \gamma) = \begin{cases} K \exp\left(-2\Gamma \sqrt{R^2 - r^2}\right) \text{ si } r < R \\ K \text{ sinon} \end{cases} \qquad (3.59)$$

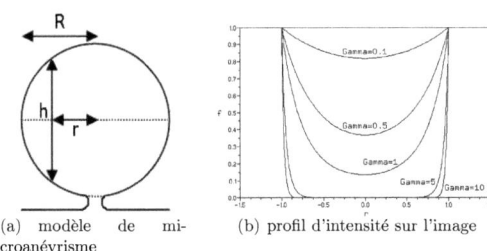

(a) modèle de microanévrisme   (b) profil d'intensité sur l'image

Figure 3.26 — Profil théorique d'un microanévrisme

Du fait de la diffusion et des problèmes d'acquisition, nous constatons qu'il est plus approprié de modéliser les lésions par une gaussienne généralisée de révolution (éventuellement inversée) définie par l'équation 3.60 et représentée sur la figure 3.27 :

$$\begin{cases} f(r; \alpha, \beta, \gamma, \delta) = \gamma + \delta \exp\left(\left(\frac{|r|}{\alpha}\right)^\beta\right) \\ r = \sqrt{x^2 + y^2} \end{cases} \qquad (3.60)$$

où :
- α est un paramètre modélisant la taille de la lésion
- β est un paramètre modélisant la netteté des contours de la lésion (qui dépend essentiellement de la modalité)
- γ est un paramètre modélisant l'intensité du fond de l'image
- δ est un paramètre modélisant la hauteur de la lésion

Pour illustrer le modèle, quelques exemples typiques de microanévrismes et de profils d'images sont donnés sur la figure 3.28 et comparés à un modèle synthétique. La fonction gaussienne généralisée est bien adaptée car elle peut modéliser des images de microanévrismes avec des contours plus ou moins nets, en fonction de la modalité d'acquisition.

Pour valider le modèle, nous avons étudié l'écart de forme entre les images réelles et le modèle. Pour cela, 100 images de lésions de référence ont été détectées manuellement. Pour chaque lésion, α, γ et δ sont déterminés afin de minimiser l'écart entre l'image et la lésion, étant donné un paramètre de forme fixe $\beta = \beta_0$. Le fond de l'image est préalablement éliminé par des opérateurs de morphologie mathématique (ce prétraitement n'est effectué que pour

3.4. SIGNATURE INTÉGRANT UNE INFORMATION LOCALE : LE NOMBRE DE LÉSIONS DÉTECTÉES

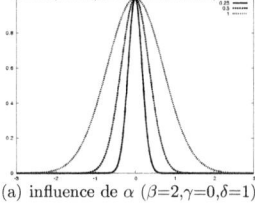
(a) influence de α (β=2,γ=0,δ=1)

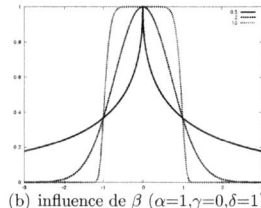
(b) influence de β (α=1,γ=0,δ=1)

Figure 3.27 — Fonction gaussienne généralisée à une dimension

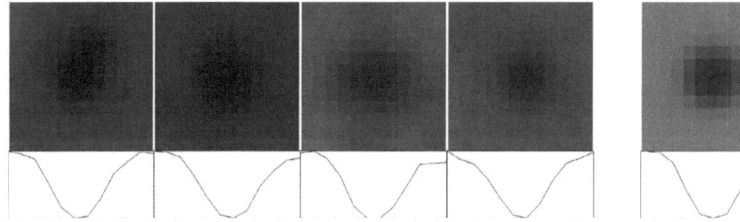

Figure 3.28 — Validation du modèle de microanévrisme

la validation du modèle). Ces paramètres sont estimés à partir des pixels dont la distance au centre est inférieure à 2α (correspondant approximativement au support de la lésion). Soit g le niveau de gris en un pixel donné, $\bar{g} = \dfrac{g - \gamma}{\delta}$ le niveau de gris normalisé, r la distance entre ce pixel et le centre de la lésion et $\bar{r} = \dfrac{r}{\alpha}$ la distance normalisée. Nous étudions la moyenne et l'écart-type de l'erreur d'estimation en un pixel $\bar{e}_{pw} = \bar{g} - f(\bar{r}; 1, \beta_0, 0, 1)$ en fonction de sa distance au centre de la lésion $\bar{r}$. β_0 est choisi parmi un ensemble discret de valeurs de telle sorte que la somme sur $\bar{r}$ de la moyenne de $\bar{e}_{pw}$ soit minimale. Les résultats sont donnés dans la table 3.6 et sur la figure 3.29. Il en ressort que l'erreur d'estimation moyenne est très faible quelle que soit la distance du pixel au centre, même si son écart-type est assez élevé.

Pour valider l'utilisation d'un modèle invariant par rotation, les 100 lésions de référence sont délimitées manuellement par une forme elliptique. Puis le coefficient d'aplatissement de l'ellipse ($1 - \frac{r_1}{r_2}$, où r_1 est la demi longueur du petit axe et r_2 est la demi longueur du grand axe) est calculé : les résultats sont donnés sur la figure 3.30. Ils confirment que les lésions sont rarement allongées.

Puisque nous travaillons avec la transformée en ondelettes des images, le paramètre γ, la composante constante du modèle, peut être fixé à 0 (voir paragraphe 3.4.2), ce qui permet de simplifier le modèle.

CHAPITRE 3. INDEXATION ET RECHERCHE D'IMAGES BASÉE SUR LA TRANSFORMÉE EN ONDELETTES

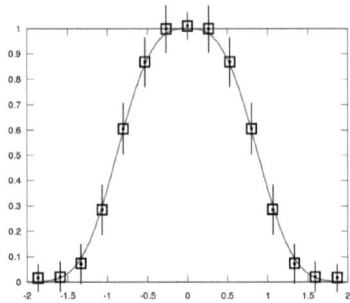

Figure 3.29 — Ecarts de forme entre les images réelles de microanévrismes et le modèle. L'erreur moyenne pour chaque intervalle est représentée par un carré, et l'écart-type par des segments de droite : la longueur d'un demi-segment correspond à l'écart-type.

Tableau 3.6 — Ecarts de forme entre les images réelles de microanévrismes et le modèle

intervalle de distance	moyenne	écart-type
$0 \leq r \leq r_0$	-0.0099	0.085
$r_0 \leq r \leq r_1$	0.0177	0.144
$r_1 \leq r \leq r_2$	0.0101	0.152
$r_2 \leq r \leq r_3$	0.0081	0.159
$r_3 \leq r \leq r_4$	-0.0135	0.154
$r_4 \leq r \leq r_5$	-0.0215	0.123
$r_5 \leq r \leq r_6$	0.0023	0.095
$r_6 \leq r \leq 2\alpha$	0.0141	0.086

Moyenne et écart-type de l'erreur d'estimation pour plusieurs intervalles de distance r au centre de la lésion, r variant de 0 à 2α. Les résultats sont tracés sur la figure 3.29.

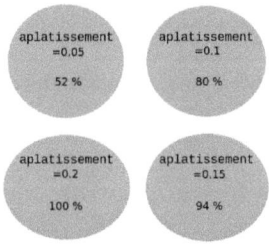

Figure 3.30 — Symétrie des microanévrismes. la figure représente la distribution de l'aplatissement des microanévrismes : quatre ellipses de valeurs d'aplatissement différentes sont représentées. Sur chaque ellipse est indiqué le pourcentage de lésions détectées manuellement dont le coefficient d'aplatissement est supérieur à celui de l'ellipse.

3.4. SIGNATURE INTÉGRANT UNE INFORMATION LOCALE : LE NOMBRE DE LÉSIONS DÉTECTÉES

3.4.4.3 Paramètres du modèle

L'influence de l'écart-type α sur le score de classification est illustré sur la figure 3.31. Les paramètres utilisés pour chaque modalité d'acquisition sont donnés dans le table 3.7.

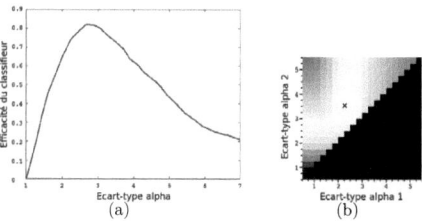

Figure 3.31 — Influence de l'écart-type du modèle sur le score de classification. La figure (a) illustre l'influence de l'écart-type α sur le score de classification dans le cas $n = 1$ (quand une seule taille de modèle est utilisée). La figure (b) illustre l'influence du couple d'écart-types (α_1, α_2), $\alpha_1 < \alpha_2$, dans le cas $n = 2$; les scores de classification sont proportionnels au niveau de gris, le couple optimal est indiqué par une croix.

Tableau 3.7 — Paramètres du modèle de microanévrisme en fonction de la modalité

modalité	photographie / filtre vert	photographie couleur	angiographie
signe	-1	-1	1
β	4	4	3
α (petit)	2,263	2,316	2,316
amplitude (petit)	20-45	20-45	20-80
α (grand)	3,526	2,947	3,263
amplitude (grand)	25-55	25-55	60-140

Le paramètre "signe" indique si la gaussienne généralisée est inversée (à valeurs négatives : -1) ou pas (1). La plage de variation de l'amplitude est donnée en pourcentage de l'intensité de l'image. Notons que pour les angiographies, cette plage de variation est plus grande : en effet ces images sont plus contrastées

Etant donnée la taille typique des microanévrismes sur les images, la transformée en ondelettes invariante par translation (voir section 3.1.5) a été utilisée pour détecter les microanévrismes. Le banc de filtre implémenté est illustré sur la figure 3.8.

Puisque nous disposons d'une borne minimale sur l'amplitude des lésions (voir tableau 3.7), il n'est pas nécessaire d'ajuster les modèles de microanévrisme sur les pixels de l'images dont l'amplitude sur le voisinage est inférieure à cette borne. Le traitement de l'image peut être accéléré en écartant ces pixels.

3.4.4.4 L'ajustement de modèle

Pour la recherche des microanévrismes, l'algorithme d'ajustement qui a été appliqué est le suivant :

CHAPITRE 3. INDEXATION ET RECHERCHE D'IMAGES BASÉE SUR LA TRANSFORMÉE EN ONDELETTES

Soit $TI_{|F}(u,v,s)$ la transformée en ondelettes discrète de l'image à l'intérieur de la fenêtre F, aux coordonnées (u,v) de la sous-bande $s \in S$.
- Pour n valeurs α_i de α, $1 \leq i \leq n$
  - le modèle $f(r;\alpha_i,\beta=\beta_0,\gamma=0,\delta=1)$, $r=\sqrt{x^2+y^2}$, est discrétisé $\rightarrow$ nous obtenons l'image discrète $F(x,y;\alpha_i,\beta_0,0,1)$.
  - nous calculons la transformée en ondelettes de $F(x,y;\alpha_i,\beta_0,0,1)$ $\rightarrow$ nous obtenons l'image transformée $TF(u,v,s;\alpha_i,\beta_0,0,1)$.
  Remarque : puisque la transformée en ondelettes est linéaire, TF satisfait l'équation 3.61.

$$TF(u,v,s;\alpha_i,\beta_0,0,\delta) = \delta.TF(u,v,s;\alpha_i,\beta_0,0,1) \qquad (3.61)$$

- nous recherchons la valeur δ_0 du paramètre δ qui minimise la SSE entre $TI_{|F}(u,v,s)$ et $TF(u,v,s;\alpha_i,\beta_0,0,\delta_0)$. Le calcul de δ_0 est détaillé ci-dessous.
- si δ_0 n'est pas compris dans un intervalle de valeurs acceptables pour le modèle, aucune lésion de taille α_i n'est détectée
- sinon la zone de l'image comprise dans la fenêtre F est classifiée comme une lésion si la SSE est inférieure à un seuil s_i. Les seuils s_i, $1 \leq i \leq n$ doivent être appris par apprentissage.

Pour une valeur α_i de α, δ_0 est la valeur qui minimise la grandeur J, définie à l'équation 3.62 :

$$J = \sum_{u,v,s}(\delta_0.TF(u,v,s;\alpha_i,\beta_0,0,1) - TI_{|F}(u,v,s))^2 \qquad (3.62)$$

Cette valeur est minimale si $\frac{\partial J}{\partial \delta_0} = 0$, il faut donc annuler la relation de l'équation 3.63 :

$$\frac{\partial J}{\partial \delta_0} = -2.\sum_{u,v,s} TF(u,v,s;\alpha_i,\beta_0,0,1)(\delta_0.TF(u,v,s;\alpha_i,\beta_0,0,1) - TI_{|F}(u,v,s)) = 0 \qquad (3.63)$$

nous en déduisons l'unique solution possible pour δ_0 (équation 3.64) :

$$\delta_0 = \frac{\sum_{u,v,s}TF(u,v,s;\alpha_i,\beta_0,0,1).TI_{|F}(u,v,s))}{\sum_{u,v,s}TI_{|F}(u,v,s)^2} \qquad (3.64)$$

Un exemple de jeu de modèles et de leurs transformée en ondelettes est présenté sur la figure 3.32.

3.4. SIGNATURE INTÉGRANT UNE INFORMATION LOCALE : LE NOMBRE DE LÉSIONS DÉTECTÉES

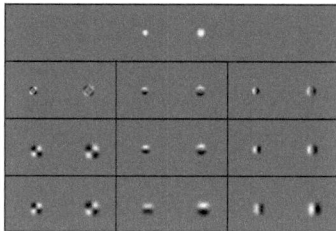

Figure 3.32 — Les modèles de microanévrismes et leur transformée en ondelettes. Les modèles (sur la première ligne) sont décomposés sur trois niveaux (un par ligne) sans sous-échantillonnage. Chaque colonne de la décomposition correspond à une direction. Les valeurs positives sont représentées en blanc, les valeurs négatives en noir. Les paramètres suivants ont été utilisés : $\alpha = 2.5$ (petit modèle) et $\alpha = 3.5$ (gros modèle), $\delta = 1$.

3.4.4.5 Résultats de l'optimisation

Une importante question à laquelle nous avons dû répondre avant d'optimiser les paramètres est le nombre d'images requises pour l'apprentissage. Il est apparu que seulement trois images sont nécessaires par modalité d'acquisition pour rechercher les combinaisons de sous-bandes optimales, pourvu que des images avec de nombreuses lésions soient choisies. C'était prévisible, car lorsque le modèle est calibré, le classifieur n'a que n paramètres à apprendre pour une ondelette donnée, où n est le nombre de tailles de modèles. Ainsi l'erreur d'apprentissage (l'erreur calculée sur les images d'apprentissage) est sensiblement égale à l'erreur de validation (calculée sur les images de validation), comme le montre le tableau 3.8.

Tableau 3.8 — Comparaison de l'erreur d'apprentissage et de l'erreur de validation

bases d'images	apprentissage	validation
nombre d'images	9 (3 par modalités)	111
nombre de lésions	485	6015
Haar	(88,68%,86,87%)	(88,07%,84,34%)
Le Gall 5/3	(76,98%,74,70%)	(76,79%,73,75%)
Daubechies 4-tap	(73,51%,72,30%)	(72,34%,71,07%)
Daubechies 9/7	(72,16%,69,85%)	(71,61%,68,78%)

Scores de classification calculés pour les ondelettes usuelles calculées sur la combinaison de sous-bandes suivante : $\{2HL, 2LH\}$. Les valeurs données sont des moyennes calculées sur les trois modalités. Nous ne constatons qu'une faible différence entre l'erreur d'apprentissage et l'erreur de validation.

Cependant, lorsque nous recherchons une ondelette optimale, le nombre de degrés de liberté augmente. Par conséquent, une base de validation plus importante est requise (8 images ont été utilisées par modalité).

La première étape d'optimisation nous a fourni les k meilleures combinaisons de sous-bandes. Nous avons conservé les $k = 7$ meilleures combinaisons pour la recherche d'une

CHAPITRE 3. INDEXATION ET RECHERCHE D'IMAGES BASÉE SUR LA TRANSFORMÉE EN ONDELETTES

ondelette optimale car : 1) quelle que soit la modalité d'acquisition ces 7 combinaisons sont les mieux classées, 2) les scores des autres combinaisons sont significativement moins bons. Les k meilleurs sous-ensembles sont donnés sur la figure 3.33 et leurs scores pour les ondelettes usuelles sont donnés dans le tableau 3.9.

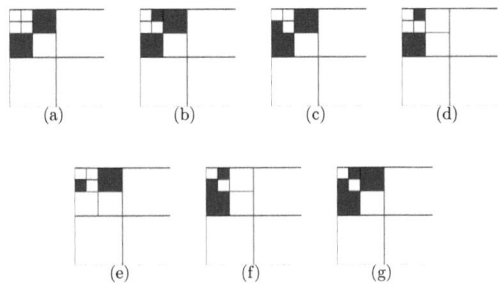

Figure 3.33 — Meilleures combinaisons de sous-bandes. Les 7 meilleures combinaisons par ordre décroissant de leur score (de (a) à (g)).

Tableau 3.9 — Scores de classification obtenus pour les ondelettes usuelles

sous-bandes	Haar	Le Gall 5/3	Daubechies 4-tap	Daubechies 9/7
(a)	**(88,07%,84,34%)**	(76,79%,73,75%)	(72,34%,71,07%)	(71,61%,68,78%)
(b)	(79,81%,78,12%)	(76,78%,73,67%)	(45,00%,42,25%)	(70,88%,67,50%)
(c)	(77,90%,75,40%)	(76,62%,73,29%)	(43,79%,41,56%)	(70,85%,67,18%)
(d)	(73,78%,71,27%)	(75,17%,76,06%)	(43,09%,33,05%)	(69,93%,67,28%)
(e)	(72,48%,70,38%)	(75,34%,69,59%)	(42,49%,29,85%)	(67,25%,62,14%)
(f)	(68,38%,66,32%)	(76,20%,75,94%)	(36,29%,24,87%)	(70,24%,69,17%)
(g)	(69,11%,68,27%)	(77,11%,73,45%)	(34,43%,30,48%)	(70,60%,70,13%)

Les scores sont donnés sous la forme (sensibilité,VPP). Les valeurs fournies sont des valeurs moyennes entres les scores obtenus pour chaque modalité. Nous voyons que l'efficacité de la méthode dépend fortement de l'ondelette choisie.

Les résultats montrent que l'efficacité de la méthode dépend clairement de l'ondelette choisie. Ce qui confirme l'intérêt de rechercher une ondelette optimale. Cependant, comme il a été dit précédemment, les combinaisons de sous-bandes optimales dépendent peu de l'ondelette.

Les scores de classification obtenus pour chaque ondelette construite par le processus d'optimisation sont donnés dans le tableau 3.10 et les couples (ondelette,sous-bandes optimales) trouvés pour chaque modalité d'images sont donnés dans le tableau 3.11. L'ondelette optimale trouvée sur la base des images angiographiques est illustrée sur la figure 3.34.

Un exemple de segmentation manuelle et de détection automatique est donné sur la figure 3.35. Le classifieur proposé est robuste puisque des images de qualité très différentes peuvent être classifiées avec le même jeu de paramètres (voir figure 3.36).

3.4. SIGNATURE INTÉGRANT UNE INFORMATION LOCALE : LE NOMBRE DE LÉSIONS DÉTECTÉES

Tableau 3.10 — Scores de classification obtenus pour les ondelettes optimales

sous-bandes	5/3	9/3	9/7
(a)	(89,14%,89,95%)	**(90,13%,89,87%)**	(90,10%,89,35%)
(b)	(88,25%,88,12%)	(87,50%,87,63%)	(87,32%,87,27%)
(c)	(87,45%,87,40%)	(87,42%,87,16%)	(87,26%,87,17%)
(d)	(84,37%,84,01%)	(83,05%,82,97%)	(84,18%,84,15%)
(e)	(84,66%,84,68%)	(84,94%,84,65%)	(83,44%,83,29%)
(f)	(83,22%,83,17%)	(82,98%,83,10%)	(83,33%,83,32%)
(g)	(86,16%,86,24%)	(86,25%,85,92%)	(85,07%,85,20%)

Voir légendes du tableau 3.9

Tableau 3.11 — Couples (ondelette,sous-bandes optimales) optimaux pour chaque modalité d'acquisition

modalité	photographie / filtre vert	angiographie	photographie couleur
support du filtre	5/3	9/3	9/3
filtre de prédiction (P)	[0,041 ;0,959]	[0,030 ;0,970]	[-0,039 ;1,039]
filtres de mises à jour (U)	[0,462 ;0,038]	[0,000 ;0,500 ; 0,000 ;0,000]	[-0,025 ;0,500 ; 0,016 ;0,009]
sous-bandes	{2HL,2LH}	{2HL,2LH}	{2HL,2LH}

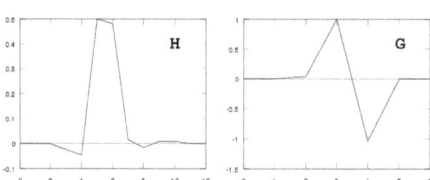

Figure 3.34 — Ondelette optimale trouvée sur la base des images angiographiques.

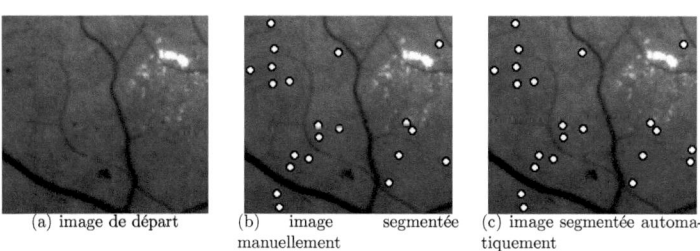

(a) image de départ   (b) image segmentée manuellement   (c) image segmentée automatiquement

Figure 3.35 — Exemple d'image segmentée manuellement puis automatiquement. Nous voyons que toutes les lésions ont été détectées et nous observons une seule fausse alarme.

CHAPITRE 3. INDEXATION ET RECHERCHE D'IMAGES BASÉE SUR LA TRANSFORMÉE EN ONDELETTES

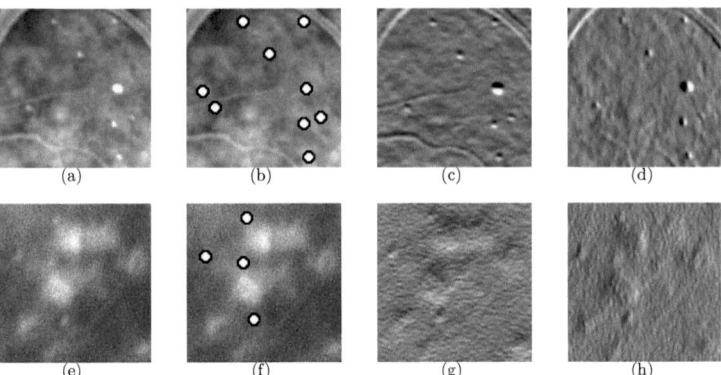

Figure 3.36 — Segmentation automatique d'images de qualités très différentes. Chaque ligne correspond à une image. (a),(e) : images de départ, (b),(f) : détection automatique (qui correspond bien à la segmentation manuelle), (c),(g) : sous-bandes verticales considérées de la décomposition, (d),(h) : sous-bandes horizontales considérées de la décomposition.

3.4.4.6 Comparaison avec les méthodes existantes

De nombreux algorithmes ont été proposés pour détecter des microanévrismes dans des photographies de rétines. Elles impliquent toutes une suite de différents traitements. Le premier traitement consiste généralement à éliminer les vaisseaux sanguins, par des méthodes de morphologie mathématique [137, 92, 101] ou par une transformée chapeau haut de forme (*top-hat*) [30]. Les images sont ensuite améliorées et normalisées, particulièrement pour atténuer les variations d'éclairement. Ceci est fait par un filtrage médian [155, 101] ou une égalisation d'histogrammes [155] par exemple. Le filtrage adaptatif a également été utilisé pour faire ressortir la forme des lésions, soit en utilisant un filtre gaussien [92], soit en utilisant un filtre personnalisé [124][145]. Différentes caractéristiques sont extraites (telle que des caractéristiques de forme ou la brillance). L'utilisation de classifieurs statistiques a été proposée pour classifier les caractéristiques extraites [40, 30, 59]. Sinthanayothin propose de classifier directement les images prétraitées à l'aide d'un réseau de neurones (sans extraire de caractéristiques) [124]. Les deux approches précédentes ont été combinées, ainsi Grisan a proposé un classifieur hiérarchique qui effectue d'abord une classification pixel par pixel pour détecter des lésions candidates, puis rejette les fausses détections à l'aide d'un classifieur linéaire [52].

Nous allons comparer la méthode proposée avec deux algorithmes publiés récemment : l'algorithme de Niemeijer [98] et celui de Fleming [48]. Le principe des deux méthodes est de détecter dans un premier temps des lésions candidates, puis d'entraîner un classifieur afin d'éliminer dans un deuxième temps les mauvaises candidates. Ces deux algorithmes ont été développés pour détecter les microanévrismes dans les images couleurs. Nous les avons donc adaptés aux différentes modalités d'images étudiées.

L'algorithme de Niemeijer peut être résumé de la manière suivante :
1. *Prétraitement*. Le fond I_{bg} de l'image I est calculé à l'aide d'un filtre médian. Puis I_{bg} est

3.4. SIGNATURE INTÉGRANT UNE INFORMATION LOCALE : LE NOMBRE DE LÉSIONS DÉTECTÉES

éliminé par soustraction afin d'obtenir une image I_{sc} à l'éclairement corrigée. Les pixels de l'image ayant une valeur positive dans I_{bg} sont ignorés dans la suite afin d'éliminer les lésions brillantes.

2. *Extraction de lésions candidates à l'aide de la morphologie mathématique.* Les vaisseaux sanguins sont détectés en appliquant douze transformations chapeau haut de forme à l'image I_{sc}. Chaque transformation utilise un élément structurant linéaire à une orientation particulière. Les vaisseaux sont ensuite supprimés de I_{sc}. L'image ainsi obtenue est ensuite améliorée grâce à un filtre adapté gaussien en 2-D, puis un seuil est appliqué à l'image filtrée. Un algorithme d'accroissement de région est ensuite appliquée sur I_{sc} à chaque élément de l'image binaire obtenue afin d'obtenir la forme binaire de chaque lésion candidate.

3. *Extraction de lésions candidates à l'aide de classification pixel par pixel.* Chaque pixel de l'image est décrit par un vecteur de paramètres numériques, constitué de la valeur du pixel dans I_{sc} et de la réponse à chaque dérivée de filtres gaussiens du premier et du second ordre avec plusieurs valeurs d'écart type. Les vecteurs de paramètres sont ensuite classifiés grâce à un classifieur k-NN (méthode des k plus proches voisins) (k=55).

4. *Classification des candidates.* Les candidates détectées par au moins une des méthodes ci-dessus sont décrits par 21 paramètres et le vecteur de paramètres est classifié par un autre classifieur de type k-NN (k=11).

L'algorithme de Fleming peut lui être résumé comme suit :

1. *Prétraitement et recherche de candidats.* Le bruit est supprimé par des filtrages médian et gaussien. Le fond I_{bg} de l'image débruitée I est calculé par un filtrage médian. I est ensuite normalisée : $I' = I/I_{bg} - 1$, $I'' = I/ecart\_type(I')$. Comme dans la méthode de Niemeijer, les vaisseaux sont supprimés par des transformations chapeau haut de forme, l'image est améliorée par un filtrage gaussien adapté avant d'être seuillée. La forme binaire des lésions est obtenue par un accroissement de région plus élaboré.

2. *Evaluation des candidats.* Une paraboloïde est ajustée sur les lésions candidates dans l'image I'' et l'intersection de cette ellipsoïde avec le plan horizontal $z = z_b$, où z_b est l'intensité moyenne dans I'' sur les bords de la candidate, est une ellipse utilisée, avec d'autres paramètres, pour éliminer les mauvais candidats grâce à un classifieur k-NN.

3. *Elimination des branchements et des croisements de vaisseaux.* Des faux positifs apparaissent souvent dans ces deux situations. Pour les éliminer, des portions de vaisseaux sont détectés au voisinnage des candidats. L'algorithme cherche si des portions de vaisseaux se croisent au centre des candidats, auquel cas le candidat est rejeté. Une méthode de normalisation de contraste est utilisée pour améliorer la détection des vaisseaux ainsi que pour normaliser les paramètres évoqués au point 2.

Le nouveau détecteur (ND) est comparé avec ceux de Fleming et de Niemeijer sur la base de données des rétines, leur performances respectives sont données dans le tableau 3.12. Ces méthodes, développées pour traiter des images couleurs, ont été adaptées à chacune des modalités étudiées afin de gérer les différences de résolution d'images, du nombre de plans de couleurs, de couleur et de taille des vaisseaux et des lésions. En particulier les paramètres suivants diffèrent des deux méthodes concurrentes :

- un filtre médian de 30×30 pixels est utilisé pour estimer le fond des images,
- un filtre gaussien de taille $\sigma = 1.5$ pixels est utilisé pour le filtrage adapté,
- des éléments structurants de taille 11 pixels sont utilisés pour les transformations chapeau haut de forme

CHAPITRE 3. INDEXATION ET RECHERCHE D'IMAGES BASÉE SUR LA TRANSFORMÉE EN ONDELETTES

Nous avons également testé l'utilisation de notre méthode comme extracteur de lésions candidates pour la méthode de Niemeijer, à la place des extracteurs de lésions basés sur la morphologie mathématique et la classification pixel par pixel. Pour cela, les seuils sur la SSE sont appris de telle sorte que 98% des lésions dans l'ensemble d'apprentissage soient détectés (par analogie avec l'extracteur basé sur la classification pixel par pixel [98]) avec le moins possible de faux positifs. Les résultats de ce détecteur (Niemeijer+ND) sont également donnés dans le tableau 3.12. Les mêmes bases d'apprentissage et de validation ont été utilisées pour les quatres détecteurs évalués.

Tableau 3.12 — Comparaison des détecteurs de microanévrismes

détecteur	photographie / filtre vert	angiographie	photographie couleur
Fleming	(68%,68%)	(81%,77%)	(70%,55%)
Niemeijer	(69%,73%)	(80%,79%)	(57%,61%)
ND	(90%,90%)	(94%,92%)	(90%,89%)
Niemeijer+ND	(73%,73%)	(79%,85%)	(61%,58%)

Les résultats sont donnés sous forme de couples (sensibilité,VPP) sur la base de validation. Nous voyons que, sur notre base de données, la méthode proposée est plus performante que les méthodes existantes.

3.4.4.7 Discussion

Le détecteur proposé a sur notre base de données de rétines :
- une sensibilité de **90,24%** et une VPP de **89,75%** pour les photographies vert anérythre
- une sensibilité de **93,74%** et une VPP de **91,67%** pour les angiographies
- une sensibilité de **89,62%** et une VPP de **89,50%** pour les photographies couleur

Elles sont donc meilleures que celles des méthodes concurrentes testées.

Les filtres d'ondelette (resp. les filtres d'échelle) obtenus par apprentissage sont quasiment antisymétriques (resp. symétriques), comme ceux de Haar et contrairement à ceux des autres familles d'ondelettes classiques étudiées. Précisément, l'ondelette de Haar et les ondelettes adaptées ont grossièrement l'allure des microanévrismes (voir tableau 3.11). En effet, si la fonction d'échelle est adaptée aux microanévrismes à une échelle j donnée, l'information spécifique aux microanévrismes est concentrée dans les sous-bandes d'échelle j. Ainsi, l'ajustement de modèle peut être effectué sur ces sous-bandes uniquement : l'information intéressante et l'information parasite sont décorrélées (principe du filtrage adapté). Puisque les microanévrismes sont invariants par rotation, l'information spécifique aux microanévrismes est répartie de manière égale dans les sous-bandes horizontales (j_1HL) et verticales (j_2LH). Nous pouvons le voir dans la figure 3.33 : chacune des meilleures sélections de sous-bandes contient au moins une sous-bande horizontale et une sous-bande verticale.

La détection des microanévrismes est rapide par la méthode proposée : le temps nécessaire pour traiter une image (de définition 1280×1008) est approximativement de deux secondes sur un processeur AMD Athlon 64-bit cadencé à 2 GHz. Comparée aux méthodes concurrentes, la détection est simple, elle ne comporte que deux étapes : la transformée en ondelettes et l'ajustement de modèle. Elle est facilement reproductible car l'ajustement des paramètres est effectué de manière automatique et les images ne nécessitent pas de prétraitement spécifique

3.4. SIGNATURE INTÉGRANT UNE INFORMATION LOCALE : LE NOMBRE DE LÉSIONS DÉTECTÉES

à chaque modalité d'acquisition.

L'algorithme proposé peut être considéré comme du filtrage adapté. Le filtrage adapté a déjà été largement utilisé sur les images rétiniennes, notamment pour extraire les contours des vaisseaux sanguins [22, 23, 60, 6], généralement des filtres gaussiens [22, 6], parfois des filtres morphologiques [156]. Des filtres adaptés binaires et de *Kirsch* ont également été utilisés [6]. Dans le domaine plus général des images médicales, le filtrage adapté a également déjà employé pour détecter des lésions [92, 124, 72, 132, 133]. Ainsi dans [133], une transformée en ondelettes particulière a été utilisée pour détecter des microcalcifications dans des mammographies.

3.4.5 Construction de la signature locale

Après la détection des lésions, construire la signature locale de l'image pour la CBIR consiste simplement à compter le nombre de lésions de chaque type détectées dans l'image. Une variante de cette signature consiste à compter le nombre de lésions dans différentes zones de l'image, si cela a un intérêt pour la (ou une des) pathologie(s) étudiée(s) (par exemple le centre et la périphérie de l'image dans le cas des microanévrismes).

3.4.6 Résultats

Différentes méthodes sont envisageables pour combiner les mesures de distances issues des signatures globales (présentées à la section 3.3) et l'information locale. Nous les avons comparées [107] et il en ressort que la méthode la plus efficace, dans tous les cas considérés, consiste à combiner linéairement les mesures de distances afin de définir une troisième mesure de distance, utilisée pour définir le classement définitif des images (fusion précoce). Nous allons donc ajouter un terme supplémentaire dans la somme pondérée de mesures de distances utilisée pour comparer des signatures globales d'images (équation 3.54). La mesure de distance utilisée pour comparer deux images I et J devient donc la suivante :

$$D(I,J) = \sum_{i=1}^{3 \times N_l + 1} \alpha_i d_i + |N_I - N_J| \qquad (3.65)$$

où d_i est la distance entre les sous-bandes $i = 1..3 \times N_l + 1$ des images à comparer, N_I et N_J sont le nombre de lésions détectées dans les images I et J, respectivement, et α_i, $i = 1..3 \times N_l + 1$, sont des poids recherchés par un algorithme génétique dans le but de maximiser la précision moyenne à cinq de la méthode.

Les scores de précision moyenne pour les critères "la présence ou non de microanévrismes" et "l'appartenance au même stade d'évolution" sont fournis dans le tableau 3.13.

Tableau 3.13 — Précision moyenne pour la signature intégrant une information locale

critère	gaussiennes généralisées	détection de lésions	agrégation des deux méthodes
présence ou non de microanévrismes	80,67%	81,23%	**92,08%**
stade d'évolution	53,54%	38,31%	**55,14%**

La fusion des deux approches permet toujours une amélioration par rapport à la meilleure des deux, utilisée seule, même si l'amélioration est modeste pour le deuxième critère.

3.5 Discussion

Nous avons proposé dans ce chapitre deux approches pour l'indexation automatique des images par le contenu numérique, basées sur la transformée en ondelettes. La première méthode, globale et générique, fournit de bons résultats sur la base des mammographies et celle des visages. En revanche, sur la base des rétines, les résultats sont plus modestes, le critère nous intéressant (le stade d'évolution de la pathologie) étant fortement lié aux lésions présentes. Nous avons donc proposé une seconde méthode, exploitant la localisation spatiale des coefficients d'ondelette, pour détecter des lésions, les microanévrismes en particulier. Bien que le détecteur de microanévrismes soit performant, les scores de précision moyenne sur la base des rétines est à peine amélioré par cette deuxième méthode. En effet, les microanévrismes sont présents à tous les stade d'évolution, à l'exception du premier, et au delà de ce stade, le nombre de microanévrismes présents sur une rétine n'est que faiblement corrélé avec le stade d'évolution. Si les méthodes proposées nous permettent de retrouver relativement bien des images contenant ou non des microanévrismes, en fonction de l'image requête, elles ne sont cependant pas suffisantes lorsque l'objectif est de retrouver des images présentant le même stade d'évolution que la requête. Nous nous sommes donc intéressés à l'utilisation de données supplémentaires : la prise en compte de toutes les images contenues dans un dossier patient, les informations contextuelles disponibles (âge, sexe, etc.) et les connaissances a priori sur la pathologie étudiée. La requête sera donc constituée d'informations multimodales, de natures différentes, qui nécessitent des approches capables de combiner tous ces types d'information.

CHAPITRE 4

Indexation et recherche d'information multimodale

4.1 Problématique

Les documents patient dont on dispose en médecine sont toujours des documents multimédia et sont de plus en plus directement numériques. Qu'ils contiennent des résultats d'analyse, des enregistrements de signaux ou des images, il y a toujours d'autres informations qui permettent au moins d'identifier le patient [19, 91, 120]. Ces documents sont souvent incomplets, et lors de l'interrogation des bases de documents via un document requête, il faudra prendre en compte cette non complétude. Les bases de données de rétinopathie diabétique et de mammographies étudiées sont exemplaires à ce titre. En effet, chaque dossier est décrit par des attributs nominaux (contexte clinique du patient, sexe, ...), des attributs continus (âge, nombre de lésions automatiquement détectées, ...) et enfin des images (nous avons associé à chacune d'entre elles une signature numérique). Dans la base de rétinopathie diabétique, en plus d'être hétérogènes, ces informations sont incomplètes. En effet, le contexte clinique du patient est rarement complètement renseigné. De plus, la série de photographies du fond de l'œil varie d'un patient à l'autre : 1) lors d'un examen, le médecin n'acquiert pas nécessairement d'images à chaque modalité d'acquisition disponible, 2) il peut acquérir une série d'images soit pour chacun des deux yeux, soit pour un seul d'entre eux.

Dans ces bases de données médicales, nous travaillons donc le plus souvent avec des informations hétérogènes et incomplètes. Corrélativement, les algorithmes de recherche d'information classiques, telles que la CBIR (*Content Based Image retrieval*, cf. 1.3) ou plus généralement le raisonnement à base de cas (*Case Based Reasoning*, cf. 1.5) ne sont pas applicables tels quels. Ces algorithmes sont en effet basés en finale sur la méthode des plus proches voisins, qui consiste à représenter chaque cas par un vecteur numérique et qui définit la distance entre deux cas comme la distance entre les deux vecteurs associées (typiquement la distance euclidienne). Ceci pose plusieurs problème lorsque nous étudions des données hétérogènes et incomplètes :

1. Il faut pouvoir normaliser les différents champs du vecteur (afin d'obtenir une répartition normale ou uniforme de chaque paramètre) : ceci n'a pas de sens pour les attributs nominaux.

2. Il faut pouvoir gérer les valeurs manquantes : s'il manque une image, ce n'est pas un champ mais plusieurs dizaines de champs qui seront inconnus ; les méthodes d'imputation des valeurs manquantes ne sont donc pas envisageables.

CHAPITRE 4. INDEXATION ET RECHERCHE D'INFORMATION MULTIMODALE

3. Les informations contextuelles sont représentées par un seul champ dans ce vecteur, alors que les images sont représentées par plusieurs dizaines : le poids des informations contextuelles dans la mesure de distance est alors négligeable.
4. La dimension d'un tel vecteur est tellement grande qu'une distance euclidienne n'a pas vraiment de sens : les informations pertinentes sont noyées dans la mesure de distance globale.

4.1.1 Solutions proposées dans la littérature

Plusieurs solutions ont été proposées dans la littérature pour construire un moteur de recherche permettant de gérer des informations hétérogènes et incomplètes. Nous présentons dans les paragraphes suivants ces différentes approches et nous expliquons comment y intégrer des signatures d'images. Les résultats obtenus par ces différentes méthodes nous serviront de base de comparaison pour évaluer les méthodes originales proposées dans les chapitres suivants.

4.1.1.1 Adaptation de la méthode des plus proches voisins

Nous présentons tout d'abord une solution pour adapter la méthode des plus proches voisins à des cas hétérogènes et incomplets [150]. Pour tenter de résoudre les problèmes 1. et 2., une première solution consiste à normaliser les mesures de distance plutôt que les attributs. Ainsi, Wilson propose plusieurs mesures de distances normalisées entre des attributs nominaux et entre des attributs continus. Ces mesures de distance dérivent des équations 4.1 ou 4.2 (Value Difference Metric) pour les attributs nominaux et de l'équation 4.3 pour les attributs continus.

$$overlap_a(x,y) = \begin{cases} 0, \text{ si x=y} \\ 1, \text{ sinon} \end{cases} \quad (4.1)$$

$$vdm_a(x,y) = \sum_{c=1}^{C} |P(c|x) - P(c|y)|^q \quad (4.2)$$

$$diff_a(x,y) = \frac{|x-y|}{max_a - min_a} \quad (4.3)$$

où $c = 1..C$ sont les classes considérées pour le problème (le niveau de sévérité de la pathologie dans notre cas), q vaut 1 ou 2, min_a (resp. max_a) est la valeur minimale (resp. maximale) que peut prendre l'attribut a. Dans la méthode proposée par Wilson, si un attribut est manquant pour un des cas comparés, la distance est mise arbitrairement à 1. Cette approche permet en outre de résoudre le problème 3. Nous pouvons en effet définir une mesure de distance normalisée entre deux signatures d'images, au lieu de normaliser et comparer individuellement chaque composante de ces signatures. Nous avons pour cela utilisé une approche similaire à l'équation 4.3 :

$$diff\_signatures_a(x,y) = \frac{D(x,y)}{\max_{x,y}(D(x,y))} \quad (4.4)$$

où $D(x,y)$ est la distance entre deux signatures, définie au paragraphe 3.3.3. La distance globale entre deux cas est ensuite définie comme la somme des distances associées à chaque

4.1. PROBLÉMATIQUE

composante.

Ensuite, pour résoudre les problèmes 3. et 4., des poids peuvent être ajustés entre les différentes variables, à l'aide d'une boucle de pertinence (*relevance feedback*) [112, 153], dont le principe est le suivant :

1. Tous les poids sont initialisés à 1.
2. Lorsqu'un utilisateur effectue une requête, le système d'indexation sélectionne les n images les plus proches et l'utilisateur indique quelles sont les images qui lui semblent pertinentes.
3. Les poids sont alors mis à jour pour augmenter le rang des images pertinentes dans la liste de résultat.
4. Le processus est répété jusqu'à ce que l'utilisateur soit satisfait.

Cette procédure est censée réduire le fossé sémantique entre des descripteurs de bas niveau et les concepts (de haut niveau) de l'utilisateur. Dans le cas des bases de données médicales, lorsqu'une classification des cas est disponible, ces poids peuvent être ajustés par un algorithme d'optimisation, afin de maximiser la précision moyenne de retrouvaille. C'est le cas pour les bases de rétinopathies diabétiques et de mammographies étudiées. Nous avons ainsi appliqué la méthode d'optimisation proposée au paragraphe 3.3.3 (proposée pour combiner les distances associées à chaque sous-bande de la décomposition en ondelettes).

Un tel principe a été utilisé en CBIR, dans le domaine médical, pour traiter des requêtes constituées d'une image accompagnée d'information contextuelle [120] : une mesure de similitude basée sur le contenu de l'image et une autre basée sur les métadonnées associées sont combinées linéairement.

4.1.1.2 La fusion tardive

Dans le paragraphe précédent, nous avons présenté des algorithmes de fusion précoce, c'est à dire que les mesures de distance définies pour chaque attribut sont d'abord fusionnées, puis les cas de la base sont ordonnés en fonction de cette mesure de distance globale (voir figure 4.1 (a)). Une autre approche classique pour combiner des informations hétérogènes dans un système de recherche est la fusion tardive. Le principe est de construire d'abord une liste de retrouvaille pour chaque attribut, en fonction de la mesure de distance associée. Les listes obtenues pour chaque modalité sont ensuite fusionnées pour fournir un résultat plus robuste (voir figure 4.1 (b)).

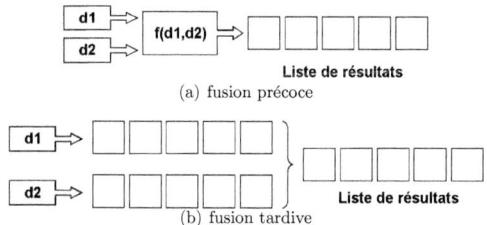

Figure 4.1 — Comparaison fusion précoce / fusion tardive

CHAPITRE 4. INDEXATION ET RECHERCHE D'INFORMATION MULTIMODALE

Pour fusionner les listes de résultats, des algorithmes de vote peuvent être appliqués [100, 140, 152]. Le principe général est de considérer le rang d'un cas dans une liste de retrouvaille comme une note. Les notes obtenues pour chaque modalité sont alors agrégées et un nouveau classement est établi. Les méthodes de vote suivantes ont été testées :
- la méthode *Rank position* [100] : le rang final d'une image est déterminé par $\frac{1}{\frac{1}{r_1}+\frac{1}{r_2}}$ où r_i est le rang de l'image dans la liste associée à l'attribut i
- la méthode du comptage de Borda [100] : dans chacune des listes, la première image reçoit la note n, puis la $i$ème image en reçoit $n+1-i$ (comptage de Borda), $n \in \mathbb{N}$. La note finale de chaque image est la somme de ses notes.

Nous avons déjà utilisé cette approche pour fusionner les signatures globales et locales extraites d'une image [107].

Cette approche permet de gérer facilement les informations manquantes. Tout d'abord, si un attribut est manquant pour le cas passé en requête, nous construisons simplement une liste en moins et le même algorithme est appliqué sur un nombre moins important de listes. D'autre part, si un attribut est manquant pour un attribut de la base, sa note est simplement calculée à partir des listes dans lesquelles il apparaît.

La fusion tardive a été utilisée en CBIR, dans le domaine médical, pour traiter des requêtes constituées d'une image accompagnée d'information contextuelle [3, 12]. La méthode utilisée est plus simple que la méthode du vote présentée ci-dessus :

1. un premier ensemble d'images suffisamment proches numériquement de l'image requête est sélectionné
2. un deuxième ensemble d'images suffisamment proches de l'image requête, du point de vue des métadonnées associées, est sélectionné
3. la réponse à la requête est définie comme l'intersection de ces deux ensembles

4.1.1.3 Utilisation d'algorithmes d'apprentissage

Plusieurs algorithmes d'apprentissage ont été exploités pour améliorer la performance des méthodes de recherche travaillant sur des données hétérogènes. C'est le cas des machines à vecteurs de support (*support vector machines* - SVM [11]) [15] ou d'algorithmes de classification non supervisée [121].

Les algorithmes de recherche basés sur les SVM [146, 15] s'appliquent a priori dans le cadre d'une boucle de pertinence. Le principe est d'apprendre une fonction de similitude s à valeur dans $[0; 1]$. Pour apprendre cette fonction, l'algorithme nécessite un certain nombre d'exemples positifs $(x_i^+)_{i=1..n^+}$ ($s(x_i^+)$ est supervisé à 1) et de contre-exemples $(x_i^-)_{i=1..n^-}$ ($s(x_i^-)$ est supervisé à 0), fournis par l'utilisateur au cours de la boucle de pertinence. On se ramène donc à un problème de classification à deux classes, la fonction s à apprendre étant simplement la fonction de décision des SVM [11]. L'algorithme proposé par Bruno [15] a été mis au point spécifiquement pour la fusion d'information multimodale (de la vidéo et du texte). Dans cette méthode, l'algorithme des SVM n'est pas appliqué sur l'espace des paramètres (contrairement à l'algorithme de Wang [146]) mais dans un espace dit de dissimilitude. Les coordonnées de chaque exemple y de la base sont dans cet espace :

$$\{d_{a_0}(y, x_1^+), ..., d_{a_0}(y, x_{n^+}^+), d_{a_1}(y, x_1^+), ..., d_{a_1}(y, x_{n^+}^+), ...\}$$

où d_{a_i} est la distance associée à la modalité a_i, telle qu'elle a été définie au paragraphe 4.1.1.1 par exemple. Etant donné que l'algorithme des SVM se base uniquement sur une

4.1. PROBLÉMATIQUE

matrice de similitude entre les exemples d'apprentissage (la matrice de Gram), on peut également appliquer l'algorithme de Wang en se basant sur la mesure de distance globale définie au paragraphe 4.1.1.1.

Ces algorithmes ne peuvent être appliqués directement pour notre problématique, car ils supposent que l'utilisateur fournisse des exemples positifs et des contre-exemples, ce qui n'est pas envisagé (l'utilisateur n'est supposé fournir qu'un exemple positif).

L'algorithme de recherche basé sur la classification non supervisée [121] a été mis au point pour fusionner des signatures numériques d'images hétérogènes (texture, couleur, forme). Il consiste à répartir les exemples d'apprentissage en groupes, pour chaque modalité, en fonction de la mesure de distance associée. Les paramètres de la classification sont choisis de telle sorte que ces groupes soient aussi homogènes que possible. Ensuite lorsqu'un cas est placé en requête au système, le groupe auquel appartient la requête est identifié pour chaque modalité, puis les cas de la base qui n'appartiennent pas à ces groupes sont écartés. L'information incomplète peut être facilement gérée dans cet algorithme : si la valeur d'un attribut est manquante pour la requête, il suffit de ne pas écarter d'exemples pour cette modalité.

4.1.1.4 Résultats obtenus par ces méthodes

Les différentes méthodes présentées ci-dessus sont évaluées en termes de précision moyenne pour une fenêtre de cinq dossiers patients pour les bases de rétinopathie diabétique et de mammographies. Le critère d'évaluation est le stade de la pathologie. Les résultats sont fournis dans le tableau ci-dessous.

Tableau 4.1 — Précision moyenne des algorithmes de recherche dans des bases de données hétérogènes et incomplètes

Méthode	Retines	Mammographies
PPVHI	37,8%	70,0%
PPVHI + poids optimaux	42,8%	71,4%
vote (comptage de Borda)	39,4% (n=65)	69,0% (n=75)
vote (fusion du rang)	36,6%	70,3%
classification non supervisée	30,2%	62,1%

PPVHI désigne la méthode des plus proches voisins pour des données hétérogènes et incomplètes. Aucune de ces méthodes ne permet une amélioration notable des scores de précision moyenne obtenus en utilisant des images seules.

4.1.2 Discussion et proposition d'une approche différente

Aucune des méthodes présentées ci-dessus ne propose de réelle solution pour gérer les informations manquantes. Elles se contentent soit d'ignorer les sources d'information non renseignées, soit de fournir une valeur par défaut (paragraphe 4.1.1.1). Ces approches sont acceptables dans le cadre d'algorithmes de classification. Elles sont en revanche problématiques pour la recherche d'information : puisque nous comparons des cas deux à deux, les valeurs manquantes de deux attributs comparés se cumulent. Supposons par exemple que le taux moyen d'attributs renseignés par cas soit $x \in [0; 1]$. Alors, en moyenne,

CHAPITRE 4. INDEXATION ET RECHERCHE D'INFORMATION MULTIMODALE

lorsque nous comparons deux cas, le taux d'attributs utilisé est x^2. Ainsi, si 50% des attributs sont manquants, seuls 25% des attributs sont utilisés en moyenne pour comparer deux cas. Dans le cadre d'un algorithme de classification, tous les attributs renseignés sont utilisés, en revanche seule une proportion de $\frac{x^2}{x} = x$ l'est dans le cadre de la recherche d'information. Dans l'exemple précédent, 50% des attributs renseignés pour un cas ne sont pas utilisés ($\frac{25\%}{50\%}$), parce qu'ils ne sont pas renseignés pour l'autre cas. Nous allons donc proposer des méthodes permettant de modéliser les relations entre les différents attributs afin de pallier le problème des informations manquantes.

Cette modélisation devrait nous permettre également de rendre le système de recherche plus précis, en exploitant les redondances entres les sources d'information.

Pour cela, nous nous sommes intéressés à la fouille de données et à ses liens possibles avec la CBIR et le raisonnement à base de cas [154, 85].

De plus, nous souhaitons pouvoir intégrer de la connaissance a priori dans les algorithmes de recherche proposés, nous avons donc écarté les méthodes de type "boîte noire" au profit de modèles lisibles, faisant ressortir les relations entre les variables du problème. Nous nous sommes donc intéressés aux algorithmes de fouille de données bien connus que sont les arbres de décision et les réseaux bayésiens, ainsi qu'à leurs extensions.

4.1.3 Critères d'évaluation des méthodes

Comme nous l'avons précisé au paragraphe 2.4, le principal critère d'évaluation d'une méthode de recherche est la précision moyenne pour une fenêtre de cinq dossiers patients. Ces dossiers patients étant potentiellement incomplets, nous souhaitons également évaluer la robustesse des méthodes relativement aux valeurs manquantes. Précisément, nous souhaitons évaluer l'évolution de la précision moyenne en fonction du pourcentage d'informations manquantes. Pour cela, nous allons générer de nouveaux cas. L'évaluation se fait selon la procédure suivante. Soit M le nombre de cas dans la base de données étudiée :
- pour chaque dossier $(c_i)_{i=1..M}$ dans la base de données, K nouveaux dossiers sont générés en supprimant des attributs à c_i (nous avons choisi K=100). Soit n_i le nombre d'attributs renseignés pour c_i, chacun des nouveaux dossiers est obtenu en supprimant un nombre d'attributs sélectionné de manière équiprobable dans $\{0, 1, ..., n_i\}$. Les attributs supprimés sont sélectionnés au hasard.
- pour chaque nouveau dossier généré, la précision pour une fenêtre de cinq dossiers est calculée.
- nous traçons la courbe de précision moyenne en fonction du pourcentage d'attributs renseignés, à partir des $M.K$ dossiers générés.

4.1.4 Recherche interactive

Nous avons évoqué à plusieurs reprises le principe des boucles de pertinence (aux paragraphes 4.1.1.1 et 4.1.1.3), dans lequel l'utilisateur précise l'objet de sa recherche par améliorations successives. Son principe est illustré sur la figure 4.2 (a). Cette méthode est intéressante car elle permet d'adapter la méthode à chaque utilisateur et à chaque requête. Elle présente cependant un inconvénient dans le cadre d'une recherche de dossiers patients : elle oblige l'utilisateur (le médecin) à examiner chaque dossier proposé par le système à chaque itération, pour lui indiquer lesquels sont adaptés. Or l'examen d'un dossier patient est très long : il faut donc demander le moins d'interaction possible au médecin au cours

4.1. PROBLÉMATIQUE

d'une requête.

Outre le temps d'évaluation d'un cas sélectionné par le système, la saisie des champs d'un dossier patient placé en requête peut prendre un temps non négligeable. Ainsi, dans la base des rétines, chaque cas est décrit par 24 paramètres. L'utilisation d'une boucle de pertinence, discutée ci-dessus, ne dispense pas de saisir tous les attributs d'un dossier. Afin d'atteindre des résultats satisfaisants le plus rapidement possible, nous proposons, pour chaque méthode présentée dans les chapitres suivants, une procédure pour assister la saisie des paramètres. Ces procédures consistent notamment à mettre à jour la liste des résultats au fur et à mesure qu'un nouvel attribut est saisi par le médecin. Cette liste de résultats ne nécessite pas de retour du médecin : elle permet essentiellement de voir si les dossiers proposés par le système sont suffisamment homogènes. Nous proposons également d'indiquer quels attributs non renseignés sont susceptibles d'être les plus discriminants, compte tenu de ceux déjà renseignés. Ceci permet d'atteindre les résultats les plus précis possibles en saisissant le moins possible d'attributs. Le principe de l'approche est illustré sur la figure 4.2 (b).

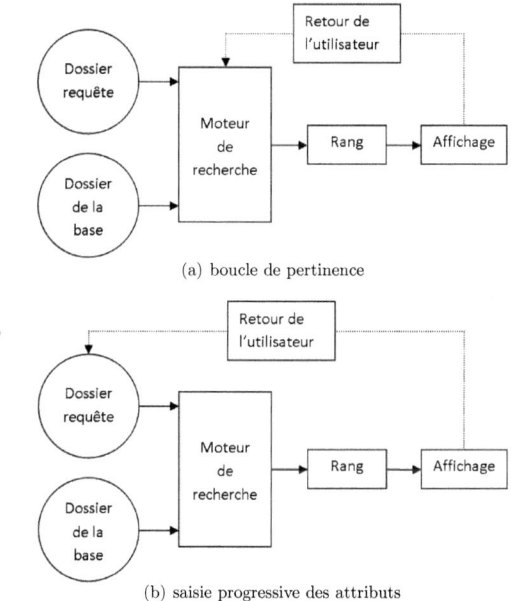

Figure 4.2 — Recherche interactive. Dans le premier cas (figure (a)), le retour de l'utilisateur est obligatoire et nécessite un travail long. Dans le deuxième cas (figure (b)), il est facultatif et rapide.

4.2 Recherche d'information basée sur les arbres de décision

Lorsque nous avons choisi d'étudier les algorithmes de fouille de données, dans le but d'intégrer toutes les informations d'un dossier patient au sein d'un même système de recherche, nous nous sommes naturellement intéressés aux arbres de décision ; les algorithmes de construction des arbres de décision [109][14] sont en effet les algorithmes de fouille de données les plus populaires. Les arbres de décision sont des outils d'aide à la décision. Ils sont utilisés en statistique ainsi qu'en apprentissage automatique. Le succès des arbres de décision réside en grande partie sur leur lisibilité, par opposition aux algorithmes "boîte noire" tels que les réseaux de neurones. Ils présentent de plus trois caractéristiques permettant de répondre aux problèmes énumérés précédemment. Ces algorithmes sont d'abord capables de sélectionner automatiquement les variables discriminantes dans un ensemble de données contenant un très grand nombre de variables potentiellement intéressantes. En ce sens, la méthode des arbres de décision constitue une technique exploratoire privilégiée pour appréhender de grosses quantités de données. Ils sont ensuite adaptés à des données hétérogènes, car chaque attribut des vecteurs d'entrée (les dossiers patients, dans notre cas) est évalué séparément. Enfin, un des algorithmes de construction des arbres [109] permet de gérer efficacement les informations manquantes ; nous proposons par ailleurs une méthode d'exploration des arbres fonctionnant sur le même principe.

Après une présentation succincte des arbres de décision et des algorithmes de construction, nous détaillons les modifications apportées à ces algorithmes pour les adapter à nos dossiers patients. Puis nous présentons le cœur de l'algorithme de recherche que nous avons défini à partir du modèle des arbres de décision. Plusieurs améliorations sont ensuite apportées à la méthode, en exploitant différents algorithmes de fouilles de données dérivés des arbres de décision : les ensembles d'arbres et le boosting. Puis nous proposons un algorithme de construction d'arbres de décision multi-classe, afin de prendre en compte les différents critères qui nous intéressent : les stades d'évolution ainsi que la présence ou non de lésions de type donné. Cette section se termine par la présentation puis la discussion des résultats.

4.2.1 Structure d'un arbre de décision

Un arbre de décision est constitué d'un ensemble de règles permettant de diviser une population de cas (une base de dossiers patients, dans notre cas) en groupes homogènes. Chaque règle associe une conjonction de tests sur les attributs d'un cas à un groupe (par exemple : "si sexe=homme et âge<40 alors le cas appartient au groupe 3").

Ces règles sont organisées sous la forme d'un arbre dont la structure a la signification suivante (voir figure 4.3) :
- chaque nœud non terminal correspond à un test sur un descripteur (par exemple : "sexe = ?"),
- chaque arc correspond à une réponse à un test (par exemple : "homme"),
- chaque feuille correspond à un groupe de cas ayant fourni une réponse identique à tous les tests d'une règle (exemple : "les hommes de moins de 40 ans").

Les arbres de décision ont d'abord été conçus pour diviser des ensembles de vecteurs d'attributs nominaux (les cas sont groupés par valeurs ou groupes de valeurs de l'attribut). Quinlan [109] les a étendus à des attributs scalaires continus (les cas sont groupés par plages de valeur de l'attribut). Plus généralement, les arbres de décision peuvent traiter tout type de descripteur, pourvu qu'une méthode soit disponible pour grouper les cas en fonction de

4.2. RECHERCHE D'INFORMATION BASÉE SUR LES ARBRES DE DÉCISION

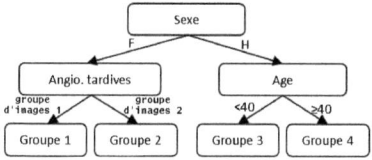

Figure 4.3 — Exemple de structure d'arbre de décision. Cet arbre de décision est constitué de quatre règles permettant de diviser la population en quatre groupes : "si sexe=femme et image angiographique tardive appartient à un premier groupe d'images alors groupe 1", "si sexe=femme et image angiographique tardive appartient à un deuxième groupe d'images alors groupe 2", "si sexe=homme et âge<40 alors groupe 3" et "si sexe=homme et âge≥40 alors groupe 4".

ce descripteur. Etant donné que chaque test est appliqué à un seul descripteur, les arbres de décision sont bien adaptés pour traiter des cas hétérogènes.

Les arbres de décision sont généralement utilisés en classification : pour déterminer la classe d'un nouveau cas, nous recherchons le groupe auquel il appartient puis nous lui affectons la classe majoritaire au sein de ce groupe.

4.2.2 Construction d'un arbre de décision

Pour construire automatiquement un arbre de décision, nous devons rechercher les attributs les plus discriminants parmi tous les attributs disponibles (les images et les attributs contextuels, dans notre cas), puis construire des groupes de cas homogènes à partir de tests sur ces attributs. Le mécanisme de construction est décrit ci-dessous et illustré sur la figure 4.4. Il est basé sur un apprentissage supervisé. Pour ce faire, nous devons disposer de plusieurs exemples classifiés (dits d'apprentissage).

A l'initialisation de l'apprentissage, l'arbre est constitué simplement d'une feuille, regroupant l'intégralité de la population. Puis, récursivement, nous divisons chaque feuille F de l'arbre en construction. Nous recherchons pour cela le descripteur d le plus discriminant au sein de la population P regroupée dans F. P est alors répartie entre de nouveaux nœuds fils, un pour chaque réponse possible au test sur d. L'algorithme teste tous les attributs d'un cas et choisit celui qui maximise un critère donné sur la classe des cas. Il faut donc que le critère utilisé caractérise le gain en homogénéité des populations au sein de chaque nœud, en ce qui concerne la classe des individus, lors du passage du sommet à segmenter vers les feuilles produites par la segmentation. Si aucun descripteur ne permet d'améliorer le critère choisi ou que la population P est trop faible, la feuille F n'est pas divisée.

L'intérêt des arbres de décision pour notre problématique est que nous obtenons une segmentation de l'espace des cas de la base sur des critères hétérogènes pertinents (les variables insignifiantes ne sont pas utilisées). Il est de plus possible de construire un arbre de décision à partir d'exemples d'apprentissages incomplets.

CHAPITRE 4. INDEXATION ET RECHERCHE D'INFORMATION MULTIMODALE

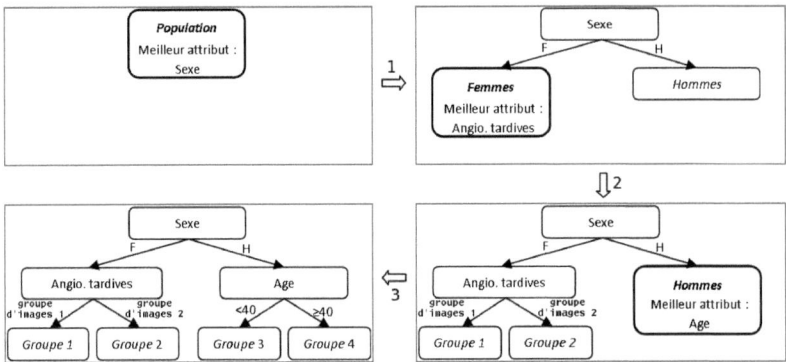

Figure 4.4 — Apprentissage d'un arbre de décision. 1) Dans cet exemple, l'attribut le plus discriminant sur la population entière est le sexe, donc nous divisons la population totale entre celle des hommes et celle des femmes. 2) L'attribut le plus discriminant sur la population des femmes est l'image angiographique tardive. Nous divisons donc cette population en fonction du groupe d'images auquel appartient celle de chaque patient. 3) L'attribut le plus discriminant sur la population des hommes est l'âge ; cette population est donc divisée en fonction de l'âge de chaque patient.

4.2.3 Algorithmes C4.5 et CART - description et modifications apportées

Les algorithmes C4.5 [109] et CART (Classification And Regression Trees) [14] sont, avec leurs variantes, les deux principaux algorithmes de construction d'arbres de décision. L'algorithme C4.5 est en fait une généralisation de l'algorithme ID3 pour le traitement de cas incomplets et hétérogènes (contenant à la fois des attributs nominaux et des attributs continus). Nous présentons ci-dessous ces deux approches en pointant les avantages et les inconvénients de chacun pour notre application.

4.2.3.1 Critère de segmentation

Algorithme C4.5

Dans l'algorithme C4.5, le critère de segmentation est le gain d'entropie, qui mesure le degré de mélange des données. Soit $p_{\gamma n}$ le pourcentage d'individus de chacune des classes $\gamma = 1..\Gamma$ en un nœud v_n de l'arbre. L'*information* I pour ce nœud est donnée par l'équation 4.5 :

$$I = -\sum_{\gamma=1}^{\Gamma} p_{\gamma n} \log p_{\gamma n} \qquad (4.5)$$

où $x \mapsto -x \log x$ est la fonction d'entropie. Pour évaluer un test, nous calculons l'information I^0 en une feuille v_0 avant la segmentation puis l'information I^n en chacun des N_{v_0} nœuds fils v_n. Le gain d'information G pour ce test est défini par l'équation 4.6 :

4.2. RECHERCHE D'INFORMATION BASÉE SUR LES ARBRES DE DÉCISION

$$G = \left(\sum_{n=1}^{N_{v_0}} I^n\right) - I^0 \quad (4.6)$$

Le but est donc de rechercher le test qui minimise G. Nous rappellons sur la figure 4.5 l'allure de la fonction entropie. Elle montre bien que plus la somme G est basse, plus les individus dans chaque branche ont tendance à être de la même classe.

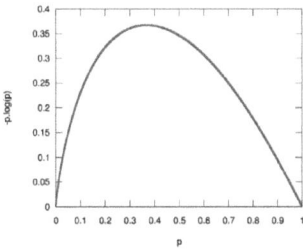

Figure 4.5 — Fonction Entropie

Un autre critère, proposé par l'algorithme, est donné par l'équation 4.7 :

$$\frac{G}{-\sum_{n=1}^{N_{v_0}} p_n \log p_n} \quad (4.7)$$

où p_n est le pourcentage d'exemples affectés au $n^{ième}$ nœud fils.

Algorithme CART

Dans l'algorithme CART, le critère de segmentation est basé sur l'indice de Gini I_G^n dans chaque nœud v_n (voir équation 4.8).

$$I_G^n = 1 - \sum_{\gamma=1}^{\Gamma} p_{\gamma n}^2 \quad (4.8)$$

I_G^n atteint zéro lorsque tous les cas dans le nœud v_n appartiennent à la même classe.

Le critère que nous utiliserons pour la méthode de recherche sera celle fournissant le meilleur score de précision moyenne, pour une fenêtre de retrouvaille de cinq images, parmi les trois critères définis aux équations 4.6, 4.7 et 4.8.

4.2.3.2 Segmentation basée sur les attributs nominaux et continus

La segmentation basée sur les attributs nominaux consiste à créer un nœud fils pour chaque valeur que peut prendre un attribut. L'algorithme peut également chercher à segmenter l'ensemble S des valeurs prises par l'attribut en sous-ensembles $S_i \subset S$ tels que $S_i \cap S_j = \emptyset, \forall i \neq j$ et $\bigcup S_i = S$. Un nœud fils est alors créé pour chaque sous-ensemble S_i. La segmentation basée sur les attributs continus, proposée dans l'algorithme C4.5, consiste

CHAPITRE 4. INDEXATION ET RECHERCHE D'INFORMATION MULTIMODALE

à rechercher un seuil sur la valeur des attributs : deux nœuds fils sont alors créés. Le fait de séparer les individus en deux groupes uniquement n'est pas limitatif, en effet, il est possible d'effectuer plusieurs tests consécutifs sur le même attribut, et donc au final de répartir les cas en plus de deux groupes.

4.2.3.3 Gestion des valeurs manquantes dans l'algorithme C4.5

L'algorithme C4.5 permet de construire un arbre de décision à partir d'exemples potentiellement incomplets. Supposons que la valeur du descripteur d, testé au nœud v_0, soit manquante pour un cas donné. Alors ce cas est affecté à chaque fils v_n de v_0 avec un poids $p(e_{0n})$, $0 \leq p(e_{0n}) \leq 1$, où e_{0n} est l'arc entre v_0 et v_n. $p(e_{0n})$ est le pourcentage d'exemples d'apprentissage dans v_0, dont la valeur pour d est connue, affectés à v_n. $p(e_{0n})$ peut être vu comme une approximation de la probabilité a priori qu'un cas de v_0 soit affecté à v_n.

Par conséquent, à la fin de l'apprentissage, chaque exemple d'apprentissage c_i est affecté à une feuille $(f_j)_{j=1..N}$, avec un poids p_{ij} tel que $\sum_{j=1}^{N} p_{ij} = 1$ (p_{ij}=0 ou 1 si tous les attributs testés sont connus pour c_i, $0 \leq p_{ij} \leq 1$ sinon).

Notons que lorsque le gain est calculé, les tests effectués sur des attributs pour lesquels il y a beaucoup de valeurs manquantes sont pénalisés. Le gain est en effet calculé pour les individus dont l'attribut testé est renseigné, puis le résultat obtenu est multiplié par le taux d'individus dont l'attribut testé est renseigné. Ce qui permet de favoriser les attributs souvent renseignés.

4.2.3.4 Gestion du sur-apprentissage

Sur-apprendre signifie que l'on extrait des règles qui sont spécifiques à la base d'apprentissage, mais qui ne sont pas générales.

Algorithme C4.5

Lorsque la construction est terminée, l'arbre est élagué : certains sous-arbres jugés inutiles a posteriori sont supprimés. Le critère d'élagage est basé sur une heuristique permettant d'estimer l'erreur de classification sur un sous-arbre donné. Cette erreur est estimée à partir des exemples ayant servi à construire l'arbre. Quinlan estime que son heuristique est efficace si la base d'apprentissage contient au moins 1000 exemples. Cette condition n'est pas remplie pour toutes nos bases de données, la base de rétinopathie diabétique en particulier. L'élagage présente un second inconvénient : les exemples d'apprentissage ont tendance à être répartis en groupes de tailles très inégales. Ce n'est pas gênant pour la classification, mais cela pose un problème pour notre application : l'algorithme perd en précision moyenne.

Algorithme CART

Une approche différente est utilisée pour éviter le sur-apprentissage dans l'algorithme CART. Dans cet algorithme, les exemples disponibles pour l'apprentissage sont répartis en deux groupes :
- une base d'apprentissage (BA) : les exemples de cette base sont utilisés pour choisir le test à effectuer en chaque nœud
- une base de validation (BV) : les exemples de cette base sont utilisés pour déterminer quand arrêter la construction de l'arbre

4.2. RECHERCHE D'INFORMATION BASÉE SUR LES ARBRES DE DÉCISION

Précisément, à chaque fois qu'un nœud est divisé, l'algorithme CART calcule l'erreur de prédiction pour les exemples de BV. Au début de la construction de l'arbre, les règles extraites sur la base d'apprentissage sont générales, donc au fur et à mesure que l'on divise les nœuds de l'arbre, l'erreur de prédiction diminue sur la base d'apprentissage et sur la base de validation. A partir d'un certain moment, typiquement lorsque le nombre d'exemples affectés à chaque branche devient trop faible, les règles extraites sur la base d'apprentissage lui sont spécifiques, en particulier elles ne se vérifient pas sur la base de validation. L'erreur de prédiction augmente alors sur la base de validation : on arrête donc de développer l'arbre. Ce critère d'arrêt est un un critère global : il est calculé sur l'ensemble de l'arbre.

4.2.3.5 Modifications apportées

Gestion du sur-apprentissage

Compte tenu des remarques précédentes, la gestion du sur-apprentissage proposé dans l'algorithme CART est plus adapté que celui proposé dans l'algorithme C4.5. Il présente cependant un inconvénient : le critère d'arrêt, calculé sur la base validation BV, est global. Il permet de décider s'il faut arrêter de développer l'arbre dans son ensemble. Afin de construire un moteur de recherche plus fin, nous avons adapté le principe de la validation à des sous-arbres : nous définissons un critère d'arrêt sur chaque sous-arbre, afin de décider si le développement de ce sous-arbre (et non de l'arbre entier) doit se terminer. Son principe est le suivant :
- Au fur et à mesure de la construction de l'arbre, les exemples de validation sont, comme les exemples d'apprentissage, répartis entre les différentes feuilles de l'arbre.
- Si au sein d'une feuille, la classe majoritaire diffère entre la base d'apprentissage BA et la base de validation BV, alors cette feuille n'est pas divisée.

Gestion des valeurs non représentées pendant l'apprentissage

Lorsque la population P affectée à un nœud v_0 est segmentée, il se peut que la population ne contienne pas de représentants pour chaque valeur que peut prendre l'attribut testé. Lorsque cela se produit, l'algorithme C4.5 crée un nœud fils, v_1, associé à l'ensemble des valeurs non représentées pendant l'apprentissage et affecte à v_1 la classe majoritaire parmi l'ensemble de la population P. Si nous définissions notre méthode de recherche par analogie avec l'algorithme C4.5, nous devrions affecter à ce nœud v_1 l'ensemble de la population P, qui peut être importante, notamment à la racine. Nous avons adopté une autre stratégie, qui s'est avérée plus efficace : nous ne créons pas de nœud fils v_1 pour l'ensemble des valeurs non représentées pendant l'apprentissage ; lorsqu'un nouvel individu est présenté au système avec une valeur d'attribut non représentée lors de l'apprentissage au noeud v_0, nous traitons cet attribut comme s'il n'était pas renseigné pour cet individu (cf. 4.2.3.3).

4.2.4 Intégration d'images dans un arbre de décision

Dans le chapitre 3, nous avons vu comment construire une signature numérique pour nos images. Cette signature est un vecteur numérique auquel nous avons associé une mesure de distance. Pour intégrer ces images dans un arbre de décision, il faut définir une procédure pour regrouper les images dont les vecteurs associés sont "proches", par analogie avec les attributs nominaux et continus à une dimension. La notion de proximité doit être définie au sens de la mesure de distance associée aux signatures.

CHAPITRE 4. INDEXATION ET RECHERCHE D'INFORMATION MULTIMODALE

Soit v le nœud dans lequel nous souhaitons effectuer ou évaluer un test sur des signatures d'images, M_v le nombre d'exemples d'apprentissage affectés au nœud v et a l'attribut auquel les signatures sont associées (par exemple, les images angiographiques précoces). Nous notons $\{c_1, c_2, ..., c_{M_v}\}$ ces exemples et $\{c_1^a, c_2^a, ..., c_{M_v}^a\}$ les signatures associées.

La méthode que nous proposons pour regrouper ces vecteurs est basée sur une classification non supervisée : l'algorithme FCM (*Fuzzy C-Means*) [9], qui généralise l'algorithme le plus classique : *K-means*. Dans l'algorithme FCM, un nombre de groupes K doit être fixé *a priori*. Le but de la méthode est de trouver le centre de chaque groupe de telle sorte que la variance intra-groupe soit minimisée. Pour cela, chaque vecteur c_i^a est affecté à chaque groupe j avec un degré d'appartenance u_{ij}, de telle sorte que $\sum_{j=1}^{K} u_{ij} = 1$, $\forall i$. Les conditions pour minimiser la variance intra-groupe sont décrites dans l'équation 4.9 :

$$\begin{cases} u_{ij} = \dfrac{1}{\sum_{k=1}^{K}\left(\dfrac{d(centre_j, c_i^a)}{d(centre_k, c_i^a)}\right)^{\frac{2}{m-1}}} & \forall j \\ centre_j = \dfrac{\sum_{i=1}^{M_v} u_{ij}^m c_i^a}{\sum_{i=1}^{M_v} u_{ij}^m} & \forall j \end{cases} \quad (4.9)$$

où d est la mesure de distance utilisée et m est un degré de flou. m est strictement supérieur à 1. Lorsque m est proche de 1, chaque exemple est affecté presque intégralement au centre le plus proche, l'algorithme est alors identique à l'algorithme *K-Means*. La matrice u et les centres $centre_i$ sont estimés à tour de rôle de manière itérative jusqu'à atteindre un équilibre de la matrice u. L'équilibre est atteint lorsque la variation des coefficients reste inférieure à ϵ, $0 < \epsilon \leq 1$ (nous avons utilisé $\epsilon = 0,1$).

La distance que nous avons définie pour comparer deux signatures numériques (équation 3.54 du paragraphe 3.3.3), basée sur la divergence de Kullback-Leibler, est asymétrique. Or pour fonctionner correctement, FCM nécessite une mesure de distance symétrique. Nous avons donc remplacé cette distance d par une version symétrique d', basée sur la version symétrique de la divergence de Kullback-Leibler (équation 3.48 du paragraphe 3.3.2.4).

Pour la base des rétinopathies diabétiques, une autre modification a dû être apportée à la mesure de distance. En effet, chez certains patients une série d'images est disponible pour chaque œil, chez d'autres seul un œil a été photographié. Soit $E_a(A)$, resp. $E_a(B)$, l'ensemble des images à la modalité a disponibles pour le patient A, resp. B. Nous définissons la distance $d''(A, B)$ comme la distance moyenne entre une image de l'ensemble $E_a(A)$ et une image de l'ensemble $E_a(B)$:

$$d''(A, B) = \frac{\sum_{I \in E_a(A)} \sum_{J \in E_a(B)} d'(I, J)}{card(E_a(A)) card(E_a(B))} \quad (4.10)$$

Ces mesures de distance étant complexes, les distances entre les exemples de la base sont tabulées préalablement à l'apprentissage d'un ou de plusieurs arbres. Soit $\{c_1, c_2, ..., c_M\}$ l'ensemble des exemples d'apprentissage. Une matrice de distances $D^a = (d_{i,j}^a)_{M \times M}$ est calculée pour chaque attribut a, où $d_{i,j}^a$ désigne la distance entre deux vecteurs c_i^a et c_j^a obtenue par l'équation 3.48 (ou 4.10 sur la base des rétines). L'algorithme FCM est modifié en conséquence : le centre des groupes n'est jamais calculé explicitement afin d'éviter de

4.2. RECHERCHE D'INFORMATION BASÉE SUR LES ARBRES DE DÉCISION

calculer à chaque itération la distance entre chaque exemple et chaque centre de groupe. Pour cela, la distance $d(centre_k, c_i)$ entre un exemple c_i et le centre du groupe k est calculée par l'équation 4.11.

$$d(centre_k, c_i) = \sum_{j=1}^{M_v} u_{jk}.d_{i,j}^a \quad (4.11)$$

L'algorithme FCM se simplifie : il suffit d'estimer à chaque itération l la matrice u par l'équation 4.12, nous notons $u^{(l)}$ l'estimation de u à l'itération l :

$$u_{ij}^{(l)} = \frac{1}{\sum_{k=1}^{K} \left(\frac{\sum_{n=1}^{M_v} u_{nj}^{(l-1)}.d_{i,n}^a}{\sum_{n=1}^{M_v} u_{nk}^{(l-1)}.d_{i,n}^a} \right)^{\frac{2}{m-1}}}, \forall j \quad (4.12)$$

Il est généralement difficile de choisir le nombre de groupes K. Cependant, lorsque chaque exemple est classifié, ce qui est le cas des exemples d'apprentissage, nous pouvons utiliser l'information mutuelle entre les labels de groupe et les labels de classe des exemples pour déterminer le nombre optimal de groupes $\hat{K}$ [131] (voir équation 4.13).

$$\hat{K} = \underset{K}{\operatorname{argmax}} \sum_{\gamma=1}^{\Gamma} \sum_{k=1}^{K} p(\gamma, k) \log_{\Gamma+K} \frac{p(\gamma, k)}{p(\gamma)p(k)} \quad (4.13)$$

où $\gamma = 1..\Gamma$ sont les labels de classe, $p(\gamma, k)$ est la probabilité jointe des labels γ et k, $p(\gamma)$ et $p(k)$ sont leurs probabilités marginales. D'autres mesures sont parfois utilisées (telles que le gain d'entropie) mais elles sont biaisées en faveur des nombres de groupes élevés.

Une fois la population du nœud v répartie en $\hat{K}$ groupes, nous créons un nœud fils pour chacun de ses groupes. Deux solutions s'offrent à nous pour répartir la population entre les groupes :
– soit chaque exemple c_i est affecté aux nœud fils associé au groupe k qui maximise u_{ik},
– soit chaque exemple c_i est affecté à chaque fils k avec un poids égal à u_{ik}.
La deuxième est plus exacte, mais elle pose un problème pratique : elle oblige à parcourir toutes les branches, ce qui augmente les temps de calcul. Une solution intermédiaire a donc été adoptée : chaque exemple est affecté à chaque fils k tels que u_{ik} est supérieur à un seuil (par exemple 5%), avec un poids proportionnel à u_{ik}.

4.2.5 Utilisation d'un arbre pour sélectionner des cas similaires

Dans un arbre de décision classique, chaque feuille de l'arbre est associée à la classe majoritaire parmi les exemples d'apprentissage regroupés dans cette feuille, au terme de l'apprentissage. Si au lieu de cela, nous leur associons les exemples d'apprentissage eux-mêmes, nous pouvons alors transformer le classifieur en moteur de recherche de cas similaires.

4.2.5.1 Mesure de similitude

Pour rechercher les cas les plus proches d'un cas c_r passé en requête, nous définissons une mesure de similitude entre c_r et chaque cas $(c_i)_{i=1..M}$ de la base de données. Nous proposons pour cela de comparer leur degré d'affectation à chaque feuille de l'arbre f_j : p_{rj} et p_{ij},

CHAPITRE 4. INDEXATION ET RECHERCHE D'INFORMATION MULTIMODALE

$j = 1..N$. Les degrés d'affectation ont été calculés pour chaque exemple d'apprentissage (un sous-ensemble de la base de données) à la fin de l'apprentissage (voir paragraphe 4.2.3.3). Nous pouvons les calculer a posteriori pour n'importe quel exemple de la base de données, en particulier ceux ajoutés après l'apprentissage, ainsi que pour la requête c_r. Dans ce but, nous conservons après l'apprentissage le poids $p(e)$ de chaque arc e de l'arbre, défini au paragraphe 4.2.3.3.

Le degré d'affectation d'un cas à une feuille de l'arbre peut être interprété comme la probabilité a posteriori d'appartenir à cette feuille. L'espace des degrés d'affectation $(\{(c_j)_{j=1..N} \in [0;1]^N / \sum_{j=1}^{N} c_j = 1\})$ présente les avantages suivants :
- nous pouvons en contrôler la dimension. En effet, lors de l'apprentissage, le nombre minimum d'exemples affectés à chaque nœud de l'arbre peut être fixé.
- les attributs des vecteurs sont tous connus.
- les attributs de ce vecteur sont homogènes (ils sont tous de même nature).

Les problèmes évoqués au paragraphe 4.1 ont donc été éliminés.

Dans ce nouvel espace, nous pouvons appliquer l'algorithme classique des plus proches voisins (cf. 4.1) sans même introduire de pondération entre les attributs. La mesure de similitude S_{ab} (voir équation 4.14) utilisée pour comparer deux cas c_a et c_b dans l'espace des degrés d'affectation est le produit scalaire. Cette mesure de similitude peut être interprétée comme la probabilité que les deux cas soient affectés à une même feuille. Elle est à valeurs dans [0;1]. Elle est maximale quand les deux cas sont entièrement affectés à la même feuille. Elle est minimale s'il n'existe pas de groupe auquel les cas sont tous deux partiellement affectés.

$$S_{ab} = \sum_{j=1}^{N} p_{aj} p_{bj} \quad (4.14)$$

La méthode de recherche est illustrée sur la figure 4.6.

Cette mesure de similitude peut être calculée rapidement entre la requête c_r et chaque cas $(c_i)_{i=1..M}$ de la base, en évitant de parcourir toute la base de données :
- pour chaque feuille f_j, nous construisons préalablement la liste L_j des cas c_i de la base de donnée tels que $p_{ij} \neq 0$. Cette liste peut être construite pendant l'apprentissage de l'arbre et mise à jour lorsqu'un nouveau cas est ajouté à la base.
- au début de la requête, S_{ri} est initialisée à 0, pour tout cas $(c_i)_{i=1..M}$.
- pour chaque feuille f_j telle que $p_{rj} \neq 0$, nous parcourons la liste L_j : pour chaque cas c_i dans L_j, S_{ri} est incrémentée de $p_{rj} p_{ij}$.

4.2. RECHERCHE D'INFORMATION BASÉE SUR LES ARBRES DE DÉCISION

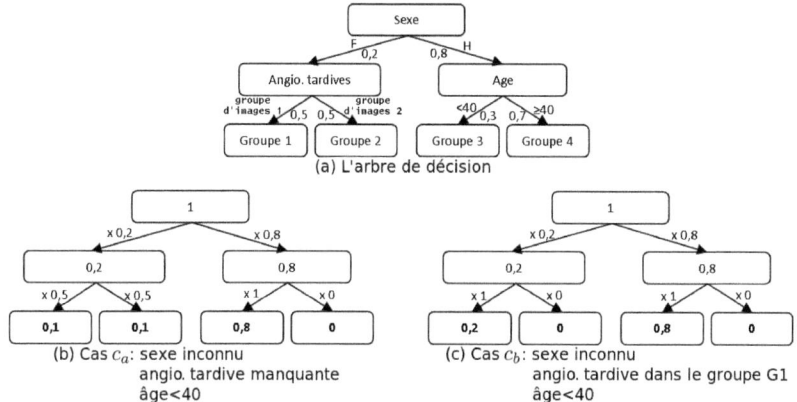

Figure 4.6 — Illustration de la méthode de recherche. Le schéma (a) représente l'arbre de décision avec le poids $p(e)$ de chaque arc e de l'arbre. Les schémas (b) et (c) représentent le degré d'affectation de deux cas c_a et c_b aux nœuds de l'arbre de la figure (a). D'après le degré d'affectation des deux cas aux feuilles de l'arbre, nous en déduisons leur degré de similitude. Sur cet exemple, elle vaut : $(0,1\ 0,1\ 0,8\ 0).(0,2\ 0\ 0,8\ 0)^t = 0,66$.

4.2.5.2 Avantages et inconvénients de la méthode

Par cette méthode, nous pouvons intégrer des sources d'information hétérogènes quelconques (attributs nominaux ou continus, images, texte, son, séquences vidéos, ...), avec éventuellement des valeurs manquantes. Il suffit de fournir, pour chaque source, une procédure pour séparer les exemples en sous-groupes homogènes.

Cette méthode présente également un intérêt pratique : les exemples étant organisés dans une structure arborescente, nous n'avons pas besoin de comparer systématiquement la requête à tous les cas de la base de référence. De plus, le nombre maximal d'attributs d'une requête testés est égal à la profondeur de l'arbre, qui peut être contrôlée. Par conséquent, les temps de recherche sont considérablement réduits par rapport à une recherche exhaustive classique.

Cette méthode présente néanmoins un inconvénient : du fait de la hiérarchie induite par l'arbre de décision entre les descripteurs de cas, il se peut que la méthode proposée ci-dessus donne trop d'importance à certains descripteurs. Ainsi, supposons qu'en cours de classification, deux cas c_a et c_b soient affectés complètement à un nœud v_j non terminal ($p_{aj} = p_{bj} = 1$). Si en ce nœud ces exemples sont séparés, alors $S(a,b) = 0$, quelle que soit la valeur de leurs attributs inférieurs dans la hiérarchie (attributs testés dans les nœuds descendants de celui-ci). Or il est fréquent que deux tests différents effectués en un nœud donné fournissent des gains d'entropie proches. Ainsi dans l'exemple de la figure 4.3, un homme et une femme de 30 ans auront une similitude nulle, à cause de leur différence de sexe, alors que l'âge joue peut-être un rôle important.

Un autre problème peut se présenter si nous travaillons sur de petites bases de cas. Il faut en effet trouver un compromis entre la taille de l'arbre, qui influe sur la précision des résultats, et le nombre d'exemples affectés à chaque feuille. Si nous construisons des petits arbres, le

97

CHAPITRE 4. INDEXATION ET RECHERCHE D'INFORMATION MULTIMODALE

nombre de faux positifs est important. D'un autre côté, si nous affectons peu d'exemples à chaque feuille, la liste de retrouvaille risque d'être très courte, ce qui rend l'évaluation des performances impossible (calculs de précision-rappel, de précision moyenne pour une fenêtre de k cas, ...).

4.2.6 Extensions aux forêts de décision

Les deux problèmes décrits précédemment (cf. 4.2.5) peuvent être résolus en construisant non pas un arbre, mais un ensemble d'arbres, appelée une "forêt". Pour cela, lors de la construction d'un arbre, le choix du test à effectuer en un nœud est modifié, de manière déterministe ou aléatoire.

Les ensembles d'arbres de décision ont déjà été introduits dans la littérature, dans le cadre de la classification. Ainsi par exemple, [13] introduit les *Random forests*, basées sur l'algorithme CART et [35] introduit *randomized C4.5*. Certains proposent, pour en améliorer l'efficacité, d'introduire un poids entre ces arbres [111]. Ces différentes approches sont comparées dans [5].

La solution envisagée pour construire une forêt de manière déterministe est une méthode récursive, permettant de construire simultanément tous les arbres de la forêt, tout en leur affectant un poids (méthode $F1$) :

1. A l'initialisation de l'apprentissage, nous créons un arbre constitué simplement d'une feuille regroupant toute la population, notée P. Nous lui affectons un poids égal à 1.
2. Nous recherchons les n attributs les plus discriminants, notés $a_1, ..., a_n$, parmi la population P. a_1 est l'attribut le plus discriminant : il maximise le critère $critère(a_i)$ (par exemple le gain d'entropie, voir section 4.2.3.1).
3. Nous dupliquons l'arbre n fois.
4. Pour la $i^{ème}$ copie de l'arbre, nous affectons l'attribut a_i au nœud courant. Nous multiplions le poids de cet arbre par $\frac{critère(a_i)}{critère(a_1)}$. Nous appelons récursivement l'algorithme d'apprentissage à cet arbre, uniquement si son poids est supérieur à un seuil prédéfini afin d'éviter une explosion combinatoire.

Deux alternatives sont envisagées pour construire un arbre de manière aléatoire : en chaque nœud d'un arbre à construire

– méthode $F2$: nous trions les tests par ordre décroissant du gain d'entropie qu'ils impliquent, nous conservons les premiers tests dans cette liste, disons les k premiers ; puis un test est choisi uniformément parmi ces k tests
– méthode $F3$: nous choisissons un test avec une probabilité proportionnelle au gain d'entropie qu'il fournit

La forêt aléatoire est construite en générant A arbres par une de ces procédures (le nombre A est recherché par la procédure décrite à la section 4.2.9).

Une fois la forêt de décision construite, elle s'utilise pour la recherche de cas similaires de la même manière qu'un arbre de décision. La seule différence est qu'au lieu d'être calculée sur les N feuilles d'un arbre, la nouvelle mesure de similitude $S'(a, b)$ entre les cas c_a et c_b est calculée sur toutes les feuilles d'un ensemble de A arbres (voir équation 4.15).

$$S'_{ab} = \sum_{t=1}^{A} \sum_{j=1}^{N_t} p_{atj} p_{btj} \qquad (4.15)$$

4.2. RECHERCHE D'INFORMATION BASÉE SUR LES ARBRES DE DÉCISION

où p_{atj} est le degré d'affectation du cas c_a à la $j^{ème}$ feuille du $t^{ème}$ arbre et N_t est le nombre de feuilles dans le $t^{ème}$ arbre.

Utilisés seuls, les arbres générés par une des procédures proposées ci-dessus ont des efficacités très variables. Si nous sélectionnons les A' meilleurs arbres de la forêt, l'efficacité globale de la forêt est nettement accrue. Une autre solution pour accroître les performances de la forêt consiste à appliquer le principe du *boosting* [117], comme décrit au paragraphe suivant.

4.2.7 Amélioration de la forêt par le principe du *boosting*

Dans les bases de données où la répartition des cas entre les classes est inégale, telles que la base des rétines, les arbres de décision ont tendance à favoriser les classes les plus représentées [56]. Quand les arbres de décision sont utilisés comme classifieurs, ce problème peut être atténué grâce à la technique du *boosting* (stimulation) [117][49]. Les algorithmes de *boosting* sont généralement itératifs. Ils consistent à ajouter de manière incrémentale des classifieurs, dits faibles, à un classifieur final, dit fort. Par définition, un classifieur faible est un classifieur dont les prédictions sont plus précises que le hasard. En combinant les sorties de plusieurs classifieurs faibles, on espère obtenir un classifieur significativement plus précis que chacun des classifieurs faibles, d'où le nom de classifieur fort.

Le principe du *boosting* est le suivant (voir figure 4.7). A chaque itération k, un classifieur h_k est appris à partir des données d'apprentissage; lors de cette apprentissage, nous donnons plus ou moins de poids à chaque exemple d'apprentissage c_i, à savoir $d_k(c_i)$, de telle sorte que l'algorithme d'apprentissage accorde plus ou moins d'importance à chaque exemple. Initialement, les poids sont égaux. A chaque itération k, la précision de la prédiction est évaluée pour chaque exemple d'apprentissage classifié par h_k (la précision vaut 0 si l'exemple est bien classé, il vaut 1 sinon). Nous modifions alors le poids de chaque exemple : les exemples mal classés gagnent du poids à l'itération $k+1$, les autres en perdent. Ceci permet de créer à l'itération suivante un classifieur mieux adapté aux exemples mal classés. Le classifieur final effectue ensuite un vote pondéré entre les différents classifieurs générés.

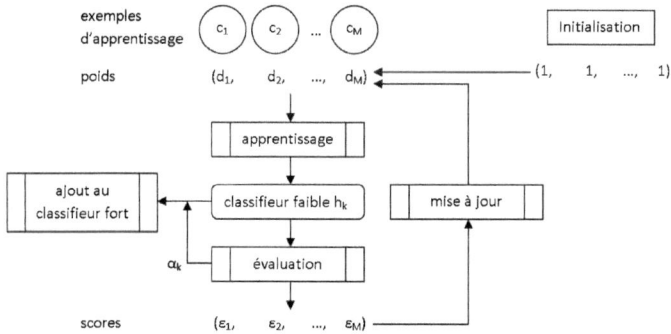

Figure 4.7 — Principe du boosting

Les arbres de décision sont des exemples typiques de classifieurs faibles utilisés par la méthode de *boosting* [110]. L'apprentissage d'un classifieur faible de ce type est facile à

CHAPITRE 4. INDEXATION ET RECHERCHE D'INFORMATION MULTIMODALE

mettre en œuvre en utilisant l'algorithme C4.5. En effet, dans cet algorithme, nous affectons un poids p_{ij}, le degré d'affectation, à chaque exemple c_i dans chaque nœud v_j de l'arbre, afin de gérer les valeurs manquantes (voir paragraphe 4.2.3.3). Ces poids valent initialement 1 (dans la racine). Pour apprendre un classifieur faible, au lieu d'initialiser le poids de c_i à 1, nous l'initialisons à $d_k(c_i)$.

Par analogie avec les notions de classifieurs faibles et forts, nous définissons la notion de **moteurs de recherche faibles et forts**. Nous pourrions utiliser un arbre de décision comme moteur de recherche faible, par analogie avec la méthode proposée par Quinlan pour des classifieurs [110]. Cependant, pour les raisons évoquées au paragraphe 4.2.5.2, nous allons plus généralement utiliser une forêt de décision, notée h_k.

Pour adapter la stratégie du *boosting* à la génération de moteurs de recherches faibles, nous nous sommes inspirés de l'algorithme le plus utilisé : Adaboost [49]. Ici, h_k désigne le moteur de recherche faible généré à l'itération k. Pour évaluer la prédiction de h_k pour un cas c_i donné, nous utilisons la précision (équation 1.5 du paragraphe 1.6) pour une fenêtre de retrouvaille de cinq cas, que nous notons $\pi_k(c_i)$. A chaque itération k, d_k est mis à jour de la manière suivante :

1. Nous calculons l'erreur de récupération pondérée ϵ_k de h_k par l'équation 4.16.

$$\epsilon_k = 1 - \sum_i d_k(c_i)\pi_k(c_i) \qquad (4.16)$$

2. Nous calculons le score α_k de h_k par l'équation 4.17.

$$\alpha_k = \frac{1}{2}\ln\frac{1-\epsilon_k}{\epsilon_k} \qquad (4.17)$$

Ce score définit le poids affecté au classifieur h_k dans la décision du classifieur fort.

3. Pour déterminer si le poids $d_k(c_i)$ doit être augmenté ou diminué, nous calculons pour chaque exemple c_i une variable intermédiaire $\eta_k(c_i)$, déterminée par l'équation 4.18.

$$\eta_k(c_i) = 1 - 2\pi_k(c_i) \qquad (4.18)$$

Une valeur positive pour $\eta_k(c_i)$ signifie que $d_k(c_i)$ doit être augmentée, une valeur négative signifie que $d_k(c_i)$ doit être diminuée.

4. Nous mettons ensuite à jour $d_k(c_i)$ en fonction de α_k et de $\eta_k(c_i)$ par l'équation 4.19.

$$d_{k+1}(c_i) = \beta_{k+1}d_k(c_i)e^{\alpha_k\eta_k(c_i)} \qquad (4.19)$$

où β_{k+1} est un coefficient de normalisation : $\beta_{k+1}\sum_{1=1}^{M}d_k(c_i)e^{\alpha_k\eta_k(c_i)} = 1$

L'algorithme se termine si le score α_k du moteur de recherche est inférieur à un seuil, que nous avons fixé à 50%.

Le moteur de recherche fort H est donc un ensemble de forêts de décisions. Par souci de simplification, nous concaténons les forêts h_k de telle sorte que H soit elle aussi une forêt de décision. Nous affectons alors à chaque arbre t issu d'un classifieur faible h_k un poids $\alpha_t = \alpha_k$ dans H. Le principe de construction de la forêt H est illustré sur la figure 4.8.

La mesure de similitude S''_{ab} entre deux cas c_a et c_b pour le moteur de recherche fort H est définie dans l'équation 4.20.

$$S''_{ab} = \sum_{t=1}^{A}\sum_{j=1}^{N_t}\alpha_t p_{atj}p_{btj} \qquad (4.20)$$

4.2. RECHERCHE D'INFORMATION BASÉE SUR LES ARBRES DE DÉCISION

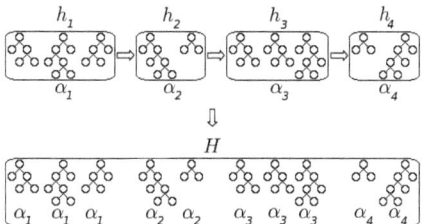

Figure 4.8 — Principe du boosting appliqué aux moteurs de recherche. Les forêts de décisions utilisées comme moteurs de recherche faibles sont illustrés sur la première ligne et le moteur de recherche fort sur la deuxième.

où A est le nombre d'arbres dans H, p_{atj} est le degré d'affectation du cas c_a à la $j^{ème}$ feuille du $t^{ème}$ arbre et N_t est le nombre de feuilles dans le $t^{ème}$ arbre de H.

4.2.8 Arbre de décision multiclasse

4.2.8.1 Motivations

Dans la base de données de rétinopathies diabétiques, le niveau de sévérité de la pathologie est entièrement déterminé par le nombre et le type de lésions détectées dans les images. Les règles qui déterminent le niveau de sévérité en fonction des lésions détectées sont données dans le tableau 2.2. Comme le montrent ces règles, différentes combinaisons de lésions peuvent conduire à un même stade d'évolution. Au sein d'un même stade d'évolution, les signatures des images présentent les mêmes combinaisons de lésions ont des chances de se regrouper. Or le critère utilisé jusqu'à présent pour caractériser l'homogénéité des groupes (le gain d'entropie de Shannon, calculé à partir des stades d'évolution) n'en tient pas compte. Il serait pourtant intéressant que le système d'aide au diagnostic sélectionne des images similaires de par leur niveau de sévérité et de par les lésions qu'elles contiennent.

4.2.8.2 Critère de segmentation multiclasse

Afin de définir une telle méthode, nous proposons d'adapter le critère de segmentation à un problème multiclasse. Nous définissons dorénavant la classe de chaque cas comme le vecteur constitué d'une variable booléenne pour chacun des dix types de lésion $(L_i)_{i=1..10}$, indiquant si une lésion de type i a été détectée par un expert dans l'image. Auparavant l'homogénéité d'un groupe était déterminée par le critère H_1, donné par l'équation 4.21.

$$H_1 = -\sum_{S=1}^{6} p_S \log p_S \qquad (4.21)$$

où p_S est la proportion d'exemples au stade d'évolution S dans le groupe. Nous proposons un deuxième critère basé sur les combinaisons de lésions. Dans un premier temps, nous pouvons adapter ce critère aux classes $(L_i)_{i=1..10}$ sans tenir compte des combinaisons de lésions, de la manière suivante (critère H_2^0) :

CHAPITRE 4. INDEXATION ET RECHERCHE D'INFORMATION MULTIMODALE

$$H_2^0 = -\sum_{i=1}^{10} p_{L_i} \log p_{L_i} + (1. - p_{L_i}) \log (1. - p_{L_i}) \qquad (4.22)$$

où p_{L_i} est la proportion d'exemples présentant des lésions de type i dans le groupe.

Néanmoins, compte tenu des remarques précédentes, nous souhaiterions prendre en compte ces combinaisons. Nous remplaçons pour cela les dix systèmes de classes indépendants $(L_i)_{i=1..10}$ par un unique système L constitué de toutes les combinaisons possibles de lésions. Le nouveau système est illustré sur la figure 4.9. Ce système de classe peut être modélisé dans la théorie de Dezert-Smarandache [127] par un cadre de discernement $\theta = \{L_1, L_2, ..., L_{10}\}$ où toutes les hypothèses $(L_i)_{i=1..10}$ sont compatibles deux à deux (la théorie de Dezert-Smarandache est présentée de manière détaillée au chapitre 4.4).

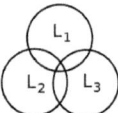

Figure 4.9 — Système de classe pour la prise en compte des lésions. Le système de classe est illustré dans le cas d'une pathologie décrite par trois lésions. La classe d'un cas en fonction de ses lésions est donc à valeurs dans $L = \{\emptyset, L_1, L_2, L_3, L_1 \cap L_2, L_1 \cap L_3, L_2 \cap L_3, L_1 \cap L_2 \cap L_3\}$. Cette figure correspond au diagramme de Venn [143] du cadre de discernement formé des trois hypothèses non exclusives L_1, L_2 et L_3. Le cardinal de $(L_i)_{i=1..3}$ dans ce diagramme (c'est à dire le nombre de portions qui la composent) est 4, celui de $(L_i \cap L_j)_{i,j=1..3,i\neq j}$ est 2, celui de $L_1 \cap L_2 \cap L_3$ est 1.

Dans un premier temps, nous calculons la proportion de cas affecté à chaque élément $l \in L$ dans le groupe, notée $p(l)$. Nous calculons ensuite la probabilité pignistique [129] de chaque lésion $(L_i)_{i=1..10}$, notée $BetP(L_i)$, définie par l'équation 4.23 (voir chapitre 4.4).

$$BetP(L_i) = \sum_{l \in L \setminus \emptyset} \frac{\mathcal{C}_\mathcal{M}^f(l \cap L_i)}{\mathcal{C}_\mathcal{M}^f(l)} p(l) \qquad (4.23)$$

où $\mathcal{C}_\mathcal{M}^f(l)$ est la cardinalité de l'ensemble l dans le diagramme de Venn de θ, c'est à dire le nombre de portions du diagramme qui composent l, (voir figure 4.9 et chapitre 4.4). $\mathcal{C}_\mathcal{M}^f$ est donné par l'équation 4.24 [127] :

$$\mathcal{C}_\mathcal{M}^f(L_{i_1} \cap L_{i_2} \cap ... \cap L_{i_m}) = 2^{|\theta|-m} \qquad (4.24)$$

Nous définissons un deuxième critère de segmentation basé sur les lésions, prenant en compte les combinaisons de lésions, noté H_2^1 :

$$H_2^1 = -\sum_{i=1}^{10} BetP(L_i) \log BetP(L_i) + p(\emptyset) \log p(\emptyset) \qquad (4.25)$$

Une application des arbres multiclasse est donnée au paragraphe 4.4.2.3.

4.2.9 Paramétrage de la forêt de décision

4.2.9.1 Evaluation d'une forêt de décision

Soit M le nombre d'exemples dans la base de données. Pour apprendre un arbre de décision, la base de données est divisée en deux ensembles :
- une base d'apprentissage (BA), utilisée pour rechercher les attributs les plus discriminants à chaque nœud de l'arbre. A la fin de l'apprentissage, les exemples c_i de cet ensemble sont affectés aux listes L_j des feuilles f_j telles que le degré d'affectation $p_{ij} > 0$.
- une base de validation (BV)

Pour évaluer les performances d'un arbre ou d'une forêt de décision, le critère utilisé est la précision moyenne pour une fenêtre de retrouvaille de taille 5 (cf. section 1.6). En effet, pour comparer deux moteurs de recherche automatiquement, il n'est pas commode de comparer les courbes de précision-rappel associées. Soit $\pi(c_i)$ la précision pour cette fenêtre lorsqu'un exemple c_i est placé en requête.

Pour apprendre une forêt de décision, les M exemples sont répartis aléatoirement entre les deux ensembles pour apprendre chaque arbre. Le score de précision moyenne $\pi(c_i)$ d'une forêt de décision, pour un exemple c_i, est calculé en écartant les arbres appris avec c_i dans BA. Le score de la forêt est donc la moyenne des $\pi(c_i)$, $i = 1..M$.

Les bases d'apprentissage ont été construites en utilisant 80% des exemples disponibles.

4.2.9.2 Parcours de l'espace des paramètres

Les paramètres à évaluer sont les suivants :
- p^1 : les paramètres de génération des arbres (voir paragraphe 4.2.6)
- p^2 : le nombre d'arbres générés (voir paragraphe 4.2.6)
- p^3 : le nombre minimal d'exemples qui doit être affecté à un nœud de l'arbre en construction pour que nous le développions (création de nœuds fils). Il s'agit du nombre d'exemples pondéré par le degré d'affectation au nœud. Ce paramètre contrôle le nombre de feuilles des arbres et donc la dimension de l'espace des degrés d'affectation.
- p^4 : les paramètres de l'algorithme FCM (degré de flou, test d'arrêt : seuil sur l'écart des degrés d'appartenance entre deux itérations - voir paragraphe 4.2.4). Le test d'arrêt ayant peu d'influence sur le résultat, nous l'avons fixé à une valeur par défaut.
- p^5 : le critère de segmentation : gain d'entropie (noté G - équation 4.6), rapport gain d'entropie/information par valeur (noté G/I - équation 4.7) ou critère de Gini (équation 4.8)
- p^6 : le pourcentage d'arbres sélectionnés, si nous n'appliquons pas le principe du *boosting* (voir paragraphe 4.2.6)

Pour chaque paramètre p^l, un ensemble discret de valeurs $P^l = \{p_1^l, p_2^l, ..., p_{n_l}^l\}$ est évalué et le meilleur élément de l'espace produit $P^1 \times P^2 \times P^3 \times P^4 \times P^5 \times P^6$ est sélectionné. La recherche a été accélérée par un algorithme génétique (voir section 3.2.4). Nous fixons pour cela $n_1 = n_2 = n_3 = n_4 = n_5 = n_6 = \bar{n}$ et chaque génome est un vecteur d'entiers à valeur dans $\{1, 2, ..., \bar{n}\}^6$.

Le score affecté à chaque génome / vecteur de paramètres est une moyenne obtenue sur plusieurs réplications. Pour chaque réplication, BA et BV sont choisis aléatoirement et différentes forêts de décisions sont donc générées.

CHAPITRE 4. INDEXATION ET RECHERCHE D'INFORMATION MULTIMODALE

Les paramètres sont évalués pour différents nombres d'arbre (sauf le paramètre 'nombre d'arbres générés').

4.2.10 Résultats

Tous les calculs ont été effectués en utilisant les signatures d'images ayant fourni les meilleurs scores de précision moyenne au chapitre 3.3, à savoir les signatures basées sur les gaussiennes généralisées, en utilisant une base d'ondelettes optimisée.

4.2.10.1 Influence de la méthode de génération des arbres

Les performances des différentes méthodes de génération des arbres, présentées au paragraphe 4.2.6, sont comparées dans le tableau 4.2. Ces méthodes ont été évaluées en faisant varier les paramètres $p_2, ..., p_6$ énumérés ci-dessus. Nous donnons dans le tableau les meilleurs résultats obtenus pour chacune des méthodes.

Tableau 4.2 — Comparaison des méthodes de génération des arbres en termes de précision moyenne

paramètre	rétines	mammographies
F1 (déterministe)	57,52%	76,22%
F2 (aléatoire)	79,01%	89,84%
F3 (aléatoire)	66,31%	81,67%

La méthode déterministe (F1) fournit des résultats médiocres, car pour éviter qu'un nombre d'arbres trop important soit généré, nous sommes obligés de ne considérer en chaque nœud que le meilleur tests t_0 et les tests t tels que $\frac{gain_t}{gain_{t_0}} \geq \delta_1$ où δ_1 est très proche de 1. Les arbres générés sont donc très proches les uns des autres. En outre, il est plus difficile de contrôler le nombre d'arbres générés. Finalement, cette méthode est plus difficile à implémenter : 1) il faut gérer une pile d'arbres et 2) il faut rendre l'algorithme de génération des arbres non récursif (en utilisant une pile de nœuds) afin de pouvoir interrompre la construction d'un arbre, l'empiler, le dépiler et reprendre sa construction. Les algorithmes aléatoires sont donc plus intéressants par tous les aspects. L'algorithme le plus efficace, l'algorithme F2, est celui qui introduit le plus d'aléa dans l'algorithme de construction.

4.2.10.2 Influence des différents paramètres

Nous travaillons avec la méthode F2 car elle fournit les meilleurs résultats. Dans un premier temps, les différents paramètres sont évalués sans appliquer notre algorithme de *boosting*. Ils sont évalués un par un, en fixant les autres à une valeur par défaut. Les valeurs par défaut suivantes ont été utilisées :
- p^1 : méthode F2 de paramètre $k=5$
- p^2 : plusieurs valeurs testées : 1, 2, 5, 10, 20, 50, 100, 200, 500 et 1000
- p^3 : 0,4 exemples par branche
- p^4 : degré de flou = 2, seuil d'arrêt = 0,1
- p^5 : G/I
- p^6 : 30%

4.2. RECHERCHE D'INFORMATION BASÉE SUR LES ARBRES DE DÉCISION

Les résultats sont présentés sur les figures 4.10, 4.11, 4.12, 4.13 et 4.14. Sur ces courbes, le nombre d'arbres indiqué en abscisse est le nombre d'arbres générés. Nous voyons que chacun de ces paramètres joue un rôle important sur le score de précision moyenne, en particulier sur la base des rétines. Nous remarquons également que le choix de la valeur de ces paramètres est relativement indépendant de la taille de la forêt générée.

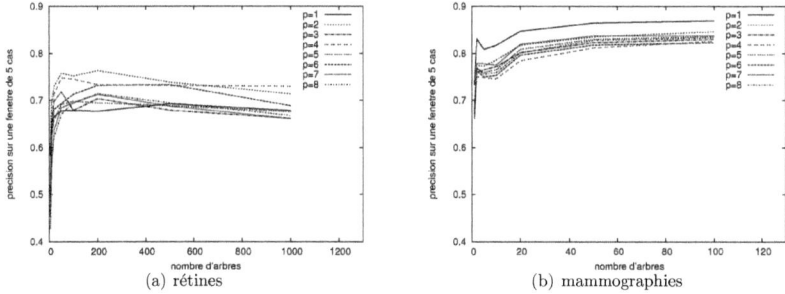

(a) rétines (b) mammographies

Figure 4.10 — Influence du paramètre de génération des arbres

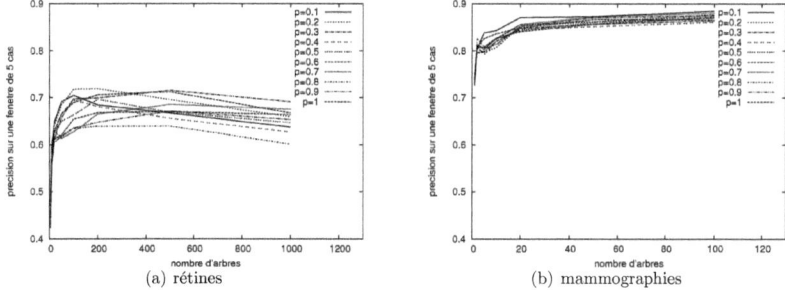

(a) rétines (b) mammographies

Figure 4.11 — Influence du nombre minimum d'exemples par branche

CHAPITRE 4. INDEXATION ET RECHERCHE D'INFORMATION MULTIMODALE

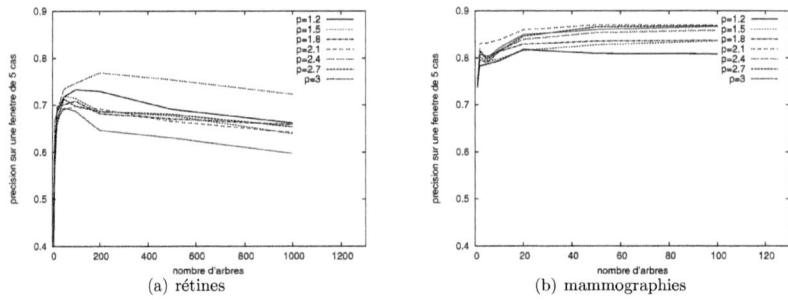

(a) rétines (b) mammographies

Figure 4.12 — Influence du degré de flou (FCM)

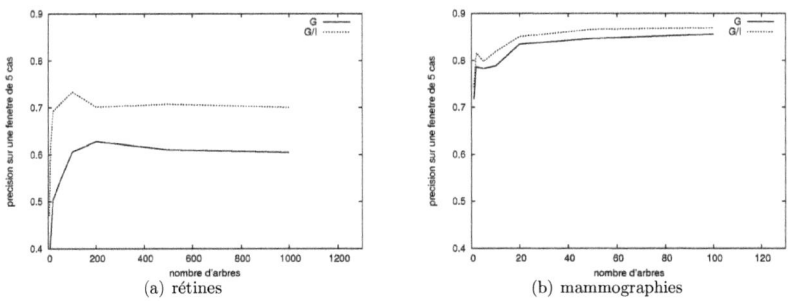

(a) rétines (b) mammographies

Figure 4.13 — Influence du critère de segmentation

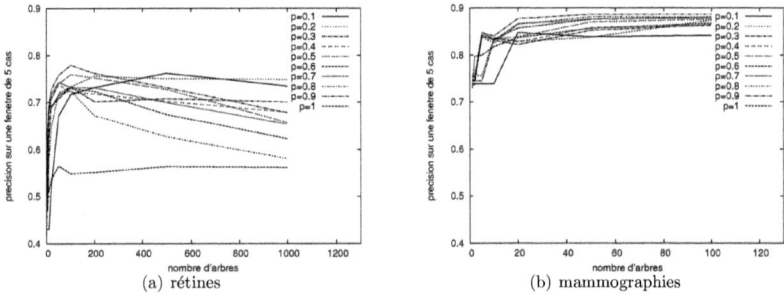

(a) rétines (b) mammographies

Figure 4.14 — Influence du pourcentage d'arbres conservés

4.2. RECHERCHE D'INFORMATION BASÉE SUR LES ARBRES DE DÉCISION

4.2.10.3 Méthode optimale

Les paramètres optimaux trouvés par l'algorithme génétique pour la méthode F2, sans *boosting*, sont présentés dans le tableau 4.3.

Tableau 4.3 — Paramètres optimaux de la forêt de décision - sans *boosting*

paramètre	rétines	mammographies
p^1 (niveau d'aléa)	6	1
p^2 (nombre d'arbres générés)	200	50
p^3 (nombre exemples minimum / branche)	0,3	0,7
p^4 (degré de flou)	2	2,1
p^5 (critère de segmentation)	G/I	G/I
p^6 (pourcentage d'arbres conservés)	20%	70%
nombre total d'arbres	40	35
précision moyenne obtenue	79,01%	89,84%

L'expérience est répétée en appliquant l'algorithme de *boosting* présenté au paragraphe 4.2.7. Les résultats sont présentés dans le tableau 4.4.

Tableau 4.4 — Paramètres optimaux de la forêt de décision - avec *boosting*

paramètre	rétines	mammographies
p^1 (niveau d'aléa)	3	1
p^2 (nombre d'arbres par classifieur faible)	5	2
p^3 (nombre exemples minimum / branche)	0,4	0,4
p^4 (degré de flou)	1,5	2,75
p^5 (critère de segmentation)	G/I	G/I
nombre total d'arbres	40	16
précision moyenne obtenue	80,97%	92,90%

La méthode de boosting améliore les résultats d'au moins 2% dans tous les cas. Au niveau résultats, la précision de 80% signifie qu'en moyenne, sur cinq dossiers sélectionnés par le système, quatre sont pertinents pour le dossier requête.

4.2.10.4 Temps de calcul

Le temps de calcul moyen pour sélectionner les cinq cas les plus proches d'un dossier requête, avec les paramètres optimaux fournis dans le tableau 4.4, est donné dans le tableau 4.5. Ce temps est décomposé entre les différentes étapes de calcul. Les calculs sont effectués avec un processeur AMD Athlon 64-bit cadencé à 2 GHz.

Il en ressort nettement que l'essentiel du temps est consacré au calcul des signatures d'images. Pour ce qui est de l'apprentissage, seules 0,8 secondes sur la base des rétines et 80 secondes sur la base des mammographies sont nécessaires en moyenne pour générer un arbre de décision, une fois que les matrices de distance sont calculées (voir section 4.2.4). Les matrices de distance ne sont bien sûr calculées qu'une fois.

CHAPITRE 4. INDEXATION ET RECHERCHE D'INFORMATION
MULTIMODALE

Tableau 4.5 — Temps de calcul

base de données	rétines	mammographies
transformée en ondelettes (pour 1 image)	0,22 s	1,99 s
estimation de $(\hat{\alpha}, \hat{\beta})$ (pour 1 image)	4,35 s	33,90 s
calcul des distances avec les signatures de la base (pour 1 "attribut image")	0,033 s	1,14 s
parcours des arbres et classement des exemples	$6,7 \times 10^{-4}$ s	$3,2 \times 10^{-3}$ s
temps total moyen	17,24 s	99,50 s

Remarque : en utilisant les signatures d'images basées sur les histogrammes, nous pourrions obtenir des temps de calcul plus faibles, au prix d'une précision moyenne plus faible également.

4.2.10.5 Robustesse

Pour vérifier que l'algorithme de *boosting* présenté au paragraphe 4.2.7 permet de gérer le déséquilibre entre les classes, nous avons calculé la précision moyenne par classe pour une fenêtre de retrouvaille de cinq cas, avec ou sans *boosting*. Les résultats sont fournis dans le tableau 4.6. Nous constatons que le boosting améliore nettement la précision pour les classes peu représentées, telles que la classe 0 dans la base des rétines. En revanche, la précision pour les classes les plus représentées peut diminuer. C'était attendu : les algorithmes de génération des arbres de décision ont tendance à favoriser la classe majoritaire (une précision de 100% est d'ailleurs atteinte pour la classe majoritaire, la classe 2, dans la base des rétines). L'algorithme du *boosting* affectant des poids différents à chacun des exemples, la classe majoritaire peut changer d'une itération à l'autre. Ainsi, la précision de la classe majoritaire diminue en utilisant l'algorithme du boosting sur la base des rétines (100% → 87,37%). Néanmoins, globalement, la précision moyenne augmente.

Tableau 4.6 — Précision moyenne classe par classe pour une fenêtre de 5 cas

base	rétines		mammographies	
classe	sans *boosting*	avec *boosting*	sans *boosting*	avec *boosting*
0	31,88%	58,88%	92,11%	93,54%
1	74,42%	82,21%	87,69%	93,35%
2	100,0%	87,36%	89,70%	92,25%
3	71,38%	80,40%	∅	∅
4	69,63%	76,66%	∅	∅
5	84,73%	85,24%	∅	∅
total	79,01%	80,97%	89,84%	92,90%

Nous voyons que sans l'algorithme de *boosting*, la précision moyenne pour une classe dépend fortement de la fréquence de cette classe. Cette différente est largement atténuée par le *boosting*.

4.2. RECHERCHE D'INFORMATION BASÉE SUR LES ARBRES DE DÉCISION

Pour étudier la robustesse de la méthode relativement aux informations manquantes, nous avons appliqué la procédure décrite au paragraphe 4.1.3. 100 dossiers sont ainsi générés à partir de chacun des dossiers $(c_i)_{i=1..M}$ de la base. Pour évaluer la précision de la recherche lorsqu'un cas dérivé de c_i est placé en requête, nous n'utilisons que les arbres construits avec c_i dans la base de validation. La courbe de précision moyenne de la méthode en fonction du nombre d'attributs renseignés est donnée sur la figure 4.15.

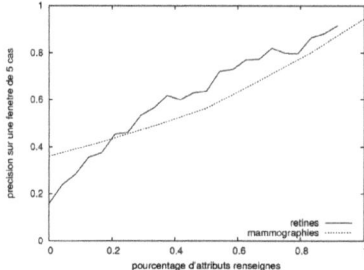

Figure 4.15 — Robustesse relativement aux valeurs manquantes. Nous voyons que cette méthode est particulièrement robuste lorsqu'elle est appliquée à la base des rétines : une précision de 60% pour une fenêtre de cinq cas peut être atteinte en renseignant simplement 40% des attributs ; avec cette précision, la majorité des cas sélectionnés (trois sur cinq) appartiennent à la classe de la requête.

4.2.10.6 Influence des différents attributs

Dans cette section, le rôle des attributs numériques et des attributs sémantiques est évalué. Pour cela, différentes forêts sont construites avec les paramètres optimaux déterminés précédemment en utilisant uniquement les attributs sémantiques ou les attributs numériques (les images et le nombre de lésions automatiquement détectées). Les résultats sont présentés sur la figure 4.16.

Dans un arbre construit en utilisant tous les attributs, nous remarquons que les tests basés sur les attributs nominaux (qui sont tous des attributs sémantiques) sont majoritairement utilisés en bas de l'arbre (près de la racine), et que les tests basés sur des attributs de type vecteurs ou continus (donc numériques) sont principalement utilisés en haut de l'arbre (près des feuilles). En effet les tests nominaux qui induisent généralement de nombreux branchements en sortie (4, 5, 6, ...) permettent de segmenter des populations importantes. Au contraire les tests continus, qui produisent deux sorties sont mieux adaptés pour de segmenter des petites populations. Lorsqu'une segmentation non supervisée est utilisée, les tests sur des attributs de type vecteur sont adaptés à la fois aux petites et aux grandes populations car le nombre de branchements est variable. L'aptitude des différents tests pour segmenter la population entière (à la racine) est illustrée sur la figure 4.17 via le calcul du gain d'entropie.

Les résultats présentés sur la figure 4.17 a) sont confortés par l'expérience des ophtalmologistes, en effet :
- Les images angiographiques sont celles sur lesquelles nous observons le mieux les lésions de la rétinopathie diabétique, suivies par les images obtenues par application d'un filtre vert anérythre.

CHAPITRE 4. INDEXATION ET RECHERCHE D'INFORMATION MULTIMODALE

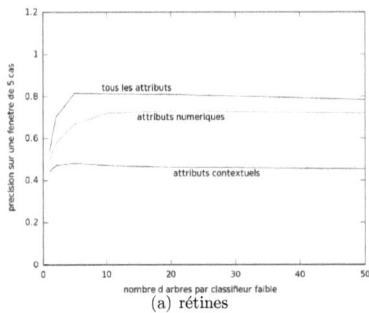
(a) rétines

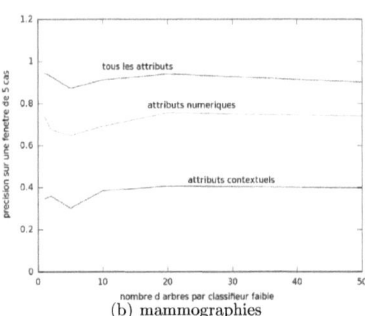
(b) mammographies

Figure 4.16 — Influence des attributs sémantiques et numériques. Les attributs numériques sont nettement prépondérants sur les attributs sémantiques. Cependant, les attributs sémantiques permettent un augmentation notable de la précision du système.

- Le contexte clinique ophtalmologique et l'ancienneté du diabète sont les tests nominaux les plus discriminants, ce qui est logique
- Le nombre de microanévrismes détectés permet de séparer efficacement les patients au stade 0 des autres à la racine de l'arbre. Cependant, l'entropie gagnée par ce test est faible car les stades de 1 à 5 ont tendance à se retrouver tous dans la même branche. En effet, un test sur des attributs continus sépare une population en seulement deux groupes.

La figure 4.17 b) semble montrer que les images jouent un rôle prépondérant pour le dépistage du cancer dans les mammographies.

4.2.10.7 Performances des arbres de décision multiclasse

Pour évaluer les performances des arbres de décision multiclasse sur la base des rétines, nous avons construit une forêt de décision avec les paramètres du tableau 4.3, en remplaçant le critère de segmentation G/I par le critère de segmentation multiclasse. En fonction du critère qui nous intéresse, c'est-à-dire un type de lésion (voir paragraphe 2.1.1), nous sélectionnons les 20% d'arbres de décision qui maximisent la précision moyenne pour ce critère. Les scores de précision moyenne pour chaque critère sont donnés dans le tableau 4.7. Compte tenu du déséquilibre entre les classes L_i (l'ensemble des patients présentant des lésions de type L_i) et $\bar{L}_i$ (l'ensemble des patients ne présentant pas de lésions de type L_i), la précision et le rappel moyens ne sont calculés que pour les classes L_i.

4.2. RECHERCHE D'INFORMATION BASÉE SUR LES ARBRES DE DÉCISION

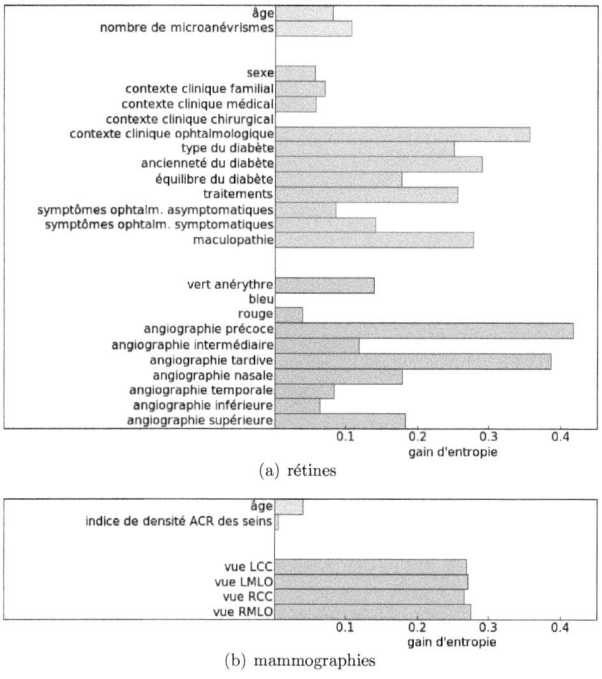

(a) rétines

(b) mammographies

Figure 4.17 — Calcul du gain à la racine de l'arbre. Le gain d'entropie est calculé à la racine d'un arbre de décision pour chaque test. Ces gains sont calculés en utilisant tous les exemples de chaque base. Les tests effectués sur les attributs continus sont affichés dans la partie supérieure du graphique, sur les attributs nominaux au centre et sur les vecteurs dans la partie inférieure.

Tableau 4.7 — Précision moyenne des arbres de décision multiclasse

critère	L_1	L_2	L_3	L_4	L_5
précision	99,64%	99,28%	63,89%	20,00%	51,67%

critère	L_6	L_7	L_8	L_9	L_{10}
précision	00,00%	35,38%	64,80%	37,78%	68,23%

Nous voyons qu'une précision moyenne très élevée peut être obtenue pour les lésions les plus fréquentes (L_1, L_2 et L_3).

CHAPITRE 4. INDEXATION ET RECHERCHE D'INFORMATION
MULTIMODALE

4.2.11 Requête interactive

Comme nous l'avons dit au paragraphe 4.1.4, nous proposons une approche interactive pour effectuer une requête sur la base de données, afin d'éviter à l'utilisateur de remplir intégralement les champs du dossier patient constituant sa requête. Nous proposons pour cela deux procédures. La première procédure, présentée au paragraphe suivant, met à jour la liste de retrouvaille à chaque fois que l'utilisateur renseigne un nouvel attribut. L'objectif est de lui permettre de terminer sa saisie quand il a obtenu des résultats satisfaisants. La seconde procédure, présentée au paragraphe 4.2.11.2 lui indique quels attributs non renseignés sont susceptibles d'être les plus discriminants, compte tenu de ceux déjà renseignés.

La recherche décrite dans les deux paragraphes suivants est une recherche itérative : à chaque itération k, l'utilisateur renseigne un nouvel attribut a^k du cas c_r placé en requête et la liste de résultats est mise à jour.

4.2.11.1 Mise à jour de la liste de recherche

Lorsqu'un nouvel attribut est renseigné par l'utilisateur, il n'est pas nécessaire de recalculer entièrement la mesure de similitude S'' (équation 4.20) entre c_r et tous les exemples de la base. Nous pouvons déterminer quelles mesures de similitude doivent être modifiées et nous pouvons corriger simplement celles qui doivent l'être. Considérons l'exemple de la figure 4.18. L'utilisateur a renseigné l'attribut "sexe" à l'itération 1, à cette étape, l'angiographie tardive est manquante (voir figure 4.18 (b)). Supposons que l'utilisateur renseigne cet attribut à l'itération 2. Alors seuls les degrés d'affectation des deux premières feuilles (de gauche à droite) sont modifiés, c'est à dire les feuilles appartenant au sous-arbre ayant comme racine le noeud "Angio. tardives" (voir figure 4.18 (c)).

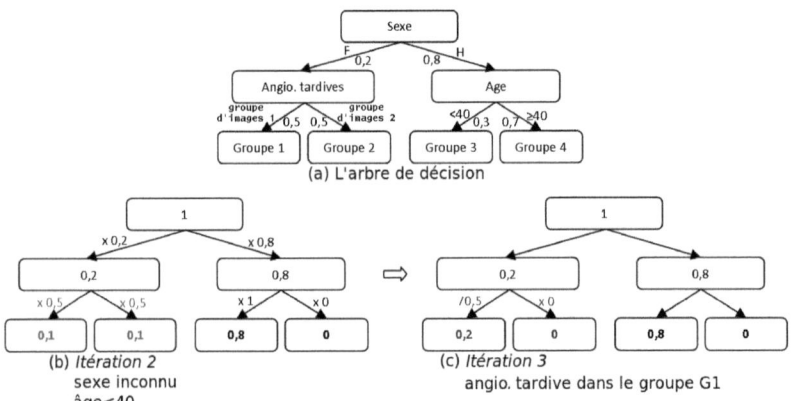

Figure 4.18 — Correction des degrés d'affectation entre deux itérations. Le schéma (a) représente l'arbre de décision avec le poids $p(e)$ de chaque arc e de l'arbre. Les schémas (b) et (c) représentent le degré d'affectation du cas requête c_r aux nœuds de l'arbre aux itérations 2 et 3.

Plus généralement, il faut mettre à jour les sous-arbres de tous les nœuds dans la forêt de décision correspondant à un test sur a_k. Ces nœuds peuvent être organisés dans

4.2. RECHERCHE D'INFORMATION BASÉE SUR LES ARBRES DE DÉCISION

une liste a priori pour y accéder plus rapidement. Soit v_0 un de ces nœuds, $v_1, ..., v_n$ ses nœuds fils et e_{0i} l'arc associé à la valeur de a_k renseignée par l'utilisateur. Puisque a_k était précédemment considérée comme manquante, les degrés d'affectation de c_r à tous les nœuds du sous-arbre de racine v_j, $j = 1..n$, étaient multipliés à tort par $p(e_{0j})$. Il faut donc diviser le degré d'affectation de c_r à tous les nœuds du sous-arbre de racine v_i par $p(e_{0i})$. De même, il faut mettre à zéro le degré d'affectation de c_r à tous les nœuds du sous-arbre de racine $v_{j,j\neq i}$.

Considérons maintenant les feuilles dont le degré d'affectation de c_r a été modifié. Supposons que la $j^{\text{ème}}$ feuille du $t^{\text{ème}}$ arbre en fasse partie. Il faut corriger la mesure de similitude de chaque exemple c_i assigné à cette feuille. Ceci est fait selon l'équation 4.26.

$$S''_{ri} = S''_{ri} + \alpha_t(p^{(k)}_{rtj} - p^{(k-1)}_{rtj})p_{itj} \qquad (4.26)$$

où $p^{(k)}_{rtj}$ est le degré d'affectation de c_r à la $j^{\text{ème}}$ feuille du $t^{\text{ème}}$ arbre, à l'itération k.

Les exemples sont ensuite rangés par ordre décroissant de la mesure de similitude. Dans de nombreux cas, la liste de résultat est déjà presque triée. Dans ces cas, le tri par insertion est le plus efficace : sa complexité est en $O(M+d)$ où M est le nombre de cas dans la liste de résultat (c'est à dire le nombre de cas dans la base) et d est le nombre maximal d'inversions. Soit m le nombre d'exemples de la bases dont la similitude avec c_r a été modifiée, alors m^2 est une borne supérieure pour d. Par comparaison, les meilleurs algorithmes de tris ont une complexité en $O(M.log(M))$. Donc si $M + m^2 < M.log(M)$, nous avons intérêt à utiliser le tri par insertion.

4.2.11.2 Selection du prochain attribut à renseigner

Pour obtenir des résultats satisfaisants le plus rapidement possible, il est intéressant d'aider l'utilisateur à choisir le prochain attribut à renseigner. Supposons que les cas les plus proches de c_r à l'issue de l'itération k-1 appartiennent à des classes différentes, il serait utile que l'utilisateur renseigne à l'itération k un attribut a_k susceptible de pouvoir trancher entre ces classes. Compte tenu de l'algorithme d'apprentissage de la méthode, les bons candidats pour a_k sont ceux qui font le plus baisser l'entropie (voir équation 4.6) sur la population constituée des cas les plus proches de c_r à l'itération k-1.

Ainsi, à l'issue de l'itération $k-1$, les attributs non renseignés sont présentés à l'utilisateur par ordre décroissant de ce critère.

4.2.12 Discussion

La méthode proposée, basée sur les arbres de décision, permet d'intégrer des données hétérogènes, de sélectionner les attributs les plus pertinents et de gérer les informations manquantes, ce qui était l'objectif fixé au chapitre 4.1. Grâce à l'algorithme d'apprentissage utilisé, la précision moyenne de la méthode est importante. Ainsi une précision de 80,97% est obtenue sur la base des rétines et une précision de 92,90% sur la base des mammographies. Cette méthode, adaptée de la technique des arbres de décision et du *boosting*, est peu encline au sur-apprentissage. Cette propriété lui permet de traiter aussi bien de grandes bases de données comme celle des mammographies que de petites bases telles que la base des rétines.

Le système de recherche basé sur cette méthode est rapide : c'est le temps de calcul consacré à l'extraction des signatures d'images qui est le plus important. Cette opération

CHAPITRE 4. INDEXATION ET RECHERCHE D'INFORMATION MULTIMODALE

est indépendante de l'algorithme de recherche utilisé. Nous pouvons de plus, grâce à cette méthode, éviter de calculer toutes les signatures. D'une part, seuls les attributs testés à des nœuds traversés par le cas placé en requête ont besoin d'être calculés. D'autre part, une précision suffisante peut être atteinte avant que chaque attribut ne soit saisi par l'utilisateur. Par conséquent, l'utilisateur peut arrêter de saisir de nouveaux attributs lorsqu'il a obtenu des résultats satisfaisants, grâce à la procédure décrite au paragraphe 4.2.11.1. Sur la base des rétines par exemple, une précision de 60% pour une fenêtre de cinq cas peut être atteinte en renseignant simplement 40% des attributs (voir figure 4.15) : avec cette précision, la majorité des cas sélectionnés (trois sur cinq) appartiennent à la classe de la requête. Ce seuil peut même être abaissé en choisissant judicieusement les paramètres à renseigner, comme le décrit le paragraphe 4.2.11.2.

Un autre intérêt de cette méthode est sa généricité : elle peut traiter toute base de données multimédia, pourvu qu'une méthode pour regrouper des cas similaires soit fournie pour chaque nouvelle modalité (son, vidéo, etc.).

Certaines variantes ont été envisagées pour la méthode proposée :
– tout d'abord, pour regrouper les signatures d'images en groupe et ainsi intégrer des images dans un arbre de décision, nous aurions pu rechercher un hyperplan séparateur maximisant le gain d'entropie. Cette solution est plus proche de la méthode proposée par Quinlan pour séparer les attributs continus à une dimension. Cependant, rechercher un hyperplan de $\mathbb{R}^n$ (où n est la taille du vecteur signature d'une image) n'a pas de sens. En effet, les vecteurs sont composés d'estimateurs de vraisemblance d'une distribution (la gaussienne généralisée). Ces estimateurs ne peuvent être comparés qu'au sens d'une mesure de similitude entre distributions, telle que la divergence de Kullback-Leibler. Par contre, nous pouvons modifier la définition d'un hyperplan en remplaçant le produit scalaire de $\mathbb{R}^n$ par un noyau [93] défini à partir de la divergence de Kullback-Leibler [94]. L'information mutuelle entre les labels de classe des exemples et les labels de groupe (groupe 1 ou groupe 2) pourrait être utilisée pour rechercher le meilleur hyperplan séparateur. Cependant, l'approche que nous avons utilisée (cf. section 4.2.4) nous semble plus efficace, car elle permet de répartir un ensemble de cas en un nombre adapté de sous-ensembles. L'approche évoquée ci-dessus nous oblige à effectuer plus de tests pour répartir les cas de la base en groupes homogènes : par conséquent la structure de l'arbre est plus complexe et les temps de calcul sont plus longs.
– ensuite, au lieu de construire des arbres de décision, nous pourrions construire plus généralement des graphes de décision [102]. Les graphes de décision ont la structure de polyarbres (des graphes simplement connectés dans lesquels chaque nœud peut avoir plusieurs parents) : lors de l'apprentissage, certains nœuds peuvent être fusionnés. Puisque nous n'utilisons que les feuilles de l'arbre pour mesurer la similitude entre deux cas, l'algorithme de recherche serait inchangé. L'intérêt d'utiliser un graphe de décision dans notre méthode pourrait en revanche apparaître lors de l'apprentissage : lorsque deux nœuds sont fusionnés, le nombre d'exemples par nœuds augmente, par conséquent les règles que nous extrayons sont moins entachées d'erreurs. Nous envisageons donc, dans des travaux futurs, de remplacer les arbres de décision par des graphes de décision dans la méthode de recherche proposée.

4.3 Recherche d'information multimodale basée sur les réseaux bayésiens

Dans la section précédente, nous avons exploité les arbres de décision pour définir une mesure de similitude entre dossiers patients. Les algorithmes de construction des arbres de décision sont des algorithmes de fouille de données dans une base de données décisionnelle, c'est à dire une base dans laquelle chaque cas est formé d'un vecteur de paramètres d'entrée $\{D_1, ..., D_N\}$ (les descripteurs de dossiers patients dans notre cas) et d'un paramètre de sortie C (le stade d'évolution de la pathologie dans notre cas). Les algorithmes de fouille de données dans une base décisionnelle recherchent les relations associant les paramètres d'entrée et le paramètre de sortie. Ils ne recherchent pas les relations associant les paramètres d'entrée entre eux. Or ce type de relations peut être intéressant à modéliser lorsque certains paramètres d'entrée ne sont pas disponibles. Nous nous sommes donc également intéressés à un autre type d'algorithmes : les algorithmes de fouille dans les bases de données transactionnelles. Dans ce type de bases de données, chaque cas est formé d'un vecteur de paramètres $\{D_1, ..., D_N\}$, auquel on n'associe pas de paramètre de sortie. Le but des algorithmes de fouille de données dans ce type de bases est de rechercher les relations intéressantes entre des sous-ensembles de paramètres.

Les principaux algorithmes de fouille dans une base de données transactionnelle sont l'algorithme *Apriori* [2] et ses dérivés. Ils consistent à extraire des règles d'association, c'est à dire des règles associant des conjonctions de couples attribut/valeur. Par exemple : si "sexe=homme et age>40" alors dans 80% des cas "type de diabète=I et l'image angiographique tardive ∈ premier groupe d'images".

Un autre solution consiste à construire un réseau bayésien modélisant les relations entre les paramètres de cas. Les réseaux bayésiens sont particulièrement intéressants car ils peuvent modéliser aussi bien des relations entre paramètres de cas que des relations décisionnelles, ce qui est au final notre objectif. Ils ont en effet été utilisés pour construire des classifieurs ainsi que des moteurs de recherche de documents [139, 61] ; dans les deux cas, les réseaux bayésiens sont utilisés en tant qu'opérateurs de fusion. Nous nous sommes donc plus particulièrement intéressés à cette approche. Nous proposons d'exploiter les réseaux bayésiens pour, à la fois, modéliser les relations entre descripteurs de cas, et ainsi mieux gérer les informations manquantes, et fusionner de l'information provenant de plusieurs sources.

4.3.1 Présentation des réseaux bayésiens

Un réseau bayésien est un modèle graphique dans lequel les paramètres d'un problème (les descripteurs de dossiers patients dans notre cas) sont représentés sous forme de variables [103]. Chaque variable est représentée par un nœud du graphe. Nous définissons pour chaque variable un nombre fini d'états. Le graphe est toujours dirigé et acyclique. Des exemples de réseaux bayésiens sont donnés sur la figure 4.19.

Les arcs dirigés représentent un lien de causalité directe entre deux variables. Ainsi sur les exemples, l'arc allant de A à D exprime le fait que la variable D dépend directement de A.

<u>Définition</u> : soient $\mathcal{X}$, $\mathcal{Y}$ et $\mathcal{Z}$ trois ensembles disjoints de nœuds. On dit que $\mathcal{Z}$ d-sépare $\mathcal{X}$ de $\mathcal{Y}$ si chaque chemin entre un nœud de $\mathcal{X}$ et un nœud de $\mathcal{Y}$ est "bloqué" par $\mathcal{Z}$. C'est à dire que chacun de ces chemins contient un nœud W satisfaisant une des contraintes suivantes :
— les arcs autour de W convergent vers W ($\rightarrow W \leftarrow$) et ni W ni ses descendants ne sont

CHAPITRE 4. INDEXATION ET RECHERCHE D'INFORMATION MULTIMODALE

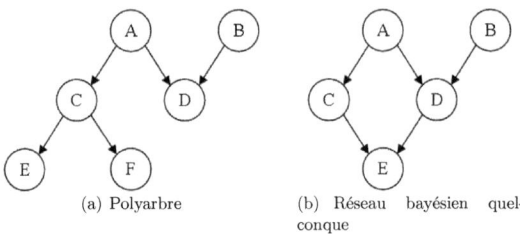

(a) Polyarbre   (b) Réseau bayésien quelconque

Figure 4.19 — Exemples de réseaux bayésiens. Selon la structure du réseau, différents algorithmes d'inférence, c'est à dire différents algorithmes de calcul des probabilités a posteriori des variables, doivent être utilisés. Pour les polyarbres (a), c'est à dire les graphes dans lesquels deux noeuds sont reliés par au plus une chaîne, il existe un algorithme d'inférence simple (voir section 4.3.3.1), dans le cas général (b), des algorithmes plus complexes doivent être utilisés (voir section 4.3.3.3).

dans $\mathcal{Z}$
- ou les arcs autour de W ne convergent pas vers W et W est dans $\mathcal{Z}$.

L'indépendance conditionnelle entre des variables est représentée par la propriété graphique de d-séparation : deux ensembles de nœuds $\mathcal{X}$ et $\mathcal{Y}$ sont indépendants sachant l'état des variables dans un troisième ensemble $\mathcal{Z}$ (les trois ensembles étant disjoints), si les ensembles de nœuds correspondants $\mathcal{X}$ et $\mathcal{Y}$ dans le réseau bayésien sont d-séparés dans le graphe par l'ensemble $\mathcal{Z}$. Ainsi sur l'exemple 4.19 (a), $\{C\}$ d-sépare $\{A, B, D\}$ de $\{E, F\}$.

A chaque arc du graphe on associe une matrice de probabilités conditionnelles du nœud fils sachant le nœud parent. Par exemple, si A a trois états possibles $\{a_0, a_1, a_2\}$ et D deux états $\{d_0, d_1\}$, alors la matrice $P(D|A)$ définie par l'équation 4.27 est associée à l'arc $A \to D$.

$$P(D|A) = \begin{pmatrix} P(D=d_0|A=a_0) & P(D=d_0|A=a_1) & P(D=d_0|A=a_2) \\ P(D=d_1|A=a_0) & P(D=d_1|A=a_1) & P(D=d_1|A=a_2) \end{pmatrix} \quad (4.27)$$

Un graphe dirigé acyclique est un réseau bayésien relativement à un ensemble de variables $\{X_1, ..., X_n\}$ si la probabilité jointe des variables est égale au produit des probabilités conditionnelles des noeuds sachant leurs parents (voir équation 4.28).

$$P(X_1, ..., X_n) = \prod_{i=1}^{n} P(X_i | parents(X_i)) \quad (4.28)$$

Les réseaux bayésiens sont généralement utilisés comme moteur d'inférences : étant connu l'état de certaines variables, on souhaite connaître l'état le plus probable pour les variables non connues. Ainsi, dans le contexte médical, si un médecin observe un certain nombre de symptômes chez un patient, il peut utiliser un réseau bayésien pour estimer la cause la plus probable de ces symptômes, et donc diagnostiquer la pathologie du patient.

Un des intérêts des réseaux bayésiens est que tous les calculs sont effectués localement, c'est à dire sur un sous-graphe : pour chaque nœud du réseau, on n'a besoin de connaître que ses relations avec ceux qui dépendent directement de lui. Supposons un problème à N variables $(X_i)_{i=1..N}$ ayant chacune n états possibles. Si l'on voulait effectuer

4.3. RECHERCHE D'INFORMATION MULTIMODALE BASÉE SUR LES RÉSEAUX BAYÉSIENS

le calcul direct, il faudrait notamment estimer toutes les probabilités conditionnelles $P(X_i = x_{i,j_i} | X_1 = x_{1,j_1}, X_2 = x_{2,j_2}, ..., X_{i-1} = x_{i-1,j_{i-1}}, X_{i+1} = x_{i+1,j_{i+1}}, ..., X_N = x_{N,j_N})$, $i = 1..N$, $j_1 = 1..n$, $j_2 = 1..n$, ..., $j_N = 1..n$, soit $N.n^N$ valeurs. Non seulement il serait impossible de les stocker en mémoire, mais surtout leur calcul nécessiterait des exemples (en nombre suffisant) pour chaque combinaison possible de variables. L'utilisation d'un réseau bayésien implique des approximations dans le calcul d'inférence : on suppose que des relations très faibles entre deux variables sont nulles, faute de quoi le graphe serait complet et le calcul de l'inférence reviendrait à effectuer le calcul direct. L'algorithme d'inférence utilisé est l'algorithme de Lauritzen et Spiegelhalter [80] (voir section 4.3.3).

Un réseau bayésien peut être construit soit par un expert, soit automatiquement à partir des données. Dans cette thèse, nous nous intéressons à la deuxième solution. La première raison est que nous ne disposons pas d'une connaissance complète des relations entre les descripteurs de cas pour l'ensemble des bases étudiées. La deuxième raison est que nous souhaitons, comme pour la méthode basée sur les arbres de décision (cf. section 4.2), intégrer des signatures numériques des images (de bas niveau) dans le graphe : aucun expert n'est capable de nous donner les relations entre la distribution des coefficients de la transformée en ondelettes des images et l'âge d'un patient, par exemple. Nous devons donc apprendre ces relations automatiquement, à partir des données. L'algorithme de construction utilisé est détaillé dans la section suivante.

4.3.2 Apprentissage du réseau à partir de données

4.3.2.1 Base d'apprentissage et de test

Pour construire le réseau bayésien, la base de données étudiée est divisée, de manière aléatoire, entre une base d'apprentissage (notée BA et regroupant $\frac{4}{5}^{\text{ème}}$ des cas de la base) et une base de test (notée BT et regroupant $\frac{1}{5}^{\text{ème}}$ de la base). L'apprentissage de la structure et des matrices de probabilités conditionnelles, décrit ci-dessous, se fait à partir des exemples de la base d'apprentissage. Le réseau bayésien ainsi construit servira à définir la méthode de recherche (cf. section 4.3.5). Pour évaluer cette méthode, chaque cas dans la base de test est placé en requête au système et les cas les plus proches, au sein de la base d'apprentissage, sont sélectionnés (la base d'exemples se limite à la base d'apprentissage). La procédure est répétée cinq fois avec une BT et une BA différente, de telle sorte que chaque cas apparaisse une fois dans BT : 1) nous construisons donc cinq réseaux bayésiens définissant cinq moteurs de recherche différents, 2) pour chaque moteur de recherche construit, nous calculons la précision moyenne sur la base de test, 3) la précision moyenne de la méthode est définie comme la moyenne des précisions moyennes obtenue par chacun des cinq systèmes.

4.3.2.2 Apprentissage de la structure

Pour déterminer la structure du graphe, il faut identifier les paires de nœuds (X, Y) directement dépendants, c'est à dire tels que :
- X et Y soient dépendants $(P(X, Y) \neq P(X)P(Y))$
- il n'existe pas d'ensembles de nœuds $\mathcal{Z}$ tel que X et Y soient indépendants conditionnellement à $\mathcal{Z}$ $(P(X, Y | \mathcal{Z}) \neq P(X | \mathcal{Z}) P(Y | \mathcal{Z}))$

La mesure d'information mutuelle peut être utilisée pour tester la dépendance entre deux variables. De la même manière, l'indépendance conditionnelle peut être testée par l'information mutuelle conditionnelle. L'expression de l'information mutuelle et de l'information mutuelle conditionnelle sont les suivantes (équations 4.29 et 4.30) :

$$I(X,Y) = \sum_{x,y} P(x,y) \log \frac{P(x,y)}{P(x)P(y)} \qquad (4.29)$$

$$I(X,Y|\mathcal{Z}) = \sum_{x,y,z} P(x,y,z) \log \frac{P(x,y|z)}{P(x|z)P(y|z)} \qquad (4.30)$$

où $\mathcal{Z}$ désigne un ensemble de variables ; les états possibles pour chaque variable (ou ensemble de variables) sont représentés en minuscule. Deux variables sont indépendantes (resp. indépendantes conditionnellement à d'autres variables) si l'information mutuelle (resp. l'information mutuelle conditionnelle) est supérieure à un seuil ϵ, $\epsilon \in [0; 1[$ (les deux mesures de dépendance étant à valeur dans $[0; 1]$, idéalement $\epsilon = 0$). Cheng [24] a proposé un algorithme de complexité polynomiale en n_n, le nombre de nœuds, pour construire la structure du réseau à partir des données, en s'appuyant sur ces deux mesures de dépendance.

Pour orienter les arcs, il existe deux approches différentes. La première consiste à énumérer toutes les solutions possibles et à évaluer chaque réseau bayésien sur les données [77]. Le nombre de solutions possibles est très important : la complexité de l'algorithme est exponentielle en n_a, le nombre d'arcs.

La deuxième méthode [24] consiste à rechercher des structures en V, c'est à dire impliquant 3 variables : X, Y et Z telles que X et Y soient directement connectées, Y et Z également, mais pas X et Z. On a alors trois possibilités pour orienter les arcs :

1. $X \rightarrow Y \rightarrow Z$
2. $X \leftarrow Y \rightarrow Z$
3. $X \rightarrow Y \leftarrow Z$
4. $X \leftarrow Y \leftarrow Z$

Si X et Z sont dépendantes conditionnellement à Y ($P(X,Z|Y) \neq P(X|Y)P(Z|Y)$), alors seule la troisième solution est possible. Une fois traitées toutes les structures en V, d'autres arcs peuvent être orientés en raisonnant par l'absurde : si on les orientait différemment, alors le graphe contiendrait des cycles. Or un réseau bayésien est par définition acyclique. Cependant, nous ne sommes pas assurés d'orienter tous les arcs par cette procédure. La deuxième approche est plus utilisée car elle a une complexité polynomiale en n_n, le nombre de nœuds (en utilisant l'algorithme proposé par Cheng [24]).

4.3.2.3 Insertion de connaissance a priori dans le réseau

Puisque nous ne sommes pas assurés d'orienter tous les arcs par la recherche des structures en V, nous proposons d'intégrer de la connaissance a priori dans la structure du réseau. Il existe des algorithmes qui orientent automatiquement les arcs [24] lorsqu'un ordre total de causalité $\prec$ est disponible entre les variables. Un tel ordre s'interprète de la manière suivante : si $A \prec B$, alors B ne peut pas être la cause de A.

Il n'est pas toujours possible de spécifier complètement cet ordre. Nous pouvons cependant spécifier certaines de ces relations. Les relations qui été appliquées sur la base des rétines sont les suivantes :
- le sexe (S) et l'âge (A) d'un patient ne peuvent être causés par aucun autre attribut D_j du dossier patient, donc $S \prec D_j$ et $A \prec D_j$

4.3. RECHERCHE D'INFORMATION MULTIMODALE BASÉE SUR LES RÉSEAUX BAYÉSIENS

- l'ancienneté du diabète (AD) ne peut être causé par le nombre de microanévrismes détectés (NM), donc $AD \prec NM$
- le contexte familial d'un patient (CF) ne peut être causé par son propre contexte clinique (CC), donc $CF \prec CC$
- le type (TD) et l'équilibre du diabète (ED) ne peuvent être causés par les traitements (T), donc $TD \prec T$ et $ED \prec T$

Nous adaptons l'algorithme d'orientation des arcs précédent en vérifiant l'intégrité de ces contraintes. Nous donnons sur la figure 4.20 un exemple de réseau bayésien obtenu sur la base de rétinopathie diabétique.

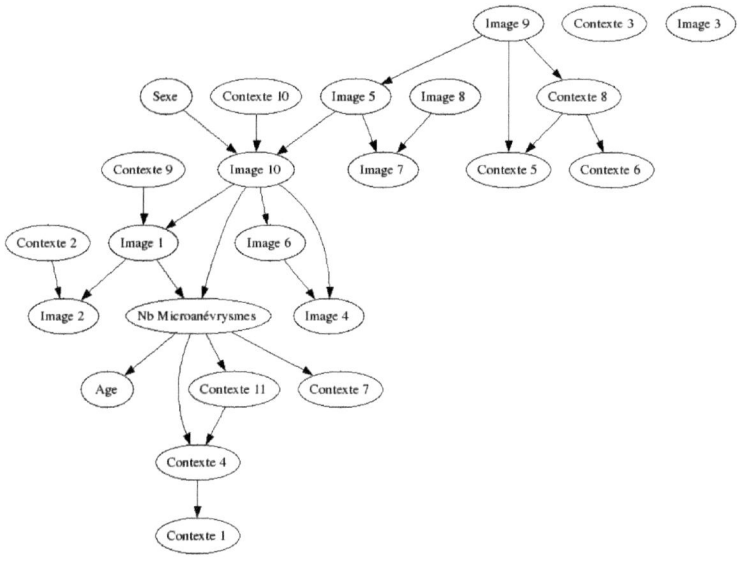

Figure 4.20 — Relations entre les variables de la base de RD

4.3.2.4 Apprentissage des matrices de probabilités conditionnelles

Les matrices de probabilités conditionnelles sont estimées simplement par les fréquences. Ainsi, pour estimer la probabilité $P(A = a_i | B = b_j)$, où A et B sont deux variables du problème, on compte le pourcentage de cas pour lesquels A vaut a_i parmi ceux dont B vaut b_j.

Nous avons vu, dans l'équation 4.28, que pour calculer les probabilités a posteriori des variables, nous devons estimer chaque probabilité conditionnelle $P(X_i | parents(X_i))$. Si le nombre de combinaisons d'états possibles pour les parents est élevé, il faut a priori un nombre important d'exemples pour apprendre la table de probabilités conditionnelles correspondante. Ainsi, pour notre application, il n'est pas possible de calculer directement ces tables de probabilités conditionnelles. Pour contourner ce problème, nous pouvons apprendre chaque probabilité conditionnelle $P(X_i | Y)$, $Y \in parents(X_i)$ par la méthode décrite ci-dessus et combiner ces probabilités conditionnelles pour estimer $P(X_i | parents(X_i))$.

CHAPITRE 4. INDEXATION ET RECHERCHE D'INFORMATION MULTIMODALE

Pour ce faire, des méthodes ont été proposées dans le cas où les variables sont binaires ou ordonnées (il existe une notion d'ordre entre les états d'une variable), notamment la méthode *(generalized) noisy-OR gate* [36]. Certaines variables de notre réseau sont plus générales (par exemple le type de traitement utilisé contre le diabète). Nous proposons donc une autre approche. Nous nous basons sur le fait qu'une probabilité conditionnelle $P(B|A)$ entre une variable B et une variable A est censée traduire l'influence de la variable A sur l'état de la variable B. Pour le calcul de $P(X_i|parents(X_i))$, nous proposons donc de combiner $P(X_i|Y)$, $Y \in parents(X_i)$ par une combinaison linéaire, chaque probabilité $P(X_i|Y)$ étant pondérée par l'information mutuelle entre X_i et Y (voir équation 4.31).

$$P(X_i|parents(X_i)) = \frac{\sum_{Y \in parents(X_i)} I(X_i,Y)P(X_i|Y)}{\sum_{Y \in parents(X_i)} I(X_i,Y)} \quad (4.31)$$

Notons qu'il n'est pas possible de calculer ces probabilités conditionnelles directement à l'aide des règles de Bayes, l'estimation de $P(parents(X_i))$ par exemple étant elle-même impossible à effectuer en l'absence d'un nombre très conséquent d'exemples.

4.3.3 Inférence dans un réseau Bayésien

4.3.3.1 Algorithme d'inférence de Pearl dans un polyarbre

Pearl [103] a proposé une méthode d'inférence dans un réseau simplement connecté, ou polyarbre, c'est-à-dire un graphe dans lequel il existe une unique chaîne entre deux nœuds (voir figure 4.19(a)). L'algorithme d'inférence que nous avons appliqué dans le cas général (figure 4.19(b)) dérive de cette méthode. Nous en présentons donc ici succinctement le principe (voir section 4.3.3.3).

Chaque variable est modélisée par un "processus indépendant". Un processus passe des messages à ses voisins lorsque la croyance que la variable associée soit à un état donné est modifiée. Il y a deux types de message :
- π : message descendant d'un parent vers ses enfants
- λ : message remontant d'un enfant vers ses parents

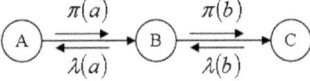

Figure 4.21 — Exemple de réseau bayésien structuré en chaîne. $\lambda(a)$ et $\lambda(b)$ sont des messages remontants (de la conséquence vers la cause), $\pi(a)$ et $\pi(b)$ sont les messages directs (de la cause vers la conséquence).

Tout d'abord, considérons le cas d'une chaîne (illustrée à la figure 4.21). Supposons que l'on puisse avoir des "preuves" en début et en fin de chaîne (c'est-à-dire que la valeur de A ou de C peut être connue). Soient $e+$ la preuve en début de chaîne ($e+ = \{A = a\}$) et $e-$ la preuve en fin de chaîne ($e- = \{C = c\}$). On définit λ par $\lambda(x) = P(e-|X = x)$ et π par $\pi(x) = P(X = x|e+)$, pour chaque variable X.
En particulier $\lambda(b) = P(C = c|B = b) =$ la colonne c de la matrice $P(C|B)$.
Le message se propage de la manière suivante : $\lambda(a) = P(B|A).\lambda(b)$.
En effet, $\lambda(a) = P(e-|A = a) = \sum_b P(e-|B = b, A = a)P(B = b|A = a)$ (règle générale).
Puisque $\{B\}$ d-sépare $\{A\}$ de $\{C\}$, A est indépendant de $e-$ conditionnellement à B, on

120

4.3. RECHERCHE D'INFORMATION MULTIMODALE BASÉE SUR LES RÉSEAUX BAYÉSIENS

obtient donc : $\lambda(a) = P(e- |A = a) = \sum_b P(e- |B = b) P(B = b|A = a) = P(B|A).\lambda(b)$.

De manière similaire, on peut montrer que le message π se propage par : $\pi(b) = \pi(a).P(B|A)$.

Finalement, la croyance que la variable X soit à l'état x est définie par l'équation 4.36 :

$$\begin{aligned} Bel(X = x) &= P(X = x|e+, e-) = \frac{P(X = x, e+, e-)}{P(e+, e-)} & (4.32) \\ &= \frac{P(e- |X = x, e+).P(X = x, e+)}{P(e+, e-)} & (4.33) \\ &= \frac{P(e- |X = x, e+).P(X = x|e+).P(e+)}{P(e+, e-)} & (4.34) \\ &= \alpha.P(e- |X = x, e+).P(X = x|e+) & (4.35) \\ &= \alpha.\lambda(x).\pi(x) & (4.36) \end{aligned}$$

où α est une constante de normalisation, de telle sorte que : $Bel(X = x1) + Bel(X = x2) + ... + Bel(X = xn) = 1$.

Le principe est similaire pour un polyarbre. Dans ce cas plus général, lorsqu'un message λ remonte d'un nœud Y_i vers un nœud parent X, le nœud X propage ce message vers ses propres parents mais aussi vers ses autres fils $Y_{j,j \neq i}$. De la même manière, lorsqu'un message π descend d'un nœud U_i vers un nœud fils X, le nœud X propage ce message vers ses propres fils mais aussi vers ses autres parents $U_{j,j \neq i}$. Cependant aucun message n'est propagé vers le nœud émettant le message. Par conséquent l'algorithme d'inférence converge en un temps polynomial en n_n, la taille du réseau. Le Processus de propagation est illustré sur la figure 4.22.

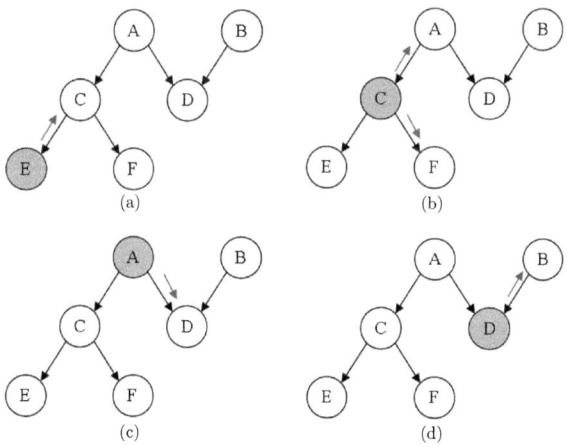

Figure 4.22 — Propagation d'une preuve dans un polyarbre

L'algorithme ne peut pas s'appliquer à des réseaux présentant des boucles. En effet, il

CHAPITRE 4. INDEXATION ET RECHERCHE D'INFORMATION MULTIMODALE

suppose qu'en chaque nœud X du réseau les preuves $e-$ (en aval de X) et $e+$ (en amont) sont indépendantes conditionnellement à X, ce qui n'est pas le cas pour certains nœuds appartenant à une boucle.

4.3.3.2 Gestion des boucles - construction d'un arbre joint

L'algorithme d'inférence proposé par Pearl ne fonctionne que pour les réseaux dont la structure est un polyarbre. Dans le cas général (où le graphe contient des boucles), d'autres solutions doivent être envisagées. Pearl propose trois approches différentes :

1. la méthode de groupement de variables (*clustering*), qui consiste à construire un hypergraphe du réseau dont la structure est un arbre.

2. la méthode de conditionnement (raisonnement par suppositions), qui consiste à instancier un certain nombre de variables (les traiter comme des preuves) afin de couper les boucles. A chaque fois qu'une variable est conditionnée, il faut créer une instance du graphe pour chaque valeur que peut prendre cette variable.

3. la méthode de simulation stochastique : un nombre important d'exemples est généré aléatoirement selon la loi de distribution définie par le réseau bayésien. Puis la croyance $Bel(A) = [P(A = a_1), P(A = a_2), ..., P(A = a_N)]$ de chaque variable A, à valeur dans $\{a_1, a_2, ..., a_N\}$, est estimée par le pourcentage d'exemples ayant reçu la valeur $A = a_1$, resp. $A = a_2$, ..., resp. $A = a_N$.

D'autres solutions, exactes ou approchées, ont été proposées [55], notamment pour s'adapter à certains types de topologies. Les méthodes approchées ont l'inconvénient de ne pas fonctionner correctement sur tout type de graphe. Si la structure du graphe n'est pas connue a priori, il vaut mieux utiliser une méthode exacte. Parmi les méthodes exactes, les méthodes de groupement de variables sont les plus utilisées car elles conservent en général une bonne complexité. Nous nous sommes donc intéressés à cette approche.

Pour construire un hypergraphe du réseau bayésien qui soit structuré en arbre, on s'appuie sur une propriété des graphes cordaux. Un graphe (non orienté) G est dit cordal (ou triangulé) si tous les cycles de quatre nœuds ou plus ont une corde, c'est à dire un arc reliant deux nœuds non adjacents de ce cycle. La propriété est la suivante [7] : si un graphe G est cordal, alors il existe un arbre T (appelé arbre joint) dont les sommets sont les cliques de G et tel que deux cliques contenant un même nœud v de G soient :

– soit adjacents,
– soit connectés par un chemin de cliques contenant toutes v.

La procédure pour former l'hypergraphe est la suivante [103] (voir figure 4.23) :

1. on forme le réseau de Markov G associé au réseau bayésien : pour cela on relie tous les nœuds qui ont un fils en commun et on oublie l'orientation des arcs

2. on rend G cordal $\rightarrow$ G' (algorithme de triangulation [136])

3. on identifie les cliques de G' et on forme un arbre joint T. Plusieurs structures sont envisageables pour T, Pearl propose un algorithme glouton pour en construire une [103].

4.3. RECHERCHE D'INFORMATION MULTIMODALE BASÉE SUR LES RÉSEAUX BAYÉSIENS

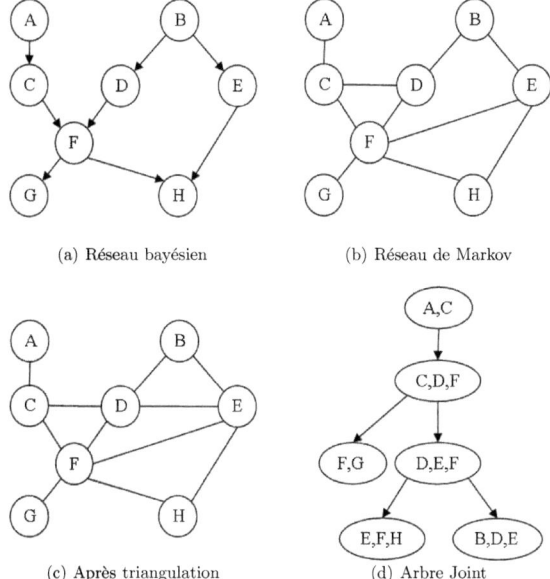

(a) Réseau bayésien (b) Réseau de Markov

(c) Après triangulation (d) Arbre Joint

Figure 4.23 — Construction d'un arbre joint

4.3.3.3 Algorithme d'inférence de Lauritzen et Spiegelhalter dans un arbre joint

Le problème de l'inférence exacte dans un réseau bayésien quelconque est NP-difficile (non-déterministe polynomial - difficile). Il existe néanmoins un algorithme efficace qui le résout : l'algorithme de Lauritzen et Spiegelhalter [80]. Il s'applique à un arbre joint, dont la construction a été présentée à la section 4.3.3.2. Il présente une amélioration par rapport à la transposition directe de l'algorithme de Pearl sur l'hypergraphe.

Tout comme dans l'algorithme proposé par Pearl, la croyance pour chaque clique est calculée en propageant les preuves à l'aide de messages sur l'arbre joint. Ensuite, la croyance pour chaque variable (du réseau inital) est calculée en marginalisant la croyance d'une clique à laquelle elle appartient. Par exemple, si une clique est formée de trois variables A, B et C à valeur respectivement dans $\{a_1, ..., a_p\}$, $\{b_1, ..., b_q\}$ et $\{c_1, ..., c_r\}$, alors la croyance que A prenne la valeur a_i est définie par l'équation 4.37.

$$Bel(A = a_i) = \sum_{j=1..q} \sum_{k=1..r} Bel(A = a_i, B = b_j, C = c_k) \qquad (4.37)$$

Dans leur algorithme, Lauritzen et Spiegelhalter exploitent le fait que la probabilité d'une clique C_2, sachant sa clique mère C_1 dans l'arbre joint, ne dépend pas de toutes les variables de C_1. En effet, $P(C_2|C_1) = P(C_2 \setminus C_1 \mid C_2 \cap C_1)$ (où $\setminus$ est la différence ensembliste). $S_2 = C_2 \cap C_1$ est appelé le séparateur de C_1 et $R_2 = C_2 \setminus C_1$ le résidu. Par conséquent, les

CHAPITRE 4. INDEXATION ET RECHERCHE D'INFORMATION MULTIMODALE

messages transmis d'une clique à l'autre ont la dimension du séparateur uniquement. Ainsi, dans l'exemple de la figure 4.23, $P(C_1 = FG|C_2 = CDF) = P(G|F)$.

Le déroulement de l'algorithme est le suivant :
1. Chaque variable v du réseau bayésien G est affectée à une clique C de l'arbre joint T telle que v et ses parents dans G appartiennent à C. Une telle clique existe, par construction de T (voir section 4.3.3.2).
2. Pour chaque clique C, on définit une fonction dite "potentiel" $\Psi(C)$, définie comme le produit des probabilités conditionnelles $P(v|parents(v))$ où v sont les variables de G affectées à C.
3. Pour chaque clique C, si une variable v affectée à C est une preuve, $\Psi(C)$ est multipliée par la preuve.
4. Propagation de type λ. Pour chaque clique C_i, à partir des feuilles de T vers sa racine, le message à transmettre au parent C_j de C_i est $\lambda(C_i) = \sum_{R_i} \Psi(C_i)$: $\Psi(C_i)$ est divisée par $\lambda(C_i)$ et $\Psi(C_j)$ est multipliée par $\lambda(C_i)$.
5. Propagation de type π. Pour chaque clique C_i, à partir de la racine de T vers ses feuilles, le message à transmettre au fils C_j de C_i est $\pi(C_j) = \sum_{R_j} \Psi(C_i)$: $\Psi(C_j)$ est multipliée par $\pi(C_j)$.
6. La croyance d'une variable v affectée à une clique C est obtenue par marginalisation de $\Psi(C)$.

Le résidu, le séparateur et la fonction potentiel pour les cliques de l'exemple de la figure 4.23 sont donnés dans le tableau 4.8.

Tableau 4.8 — Ensembles séparateurs, résidus et fonction potentiel

C_i	A, C	C, D, F	F, G	D, E, F	E, F, H	B, D, E
S_i	$\varnothing$	C	F	D, F	E, F	D, E
R_i	A, C	D, F	G	E	H	B
$\Psi(C_i)$	$P(A)P(C|A)$	$P(F|CD)$	$P(G|F)$	1	$P(H|EF)$	$P(D|B)P(E|B)P(B)$

Ce tableau reprend l'exemple de la figure 4.23.

4.3.4 Utilisation des réseaux bayésiens en recherche d'information

Les réseaux bayésiens sont généralement utilisés comme moteur d'inférence. En particulier, ils ont beaucoup été utilisés comme classifieurs. Dans ce cas, les variables du réseau sont les descripteurs du cas à classifier, auxquelles on rajoute une variable correspondant à la classe de ce cas. Le réseau est généralement structuré en arbre, à la racine duquel est placée la variable de classe (cf. figure 4.24), les descripteurs sont parfois regroupés par catégorie, à l'aide de variables intermédiaires. Le but est donc de rechercher la classe (= l'état de la variable "classe") dont la croyance est maximale après propagation des preuves ; les preuves étant les descripteurs disponibles.

Dans une moindre mesure, les réseaux bayésiens ont également été utilisés pour la recherche de documents textuels par l'exemple [139, 61]. Dans ce cas, un certain nombre de mots-clés significatifs sont extraits des documents. Chacun de ces mots-clés est alors traité

4.3. RECHERCHE D'INFORMATION MULTIMODALE BASÉE SUR LES RÉSEAUX BAYÉSIENS

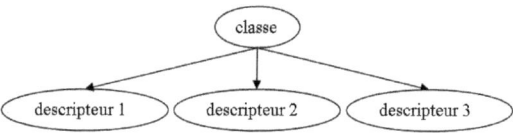

Figure 4.24 — Structure classique d'un classifieur bayésien

comme une variable binaire (le mot-clé apparaît ou n'apparaît pas dans le document). Chacun des deux auteurs a proposé une structure différente pour leur réseau bayésien (voir figure 4.25).

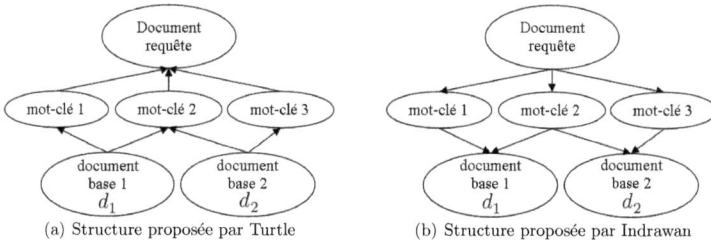

(a) Structure proposée par Turtle   (b) Structure proposée par Indrawan

Figure 4.25 — Structures de Réseaux bayésiens proposés pour la recherche de documents. Dans le modèle de Turtle (a), la présence d'un mot-clé dans un document est une preuve de la pertinence de ce document pour la requête. Dans le modèle d'Indrawan (b), la pertinence d'un document pour la requête est vue comme une conséquence de la présence des mots-clés dans ce document.

Dans le modèle de Turtle (figure 4.25(a)), les documents $(d_i)_{i=1..M}$ de la base d'exemples sont rangés par ordre décroissants de $P(requête|d_i)$. Ce modèle présente l'avantage de pouvoir tester des combinaisons de documents $(d_{\sigma(i)}, i = 1..n, n \leq M)$, en estimant $P(requête|d_{\sigma(1)}, d_{\sigma(2)}, ..., d_{\sigma(n)})$.

Dans celui d'Indrawan (figure 4.25(b)), les documents d_i sont rangés par ordre décroissants de $P(d_i|requête)$. Ce modèle présente l'avantage de permettre des boucles de pertinence. En effet, après chaque itération, l'utilisateur indique les documents satisfaisant la requête, les variables associées sont alors traitées comme des preuves pour l'itération suivante.

Wilson et al. ont proposé une adaptation du modèle d'Indrawan pour la recherche d'images par le contenu [148, 149]. Dans ce cas, l'histogramme d'un descripteur (de couleur ou de texture) est construit pour chaque image de la base d'exemples comme pour l'image requête. Les variables "mots-clés" de la figure 4.25(b) sont alors remplacées par des variables correspondant chacunes à un niveau de l'histogramme. La probabilité $P(I_i|NiveauHistogramme_j)$ est calculée à partir de l'histogramme de l'image I_i et de l'histogramme global (calculé sur toute la base d'exemples). Seule une caractéristique est traitée à la fois.

4.3.5 Structure de réseau proposée

Nous voulons pouvoir traiter des cas où les données sont incomplètes. Pour gérer ce problème, nous allons estimer les valeurs manquantes dont nous avons besoin. Pour ce faire, nous allons tenir compte des relations entre descripteurs en les modélisant. Nous ne pouvons donc pas utiliser les méthodes précédentes (section 4.3.4) car elles considèrent, de par la structure de leur réseau bayésien, qu'il n'y a pas de liens directs entre les différents descripteurs de cas. Le fait de modéliser ces relations permettra d'estimer les valeurs manquantes dont nous aurons besoin. De plus, si le modèle des relations entre variables (le réseau bayésien) ne correspond pas à la réalité, comme le suppose l'algorithme d'inférence, les résultats (les probabilités a posteriori) risquent d'être biaisés. Dans un premier temps, nous construisons donc un réseau, noté G_I, modélisant les relations entre les descripteurs des cas. Cet apprentissage n'est effectué qu'une fois pour une base de test donnée : il est utilisé quel que soit le cas placé en requête. Les arcs de G_I et leur pondération (les matrices de probabilités conditionnelles) sont appris à partir des données de la base d'apprentissage par la méthode détaillée à la section 4.3.2. Pour cet apprentissage, nous utilisons le degré d'appartenance de chaque cas y dans la base d'apprentissage à chaque état d_{jk} de la variable D_j, notée $\alpha_{jk}(y)$. Si D_j est une variable nominale, $\alpha_{jk}(y)$ est booléen ; par exemple, si y est un homme alors $\alpha_{"sexe","homme"}(y) = 1$ et $\alpha_{"sexe","femme"}(y) = 0$. Si D_j est une variable de type image ou une variable scalaire continue, nous définissons K groupes de cas et $\alpha_{jk}(y)$ est le degré d'appartenance de y à chaque groupe $k = 1..K$ (voir section 4.3.7).

Comme proposé à la section 4.3.4, nous rajoutons une variable binaire supplémentaire, notée R, associée à la requête. Cette variable est vraie si la requête est satisfaite (c'est à dire que les cas sélectionnés appartiennent à la même classe que la requête), fausse sinon. Nous relions R aux variables correspondant aux descripteurs disponibles pour l'image requête (voir figure 4.26). Nous obtenons donc un réseau dépendant de la requête, noté G. C'est ce modèle de réseau qui va nous permettre de rechercher dans la base les cas les plus proches de la requête, par rapport aux descripteurs disponibles.

Contrairement aux schémas de la figure 4.25, nous ne cherchons pas à intégrer tous les cas de la base d'exemples dans un seul réseau. La première raison est que nous n'en avons pas besoin : nous ne cherchons pas à faire de boucles de pertinence, nous souhaitons obtenir le résultat en une itération. Ensuite, parce que c'est impossible d'un point de vue combinatoire, compte tenu du nombre de cas que peut compter la base de données et de la complexité des algorithmes d'inférence. Au lieu de cela, les cas de la base sont évalués tour à tour à l'aide du même réseau, G, selon la procédure décrite ci-dessous.

Les variables de descripteurs sont associées tour à tour à un cas donné $(c_i)_{i=1..M}$ de la base d'apprentissage, afin d'en estimer la pertinence. Lorsqu'un descripteur $(D_j)_{j=1..N}$ est disponible pour c_i, la variable D_j est traitée comme une preuve et nous lui affectons donc le vecteur des degrés d'appartenance $\alpha_{jk}(c_i)$ de c_i à chacun de ses états d_{jk}. Le principe est illustré sur la figure 4.27. La probabilité a posteriori des autres variables, en particulier de R, est ensuite calculée par l'algorithme d'inférence de Lauritzen et Spiegelhalter.

Il reste à estimer $P(R)$ ($P(R|c_i)$). Pour cela, il faut pondérer chaque arc reliant R à un descripteur D_j connu pour la requête, c'est à dire calculer les matrices de probabilités conditionnelles $P(D_j|R)$. Ces pondérations sont spécifiques à chaque cas passé en requête. Elles sont en revanche indépendantes des cas de la base d'exemples (ceux de la base d'apprentissage). Le calcul des probabilités conditionnelles est détaillé ci-dessous. Elles correspondent aux matrices $P(c_i|D_j)$ du modèle d'Indrawan, qui doivent être estimées pour chaque cas de

4.3. RECHERCHE D'INFORMATION MULTIMODALE BASÉE SUR LES RÉSEAUX BAYÉSIENS

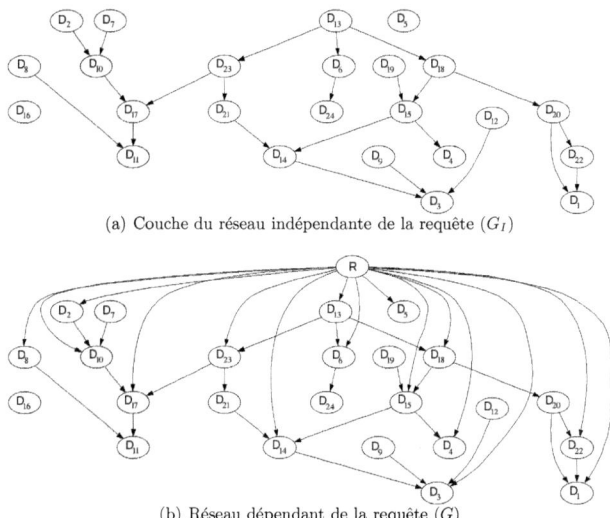

(a) Couche du réseau indépendante de la requête (G_I)

(b) Réseau dépendant de la requête (G)

Figure 4.26 — Structure du réseau bayésien de recherche. Dans l'exemple de la figure (b), les descripteurs D_1, ..., D_6, D_8, D_{10}, D_{13}, D_{14}, D_{15}, D_{17}, D_{18}, D_{22} et D_{23} sont disponibles pour le cas placé en requête, donc les noeuds correspondants sont reliés au noeud R.

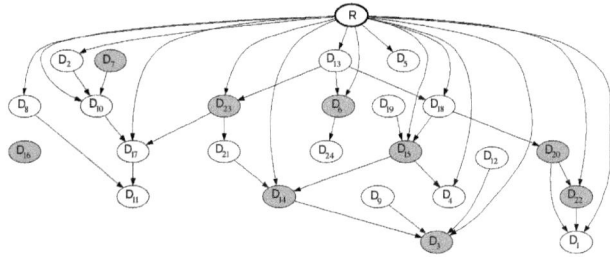

Figure 4.27 — Evaluation de la pertinence d'un cas de la base d'exemples. Sur cet exemple, les descripteurs D_6, D_7, D_{14}, D_{15}, D_{16}, D_{20}, D_{22} et D_{23} sont disponibles pour le cas c_i de la base d'exemples. Les preuves sont colorées en gris. La variable cible, entourée en gras, est R.

la base d'exemples.

CHAPITRE 4. INDEXATION ET RECHERCHE D'INFORMATION MULTIMODALE

4.3.6 Estimation des probabilités conditionnelles $P(D_j = d_{jk}|R)$

Le but du moteur de recherche est de sélectionner les cas $(c_i)_{i=1..M}$ de la base d'exemples qui maximisent la probabilité que la requête soit satisfaite, c'est à dire la probabilité d'appartenir à la même classe que la requête. Les exemples sont traités un à un. Pour chacun d'entre eux, nous calculons la probabilité que la variable booléenne R= "la requête est satisfaite" soit vraie.

Il faut donc estimer pour chacune des variables $(D_j = \{d_{j1}, d_{j2}, ...\})_{j=1..N}$ du réseau, correspondant à un descripteur des cas, la probabilité conditionnelle $P(D_j = d_{jk}|R)$, c'est-à-dire la probabilité que la variable de descripteur D_j des cas satisfaisant la requête soit à l'état d_{jk}. Il est en fait plus simple d'estimer $P(R|D_j = d_{jk})$, la probabilité que la requête soit satisfaite sachant que la variable D_j soit à l'état d_{jk}. La probabilité $P(D_j = d_{jk}|R)$ est ensuite déterminée par la règle de Bayes (cf. équation 4.38).

$$P(D_j = d_{jk}|R) = \frac{P(R|D_j = d_{jk})P(D_j = d_{jk})}{P(R)} \qquad (4.38)$$

La probabilité a priori $P(R)$ est égale à la fréquence des cas de la base d'exemples appartenant à la même classe que le cas c_r placé en requête. Etant donné que la classe de c_r n'est pas accessible, $P(R)$ est estimée par la probabilité que deux cas appartiennent à la même classe :

$$P(R) = \sum_{\gamma=1}^{\Gamma} (P(\gamma))^2 \qquad (4.39)$$

où $\gamma = 1..\Gamma$ sont les labels de classe. Nous pourrions calculer $P(R)$ de manière exacte, une fois calculées les probabilités conditionnelles $P(R|D_j = d_{jk})$, par la relation suivante :

$$P(R) = \sum_k P(R|D_j = d_{jk})P(D_j = d_{jk}) \qquad (4.40)$$

Cependant, nous avons besoin de $P(R)$ pour estimer $P(R|D_j = d_{jk})$, comme nous le verrons ci-dessous : il nous faut donc une autre relation pour estimer $P(R)$, d'où l'utilisation de l'équation 4.39.

Pour estimer $P(R|D_j = d_{jk})$, nous utilisons le degré d'affectation de la requête c_r à chaque état d_{jk} de la variable D_j, noté $\alpha_{jk}(c_r)$ (cf. section 4.3.5).

Objectif : nous souhaitons définir $P(R|D_j = d_{jk})$ de telle sorte que la probabilité a posteriori $P(R|c_i)$ traduise le degré de correspondance entre c_r et un cas c_i de la base d'exemples. Autrement dit, nous voulons que $P(R|c_i)$ soit aussi proche de 1 que possible si c_i appartient à la même classe que c_r, et aussi proche de 0 que possible sinon. Notons que la classe de c_r est inconnue.

Pour justifier le choix des probabilités conditionnelles, nous supposons que les probabilités a posteriori $P(D_j)$ sont connues. En d'autres termes, nous supposons que nous avons renseigné $P(D_j)$ pour les variables D_j connues pour c_i et que les probabilités a posteriori des autres variables de descripteur ont été estimées par l'algorithme d'inférence, appliqué au réseau G_I (voir figure 4.26 (a)). Ceci nous permet de nous ramener à un réseau bayésien de structure arborescente (voir figure 4.28), sur lequel l'algorithme d'inférence de Pearl pourra être appliqué (voir section 4.3.3.1). Nous pouvons ainsi raisonner facilement en termes de

4.3. RECHERCHE D'INFORMATION MULTIMODALE BASÉE SUR LES RÉSEAUX BAYÉSIENS

messages $\lambda(D_j \to R)$ remontant d'un enfant D_j vers son parent R. Les probabilités conditionnelles que nous auront défini pour le réseau de structure arborescente sont celles qui seront effectivement utilisées dans le réseau G (voir figure 4.26 (b)).

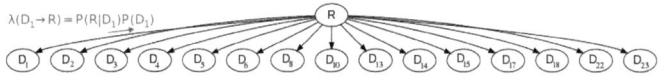

Figure 4.28 — Couche du réseau dépendante de la requête. Dans cet exemple, les descripteurs D_1, ..., D_6, D_8, D_{10}, D_{13}, D_{14}, D_{15}, D_{17}, D_{18}, D_{22} et D_{23} sont disponibles pour le cas placé en requête, donc les noeuds correspondants sont reliés au noeud R.

Lorsque nous calculons la probabilité a posteriori $P(R|c_i)$, l'algorithme d'inférence du réseau bayésien fusionne les probabilités $\lambda(D_j \to R) = P(R|D_j)P(D_j)$ provenant de chaque noeud D_j connecté à R (voir figure 4.28). Nous allons donc faire en sorte que chacune de ces probabilités soit une estimation du degré de correspondance entre c_r et c_i, cette estimation étant calculée à partir des états de la variable D_j pour c_r et c_i. Ainsi, $P(R|c_i)$ sera une estimation, concertée entre tous les descripteurs, du degré de correspondance entre c_r et c_i, ce qui est notre objectif.

Nous notons $dc_j(c_i, c_r) = \lambda(D_j \to R) = P(R|D_j)P(D_j)$ ces probabilités, que nous appellerons degrés de correspondance entre c_i et c_r, du point de vue du descripteur D_j. $P(D_j)$ est le vecteur des degrés d'appartenance $\alpha_{jk}(c_i)$ a posteriori de c_i à chacun des états d_{jk} de D_j, qui sont connus a priori ou calculés par le réseau bayésien : $P(D_j) = (\alpha_{j1}(c_i), \alpha_{j2}(c_i), ...)^t$. Par conséquent, $dc_j(c_i, c_r)$ peut s'écrire comme suit :

$$dc_j(c_i, c_r) = \sum_k P(R|D_j = d_{jk}) \alpha_{jk}(c_i) \qquad (4.41)$$

D'après l'équation 4.41, nous voyons donc que l'on peut définir $P(R|D_j)$ comme un vecteur qui, multiplié par $(\alpha_{j1}(c_i), \alpha_{j2}(c_i), ...)^t$, fournira une mesure de correspondance entre c_r et c_i, du point de vue du descripteur D_j. C'est ce que nous allons faire. Nous proposons deux définitions différentes pour $P(R|D_j)$: une première, simple, présentée ci-dessous et une deuxième plus élaborée, présentée à la suite, qui sera effectivement utilisée.

Nous pouvons supposer, dans un premier temps, que des cas dont les degrés d'appartenance sont proches de ceux de c_r ont plus de chance de satisfaire la requête. Ainsi, une mesure de correspondance entre c_r et c_i, du point de vue du descripteur D_j, pourrait être $\sum_k \alpha_{jk}(c_i)\alpha_{jk}(c_r)$. Par conséquent, nous pouvons choisir $P(R|D_j) = (\alpha_{j1}(c_r), \alpha_{j2}(c_r), ...)^t$. Cependant, la supposition que nous avons faite n'est valable que si la variable D_j est au même état pour tous les cas d'une même classe.

Nous utiliserons donc un modèle plus général : nous supposons que la variable D_j est de manière prédominante dans un ensemble donné d'états pour les cas d'une même classe. Ainsi, pour déterminer la correspondance entre c_i et c_r, nous tenons compte de la similitude entre les états de D_j, du point de vue de la classe des cas dont le descripteur D_j est dans le même ensemble d'états. La mesure de similitude S_{jkl} entre deux états d_{jk} et d_{jl} de D_j doit nous permettre de définir une mesure de correspondance entre c_i et c_r plus en adéquation avec notre objectif.

Pour définir S_{jkl}, nous commençons par déterminer le degré d'appartenance $D_{jk\gamma}$ de chaque état d_{jk} du descripteur à chaque classe γ : $D_{jk\gamma}$ est défini comme le degré moyen

CHAPITRE 4. INDEXATION ET RECHERCHE D'INFORMATION MULTIMODALE

d'appartenance du descripteur des exemples de la classe γ à l'état d_{jk}. Les degrés $D_{jk\gamma}$ sont normalisés au sens de la norme L^2 : $\sum_\gamma D_{jk\gamma}^2 = 1$. Nous en déduisons la mesure de similitude S_{jkl} entre deux états d_{jk} et d_{jl} du descripteur, le produit scalaire de $D_{jk\gamma}$ et de $D_{jl\gamma}$:

$$S_{jkl} = \sum_\gamma D_{jk\gamma} D_{jl\gamma} \qquad (4.42)$$

Une fois définie la similitude entre deux états de la variable D_j, nous définissons le nouveau degré de correspondance entre c_r et c_i comme suit :

$$dc_j(c_i, c_r) = \beta \sum_k \sum_l \alpha_{jk}(c_i) S_{jkl} \alpha_{jk}(c_r) \qquad (4.43)$$

où β est une constante de normalisation. Par conséquent, nous choisissons $P(R|D_j)$ proportionnel à $(S_{jkl})_{k,l}(\alpha_{j1}(c_r), \alpha_{j2}(c_r), ...)^t$. Autrement dit, nous choisissons $P(R|D_j = d_{jk})$ proportionnel à $r_{jk} = \sum_l S_{jkl} \alpha_{jl}(c_r)$.

Une fois que nous avons défini le vecteur auquel nous souhaitons que $P(R|D_j)$ soit proportionnel, nous devons nous assurer que ce choix soit consistant avec le reste du réseau bayésien. Dans le cas contraire, des ajustements devront être effectués. Les probabilités conditionnelles $P(R|D_j = d_{jk})$ et $P(\bar{R}|D_j = d_{jk})$, $j = 1..N$, doivent respecter les contraintes 4.44, 4.45 et 4.46.

$$P(R|D_j = d_{jk}) + P(\bar{R}|D_j = d_{jk}) = 1 \qquad (4.44)$$

$$\sum_k P(R, D_j = d_{jk}) = \sum_k P(R|D_j = d_{jk}) P(D_j = d_{jk}) = P(R) \qquad (4.45)$$

$$\sum_k P(\bar{R}, D_j = d_{jk}) = \sum_k P(\bar{R}|D_j = d_{jk}) P(D_j = d_{jk}) = P(\bar{R}) \qquad (4.46)$$

Soit $p_j = P(R|D_j = d_{j\,\mathrm{argmax}_k(r_{jk})})$ et $\tilde{r}_{jk} = \frac{r_{jk}}{\max_k(r_{jk})}$, $j = 1..N$. En introduisant p_j et $\tilde{r}_{jk}$ dans la contrainte 4.45 (cf. équation 4.47), nous en déduisons p_j (cf. équation 4.48).

$$\sum_k p_j . \tilde{r}_{jk} . P(D_j = d_{jk}) = P(R) \qquad (4.47)$$

$$p_j = \frac{P(R)}{\sum_k \tilde{r}_{jk} . P(D_j = d_{jk})} \qquad (4.48)$$

D'après la contrainte 4.44, nous en déduisons que $P(\bar{R}|D_j = d_{j\,\mathrm{argmax}_k(r_{jk})}) = 1 - p_j$. Les autres probabilités conditionnelles se déduisent facilement par définition de $\tilde{r}_{jk}$: $P(R|D_j = d_{jk}) = p_j . \tilde{r}_{jk}$.

Si $p_j > 1$, cela veut dire que le choix des r_{jk} est inconsistant avec $P(R)$. Ce problème peut apparaître lorsqu'un état de descripteur $d_{j\,\mathrm{argmax}_k(r_{jk})}$ peu fréquent est recherché : en effet, dans la contrainte 4.45, $P(R|D_j = d_{j\,\mathrm{argmax}_k(r_{jk})})$ est multipliée par une petite valeur ($P(D_j = d_{j\,\mathrm{argmax}_k(r_{jk})})$), le produit apporte donc une faible contribution à la somme. La somme des autres termes (dont la valeur de $P(R|D_j = d_{jk})$ est inférieure par définition à $P(R|D_j = d_{j\,\mathrm{argmax}_k(r_{jk})})$) peut alors être trop faible pour que la somme totale atteigne $P(R)$. Il faut donc diminuer $P(R|D_j = d_{j\,\mathrm{argmax}_k(r_{jk})})$. Ceci peut être fait de la manière suivante :

– nous posons $p_j = 1$

4.3. RECHERCHE D'INFORMATION MULTIMODALE BASÉE SUR LES RÉSEAUX BAYÉSIENS

- nous multiplions chaque $\tilde{r}_{jk}$, $k \neq \mathrm{argmax}_l(r_{jl})$, par une constante η strictement positive. La contrainte 4.45 est réécrite dans l'équation 4.49, nous en déduisons la valeur de η (cf. équation 4.50) et les probabilités conditionnelles $P(R|D_j = d_{jk}) = \eta.\tilde{r}_{jk}$, $k \neq \mathrm{argmax}_l(r_{jl})$.

$$P(D_j = d_{j\,\mathrm{argmax}_k(r_{jk})}) + \sum_{k \neq \mathrm{argmax}_l(r_{jl})} \eta.\tilde{r}_{jk}.P(D_j = d_{jk}) = P(R) \qquad (4.49)$$

$$\eta = \frac{P(R) - P(D_j = d_{j\,\mathrm{argmax}_k(r_{jk})})}{\sum_{k \neq \mathrm{argmax}_l(r_{jl})} \tilde{r}_{jk}.P(D_j = d_{jk})} \qquad (4.50)$$

Remarque : nous sommes assurés que $P(R) > P(D_j = d_{j\,\mathrm{argmax}_k(r_{jk})})$, donc $\eta > 0$.
En effet :
- $P(R) > P(R|D_j = d_{j\,\mathrm{argmax}_k(r_{jk})})P(D_j = d_{j\,\mathrm{argmax}_k(r_{jk})})$ (d'après contrainte 4.45, tous les termes de la somme étant positifs)
- donc $P(R) > p_j.P(D_j = d_{j\,\mathrm{argmax}_k(r_{jk})})$
- Or $p_j = 1$, donc $P(R) > P(D_j = d_{j\,\mathrm{argmax}_k(r_{jk})})$

Une fois les probabilités conditionnelles $P(D_j = d_{jk}|R)$ calculées par la procédure décrite ci-dessus, la probabilité a posteriori $P(R|c_i)$ est calculée par l'algorithme d'inférence de Lauritzen et Spiegelhalter : les variables de descripteurs disponibles pour le cas c_i sont traitées comme des preuves par l'algorithme d'inférence.

4.3.7 Intégration d'images dans le réseau

Dans le chapitre 3, nous avons vu comment construire une signature pour nos images. Ces signatures sont des vecteurs numériques auxquels nous avons associé une mesure de distance. Pour intégrer ces images dans un réseau bayésien, nous associons d'abord une variable D_j du réseau à chaque type d'image (une modalité d'acquisition dans la base des rétines, une vue sur un sein dans la base des mammographies, etc.). Nous définissons ensuite les différents états $(d_{jk})_{j=1..K}$ de la variable. Pour cela, nous répartissons les signatures des images en groupes homogènes, c'est à dire proches les uns des autres au sens de la mesure de distance qui leur est associée. Nous définissons alors un état d_{jk} de la variable pour chaque groupe de signatures. Il faut donc définir une procédure pour regrouper les signatures proches.

Dans le chapitre consacré aux arbres de décision, nous avons utilisé l'algorithme FCM pour répartir les images similaires en groupes, et ainsi intégrer des signatures d'images dans un arbre de décision. Cet algorithme a néanmoins plusieurs limitations :
- il suppose que les groupes soient sphériques (au sens de la mesure de distance)
- la taille des groupes ne peut être contrôlée

Ces problèmes ont peu d'importance dans le cas des arbres de décision, car nous effectuons une division hiérarchique de la base de données : si la segmentation d'un groupe de cas est grossière, elle peut être affinée ultérieurement. Ce n'est pas le cas de l'algorithme basé sur les réseaux bayésiens : les signatures ne sont réparties en classe qu'à l'initialisation de l'apprentissage du réseau, lorsque l'on définit les différents états de la variable. Nous devons donc dans ce chapitre produire une classification fine des signatures, ce que ne permet pas l'algorithme FCM tel que nous l'avons utilisé jusqu'à présent. Nous remarquons que les classes qui nous intéressent, les niveaux de sévérité, ne sont pas facilement séparables : les groupes se chevauchent. Nous sommes en outre gênés par l'existence de groupes "parasites" qui sont eux bien séparables (tels que les groupes correspondant aux appareils d'acquisition).

CHAPITRE 4. INDEXATION ET RECHERCHE D'INFORMATION MULTIMODALE

Afin d'améliorer l'adéquation entre les groupes de signatures et la sémantique des images, nous modifions l'algorithme FCM pour le rendre supervisé : nous exploitons la classe des images lors de la construction des groupes. L'algorithme FCM, tel que nous l'avons implémenté, utilise uniquement la matrice de distance D^a entre chacun des exemples d'apprentissage pour construire les groupes (voir chapitre 4.2.4). Ainsi, une solution simple pour intégrer la classe des exemples pendant l'apprentissage consisterait à modifier la mesure de distance D^a : plus les classes de deux exemples seraient proches, plus on diminuerait leur distance. Le principe serait de définir une nouvelle matrice de distance combinant linéairement la matrice D_a et une matrice de distance entre les classes d'exemples. Cette approche n'est cependant pas applicable : il ne serait pas possible de déterminer le groupe d'un nouvel exemple, car ne connaissant pas sa classe, nous ne pourrions pas mesurer sa distance au centroïde de classe. Il est nécessaire de pouvoir déterminer le groupe d'un nouvel exemple à partir de la signature numérique uniquement.

Nous proposons donc une solution pour contourner ce problème. Il s'agit de construire, pendant l'apprentissage, une fonction permettant d'associer chaque point de l'espace des signatures à un groupe. Pour cela, dans un premier temps, nous discrétisons l'espace des signatures en un ensemble fini de secteurs. Ainsi, chaque point de l'espace des signatures est associé à un secteur. Puis nous associons chacun de ces secteurs à un groupe. L'association entre un point de l'espace et un secteur se fait à partir de la signature uniquement : ainsi lorsqu'un nouveau cas, dont la classe est inconnue, est présenté au système, nous pouvons déterminer le secteur de l'espace auquel il est associé. L'association entre un secteur de l'espace et un groupe, quant à lui, intègre l'information de classe. En effet, cette association se fait pendant l'apprentissage, à partir d'exemples d'apprentissage dont on connaît la classe. La procédure est résumée sur la figure 4.29.

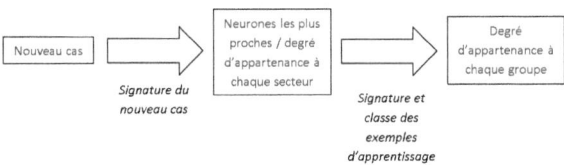

Figure 4.29 — Intégration d'images dans un réseau bayésien

L'algorithme SOM (présenté au paragraphe 3.2.6) peut être utilisé pour discrétiser l'espace des signatures. En effet, cet algorithme construit une carte de neurones, chaque neurone représentant les points de l'espace environnant (c'est à dire des signatures, dans notre cas). En associant chaque point de l'espace des signatures au neurone le plus proche, nous avons bien discrétisé l'espace : un secteur est constitué de l'ensemble des points de l'espace dont le neurone le plus proche est identique. Un premier intérêt de l'algorithme SOM pour notre problème est que les régions denses de l'espace sont représentées par plus de neurones (c'est une propriété générale de l'algorithme SOM). Ainsi, le problème des groupes parasites ne se pose plus. Le second intérêt est qu'en faisant varier les dimensions de la carte, nous pouvons contrôler la taille des secteurs. L'algorithme proposé par Kohonen est utilisé pour construire la carte. Il est possible de spécifier dans cet algorithme la mesure de distance utilisée pour comparer deux vecteurs (un point de l'espace et le vecteur représentatif d'un neurone). Nous avons utilisé la distance basée sur la divergence de Kullback-Leibler, définie pour comparer deux signatures numériques (équation 3.54 du paragraphe 3.3.3). Pour définir

4.3. RECHERCHE D'INFORMATION MULTIMODALE BASÉE SUR LES RÉSEAUX BAYÉSIENS

les groupes à partir des secteurs de l'espace, nous construisons une matrice de distances entre ces secteurs (intégrant l'information de classe, tel que nous le verrons ci-dessous), et nous appliquons l'algorithme FCM à cette matrice de distances. Nous pouvons ensuite regrouper les neurones voisins qui sont similaires, par rapport à la proportion d'exemples de chaque classe qui leur sont affectés. Pour comparer ces proportions nous utilisons la métrique $d\_classes$ suivante :

$$d\_classes(\mathcal{N}_a, \mathcal{N}_b) = \frac{|barycentre\_classes(\mathcal{N}_a) - barycentre\_classes(\mathcal{N}_b)|}{\Gamma - 1} \quad (4.51)$$

$$barycentre\_classes(\mathcal{N}) = \frac{\sum_{x \in \mathcal{N}} classe(x)}{|\mathcal{N}|} \quad (4.52)$$

où $\{x \in \mathcal{N}\}$ est l'ensemble des exemples affectés au neurone $\mathcal{N}$, Γ est le nombre de classes pour le problème considéré, et donc $\Gamma - 1$ est la distance maximale entre deux barycentres de classes. Cette métrique exploite l'ordre total entre les classes (les niveaux de sévérités de la pathologie) : classe $0 \prec$ classe $1 \prec$ classe $2 \prec ...$

Pour exprimer la notion de voisinage entre deux neurones, nous utilisons la métrique $d\_position$ définie comme suit :

$$d\_position(\mathcal{N}_a, \mathcal{N}_b) = \frac{\sqrt{(\mathcal{N}_a.x - \mathcal{N}_b.x)^2 - (\mathcal{N}_a.y - \mathcal{N}_b.y)^2}}{COTE\sqrt{2}} \quad (4.53)$$

où $(\mathcal{N}.x, \mathcal{N}.y)$ est la position de $\mathcal{N}$ sur la carte, $COTE$ est le côté de la carte, et donc $COTE\sqrt{2}$ est la distance euclidienne maximale entre deux neurones.

Les neurones sont ensuite regroupés par l'algorithme FCM en fonction d'une combinaison de $d\_classes$ et $d\_position$: $\alpha.d\_classes + (1 - \alpha).d\_position$, $\alpha \in [0, 1]$, les deux métriques $d\_classes$ et $d\_position$ étant à valeur dans $[0, 1]$. Le nombre de groupes $\hat{K}$ est déterminé afin de maximiser l'information mutuelle entre les labels de groupes ($k = 1..K$) et les labels de classe ($\gamma = 1..\Gamma$) des exemples (équation 4.54).

$$\hat{K} = \underset{K}{\operatorname{argmax}} \sum_{\gamma=1}^{\Gamma} \sum_{k=1}^{K} p(\gamma, k) \log_{\Gamma+K} \frac{p(\gamma, k)}{p(\gamma)p(k)} \quad (4.54)$$

α est lui recherché par validation croisée. Pour chaque valeur de $\alpha \in \{\frac{n}{n_{max}}, n = 0..n_{max}\}$:
- les exemples de BA sont répartis en G groupes de taille égale.
- tour à tour, l'un des groupes $g = 1..G$ sert de base de validation, et les $G - 1$ autres servent de base d'apprentissage.
- la recherche du nombre de groupes $\hat{K}$ et la segmentation en $\hat{K}$ groupes sont effectués en utilisant la base d'apprentissage.
- l'information mutuelle I_g est calculée en utilisant les exemples de la base de validation.
- le score de α est donné par $\frac{1}{G} \sum_{g=1}^{G} I_g$.

La valeur α qui obtient le score maximal est conservée.

Nous avons donc bien intégré l'information de classe pour définir nos groupes (par l'intermédiaire de la distance $d\_classes$) et ainsi avoir une meilleure corrélation entre les groupes et les classes. Nous n'avons pas non plus besoin de connaître la classe d'un nouveau cas pour lui associer un groupe, car pour définir les groupes auxquels est affecté cet exemple, nous

CHAPITRE 4. INDEXATION ET RECHERCHE D'INFORMATION MULTIMODALE

avons juste besoin de connaître les neurones de la carte de Kohonen les plus proches de ce cas, la proximité avec ces neurones n'étant définie qu'à partir de sa signature (équation 3.54 du paragraphe 3.3.3).

4.3.8 Paramétrage du réseau bayésien

4.3.8.1 Evaluation d'un réseau bayésien

Le critère utilisé pour évaluer un réseau bayésien est la précision moyenne calculée sur la base de test (BT) pour une fenêtre de retrouvaille de taille 5 (cf. 1.6). Soit $\pi(c_i)$ la précision pour une fenêtre de taille 5 lorsqu'un exemple $c_i \in BT$ est placé en requête. Le score de précision moyenne d'un réseau est donc :

$$\frac{\sum_{c_i \in BT} \pi(c_i)}{|BT|} \qquad (4.55)$$

4.3.8.2 Parcours de l'espace des paramètres

Les paramètres à évaluer sont les suivants :
- p^1 : le paramètre de l'algorithme SOM : la taille de la carte (voir paragraphe 4.3.7)
- p^2 : le paramètre de l'algorithme FCM : le degré de flou (voir paragraphe 4.2.4)

Pour chaque paramètre p^l, un ensemble discret de valeurs $P^l = \{p_1^l, p_2^l, ..., p_{n_l}^l\}$ est évalué et le meilleur élément de l'espace produit $P^1 \times P^2 \times P^3 \times P^4 \times P^5 \times P^6$ est sélectionné. La recherche a été accélérée par un algorithme génétique (voir section 3.2.4). Pour cela, nous avons fixé $n_1 = n_2 = \bar{n}$ et chaque génome est un vecteur d'entiers à valeur dans $\{1, 2, ..., \bar{n}\}^2$.

Le score affecté à chaque génome par rapport au vecteur de paramètres est une moyenne obtenue sur plusieurs réplications. Pour chaque réplication, BA et BT sont choisies différemment et différents réseaux bayésiens sont donc générés.

4.3.9 Résultats

Tous les calculs ont été effectués en utilisant les signatures d'images ayant fourni les meilleurs scores de précision moyenne au chapitre 3.3, à savoir les signatures basées sur les gaussiennes généralisées, en utilisant une base d'ondelettes optimisée.

4.3.9.1 Influence des différents paramètres

L'influence des différents paramètres est illustrée sur les figures 4.30 et 4.31.

4.3. RECHERCHE D'INFORMATION MULTIMODALE BASÉE SUR LES RÉSEAUX BAYÉSIENS

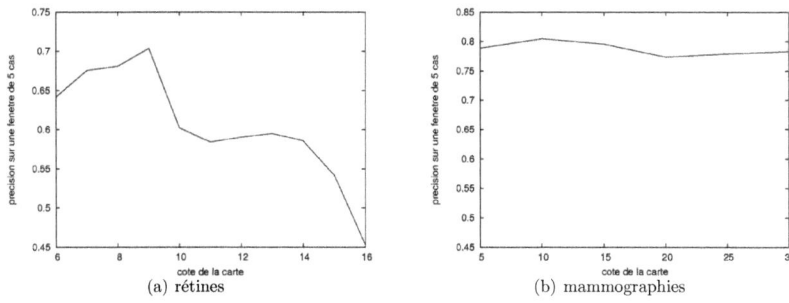

(a) rétines (b) mammographies

Figure 4.30 — Influence du paramètre de l'algorithme SOM. Nous voyons que ce paramètre joue un rôle important sur la précision moyenne dans le cas de la base des rétines, mais un rôle relativement faible dans le cas de la base des mammographies.

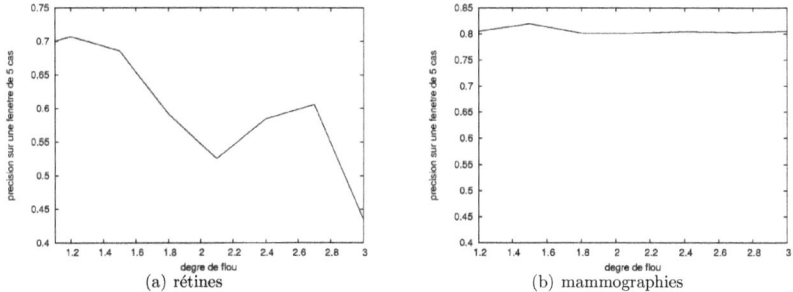

(a) rétines (b) mammographies

Figure 4.31 — Influence du paramètre de l'algorithme FCM. Nous pouvons faire les mêmes commentaires que pour la figure 4.30.

4.3.9.2 Méthode optimale

Les meilleurs résultats obtenus, avec les paramètres optimaux trouvés par l'algorithme génétique, sont présentés dans le tableau 4.9.

Tableau 4.9 — Résultats : précision moyenne du réseau bayésien et paramètres optimaux

paramètre	rétines	mammographies
p^1 (paramètre de l'algorithme SOM)	9	10
p^2 (paramètre de l'algorithme FCM)	1,2	1,5
précision moyenne obtenue	70,36%	82,05%

Les scores de précision moyenne obtenus sont significativement inférieurs à ceux obtenus par la méthode basée sur les arbres de décision (cf. tableau 4.4).

CHAPITRE 4. INDEXATION ET RECHERCHE D'INFORMATION
MULTIMODALE

4.3.9.3 Temps de calcul

Le temps de calcul moyen pour sélectionner les cinq cas les plus proches d'une image requête, avec les paramètres optimaux fournis dans le tableau 4.9, est donné dans le tableau 4.10. Ce temps est décomposé entre les différentes étapes de calcul. Les calculs sont effectués avec un processeur AMD Athlon 64-bit cadencé à 2 GHz.

Tableau 4.10 — Temps de calcul

base de données	rétines	mammographies
transformée en ondelettes (pour 1 image)	0,22 s	1,99 s
estimation de $(\hat{\alpha}, \hat{\beta})$ (pour 1 image)	4,35 s	33,90 s
calcul des distances avec les signatures de la base d'exemples (pour 1 "attribut image")	0,033 s	1,14 s
inférence et classement des exemples	0,102 s	0,107 s
temps total moyen	40,12 s	148,23 s

Il en ressort nettement que l'essentiel du temps est consacré au calcul des signatures d'images.

Remarque : en utilisant les signatures d'images basées sur les histogrammes, nous pourrions obtenir des temps de calcul plus faibles, au prix d'une précision moyenne plus faible également.

4.3.9.4 Robustesse

Pour étudier la robustesse de la méthode relativement aux informations manquantes, nous avons appliqué la procédure décrite au paragraphe 4.1.3. La courbe de précision moyenne de la méthode en fonction du nombre d'attributs renseignés est donnée sur la figure 4.32.

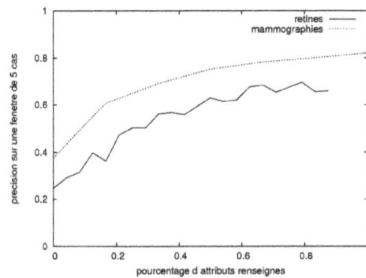

Figure 4.32 — Robustesse relativement aux valeurs manquantes. Nous voyons que cette méthode est assez robuste relativement aux informations manquantes, mais moins que celle basée sur les arbres de décision (voir figure 4.15).

4.3. RECHERCHE D'INFORMATION MULTIMODALE BASÉE SUR LES RÉSEAUX BAYÉSIENS

4.3.10 Requête interactive

Comme nous l'avons dit au paragraphe 4.1.4, nous proposons une approche interactive pour effectuer une requête sur la base de données, afin d'éviter à l'utilisateur de remplir intégralement les champs du dossier patient constituant sa requête. Nous proposons pour cela deux procédures. La première procédure, présentée au paragraphe suivant, met à jour la liste de retrouvaille à chaque fois que l'utilisateur renseigne un nouvel attribut. La seconde procédure, présentée au paragraphe 4.3.10.2 lui indique quels attributs non renseignés sont susceptibles d'être les plus discriminants, compte tenu de ceux déjà renseignés.

La recherche décrite dans les deux paragraphes suivants est une recherche itérative : à chaque itération k, l'utilisateur renseigne un nouvel attribut a^k du cas c_r placé en requête et la liste de résultats est mise à jour.

4.3.10.1 Mise à jour de la liste de recherche

Le réseau bayésien proposé au paragraphe 4.3.5, noté G, est inadapté pour la recherche interactive. En effet, sa structure dépend des attributs de la requête c_r : la variable R est reliée aux variables de descripteurs D_j disponibles pour c_r. Or ces variables varient au cours de la requête. Il est donc plus adapté d'inverser le rôle de la requête et des cas de la base d'exemples. Les modifications suivantes sont donc apportées à la méthode :
- Les matrices de probabilités conditionnelles liant la variable R aux variables de descripteurs $(D_j)_{j=1..N}$ (les matrices $P(D_j = d_{jk}|R)$) sont estimées pour chaque cas $(c_i)_{i=1..M}$ de la base d'exemples. L'ensemble de ces matrices de probabilités conditionnelles peut être vu comme la signature multimodale de c_i.
- Les descripteurs de c_r disponibles sont traités comme des preuves.

Pour des raisons de taille mémoire et de temps de calcul, nous ne créons pas un réseau bayésien pour chaque cas de la base d'exemples. Au lieu de cela, nous créons une unique instance de G_I, la couche modélisant les relations entre les descripteurs (voir figure 4.26 (a)). Et de plus, pour chaque cas $(c_i)_{i=1..M}$ de la base d'exemples, nous créons une couche de réseau dépendante de c_i, notée G_{c_i}, modélisant les relations entre R et chaque variable de descripteurs D_j disponible pour c_i. La méthode de recherche interactive est comparée à la méthode proposée au paragraphe 4.3.5, sur la figure 4.33.

Le principe de la recherche interactive par cette méthode est le suivant :

1. Le réseau G_I est initialisé : $P(D_j)$ est fixée à la probabilité a priori de D_j, $j = 1..N$.

2. A chaque itération k :

    (a) l'attribut a^k renseigné par l'utilisateur est traité comme une preuve pour la variable D_j correspondante : l'algorithme d'inférence est appliqué dans le réseau G_I et la probabilité a posteriori de chaque descripteur est ainsi mise à jour.

    (b) pour chaque cas c_i de la base d'exemples, la probabilité a posteriori de chaque descripteur renseigné pour c_i est reportée dans G_{c_i}. Ces descripteurs sont traités comme des preuves pour inférer la probabilité a posteriori de R, qui permet d'évaluer c_i.

    (c) les cas c_i sont rangés par ordre décroissant de la probabilité a posteriori $P(R)$ calculée dans G_{c_i}.

CHAPITRE 4. INDEXATION ET RECHERCHE D'INFORMATION MULTIMODALE

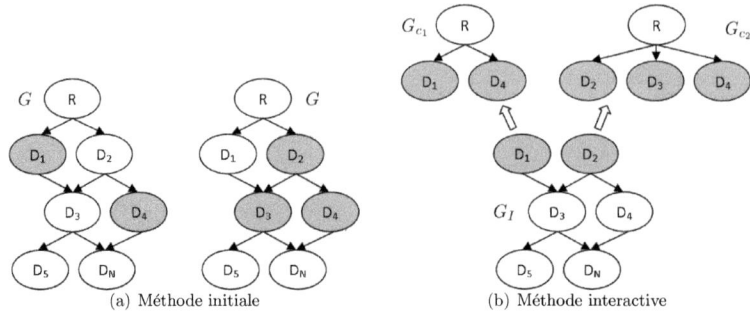

(a) Méthode initiale   (b) Méthode interactive

Figure 4.33 — Méthode de recherche interactive basée sur les réseaux bayésiens. Les deux méthodes sont comparées sur l'exemple suivant. La requête c_r a deux attributs connus : D_1 et D_2, et la base d'exemples est constituée de deux cas : c_1 et c_2. c_1 a deux attributs connus : D_1 et D_4, c_2, en a trois : D_2, D_3, et D_4. Dans chaque réseau, les variables de descripteurs traitées comme des preuves sont grisées. Sur la figure (a), le réseau G, dépendant de la requête, est présenté avec deux initialisations : celle pour évaluer c_1 et celle pour évaluer c_2. Sur la figure (b), la couche G_I, indépendante de c_r, c_1 et c_2, est mise à jour à chaque fois qu'un attribut est renseigné pour c_r. Puis les probabilités a posteriori des variables de G_I sont traitées comme des preuves dans G_{c_1} et G_{c_2} pour évaluer c_1 et c_2, respectivement.

4.3.10.2 Sélection du prochain attribut à renseigner

Pour obtenir des résultats satisfaisants le plus rapidement possible, il est intéressant d'aider l'utilisateur à choisir le prochain attribut à renseigner. A priori, les descripteurs D_j les plus susceptibles d'influer sur le classement des cas de la base d'exemples sont ceux qui ont le lien de dépendance le plus fort avec la variable R, caractérisant la satisfaction de la requête. Dans un réseau bayésien, la force d'un lien de dépendance entre deux variables est modélisée par l'information mutuelle entre ces variables. Ainsi, pour aider l'utilisateur à déterminer le prochain attribut à renseigner, nous attribuons une note à chaque descripteur de la manière suivante :

- Nous considérons les cas c_i les mieux classés à l'issu de l'itération k-1.
- Parmi ces cas c_i, nous calculons la moyenne de l'information mutuelle entre D_j et R dans G_{c_i}. L'information mutuelle entre D_j et R dans G_{c_i} est estimée en considérant tour à tour chaque cas $(c_j)_{j \neq i}$ de la base d'exemples, et en construisant l'histogramme cumulé de R (fixé à 1 si c_i et c_j sont au même stade d'évolution de la pathologie et 0 sinon) et de D_j.

Ainsi, à l'issue de l'itération k-1, les attributs non renseignés sont présentés à l'utilisateur par ordre décroissant de ce critère.

4.3.11 Discussion

La méthode proposée permet d'intégrer des données hétérogènes, de pondérer les attributs en fonction de leur pertinence (par l'intermédiaire des matrices de probabilités conditionnelles) et de gérer les informations manquantes, ce qui était l'objectif fixé au chapitre 4.1. Il est également possible d'intégrer de la connaissance a priori dans le modèle (cf. paragraphe 4.3.2.3). Grâce à l'algorithme d'apprentissage utilisé, la précision

4.3. RECHERCHE D'INFORMATION MULTIMODALE BASÉE SUR LES RÉSEAUX BAYÉSIENS

moyenne de la méthode est importante. Ainsi une précision de 70,36% est obtenue sur la base des rétines et une précision de 82,05% sur la base des mammographies dans le meilleur des cas.

Cette méthode de recherche est rapide : la plus grande partie du temps de calcul est consacrée à l'extraction des signatures d'images, qui est indépendante de l'algorithme de recherche utilisé. Grâce à cette méthode, nous pouvons d'ailleurs éviter de calculer toutes les signatures. En effet, une précision suffisante peut être atteinte avant que chaque attribut ne soit saisi par l'utilisateur. Par conséquent, l'utilisateur peut arrêter de saisir de nouveaux attributs lorsqu'il a obtenu des résultats satisfaisants, grâce à la procédure décrite au paragraphe 4.3.10.1. Sur la base des rétines par exemple, une précision de 60% pour une fenêtre de cinq cas peut être atteinte en renseignant simplement 46% des attributs (voir figure 4.32) : avec cette précision, la majorité des cas sélectionnés (trois sur cinq) appartiennent à la classe de la requête. Ce seuil peut même être abaissé en choisissant judicieusement les paramètres à renseigner, comme le décrit le paragraphe 4.3.10.2.

Un des intérêts de cette méthode, par rapport à la méthode basée sur les forêts de décision, est sa lisibilité. Tout d'abord, les relations entre les différents attributs sont modélisées sur un seul graphe, facilement interprétable, par opposition à un ensemble de graphes pour les forêts de décision. De plus, nous pouvons plus facilement visualiser l'influence de chaque attribut $(D_j)_{j=1..N}$ grâce aux matrices de probabilités conditionnelles les reliant au nœud R.

Un autre intérêt de cette méthode est sa généricité : tout comme la méthode basée sur les arbres de décision, elle peut traiter toute base de données multimédia, pourvu qu'une mesure de distance soit fournie pour chaque nouvelle modalité (son, vidéo, etc.).

4.4 Recherche d'information multimodale basée sur la théorie DSmT

Notre objectif, dans cette thèse, est de rechercher des dossiers patients proches d'un dossier placé en requête, en fonction de plusieurs critères : les dossiers sélectionnés doivent être proches de la requête à la fois du point de vue des différentes images et des différentes informations contextuelles qui la composent. Ceci implique de fusionner des informations issues de plusieurs sources. Pour cette raison, nous nous sommes intéressés aux opérateurs de fusion. Au chapitre précédent, nous avons défini un moteur de recherche basé sur les réseaux bayésiens, à la fois pour modéliser les relations entre les descripteurs de dossiers et pour fusionner les informations de pertinence issues de ces différents descripteurs. Nous nous sommes pour cela basés sur la fusion bayésienne. Cependant, la fusion bayésienne présente des inconvénients. Elle ne permet d'abord pas de modéliser l'incertitude et l'imprécision des sources d'information. Ce problème est particulièrement gênant lorsque nous disposons de peu d'exemples dans la base de données, comme dans la base des rétines, pour construire le modèle. Ensuite, comme d'autres opérateurs de fusion, la fusion bayésienne ne permet pas de gérer efficacement les conflits importants entre les sources d'information. Nous cherchons donc dans ce chapitre à exploiter une méthode de fusion permettant de gérer ces problèmes : la théorie de Dezert-Smarandache [127].

Nous allons dans un premier temps adapter le modèle présenté au chapitre précédent à la théorie de Dezert-Smarandache. Puis nous exploiterons les possibilités offertes spécifiquement par cette nouvelle théorie de fusion, pour la recherche d'information. Pour finir, nous discuterons de l'intégration de connaissances a priori dans un système de recherche, à l'aide de fusion indirecte, c'est à dire la fusion d'informations issues de différents capteurs (les descripteurs de dossier) et de connaissances a priori.

4.4.1 Présentation de la théorie de Dezert-Smarandache

4.4.1.1 Les méthodes de fusion

La fusion d'informations consiste à combiner des informations issues de plusieurs sources pour prendre une décision. Le but n'est pas de réduire les redondances contenues dans les informations issues de plusieurs sources, mais au contraire d'en tenir compte afin d'améliorer la prise de décision. Dans le même but, on cherche à modéliser au mieux les différentes imperfections des données (imprécisions, incertitudes, conflits, ambiguïtés, incomplétude, fiabilité des sources, ...). Les sources d'informations dans nos dossiers sont les différentes images et les différents descripteurs sémantiques.

On peut distinguer deux types de fusion : la fusion directe et la fusion indirecte. La fusion directe consiste à combiner les sorties de plusieurs "capteurs" ou classifieurs. La fusion indirecte consiste à combiner la sortie d'un capteur et de la connaissance a priori. Les deux approches sont explorées dans ce chapitre.

Les méthodes de fusion se divisent en plusieurs catégories :
- les méthodes de vote, qui consistent à choisir la décision préconisée par le plus grand nombre de sources.
- la fusion probabiliste ou bayésienne. Cette approche est présentée à la section 4.3.
- la théorie des masses de croyances. Issue de la combinaison de Dempster-Shafer, elle offre une grande capacité de modélisation des imperfections (par des modèles probabilistes

4.4. RECHERCHE D'INFORMATION MULTIMODALE BASÉE SUR LA THÉORIE DSMT

[4] ou de distances [34]). Elle tient compte également des ambiguïtés et des conflits entre les sources.
- la théorie des possibilités. Issue de la théorie des ensembles flous, la théorie des possibilités [38] propose une modélisation de l'imprécision et de l'incertitude et offre un grand choix d'opérateurs de combinaison.

Pour la recherche d'information en particulier, un autre type de fusion peut être utilisé : la fusion du rang. Pour chaque source d'information S_j, les cas de la base sont triés du plus proche au plus éloigné, formant ainsi une liste ordonnée L_j. Ensuite, pour chaque cas $(c_i)_{i=1..M}$ de la base de données, les rangs de c_i dans chaque liste L_j sont fusionnés, afin d'obtenir le rang de c_i dans la liste finale. Ces méthodes sont couramment utilisées pour le raisonnement à base de cas (voir section 1.5). Nous les avons présentées au paragraphe 4.1.1.2.

4.4.1.2 La théorie des masses de croyances

La théorie de Dempster-Shafer

La théorie de Dempster-Shafer (DST) [119] est une théorie mathématique de la preuve basée sur les fonctions de croyance et le raisonnement plausible, qui sont présentés dans les paragraphes suivants. DST est utilisée pour combiner de l'information provenant de plusieurs sources afin de calculer la probabilité d'un événement.

Les définitions suivantes ont été introduites dans le cadre de DST puis ont été étendues dans le cadre de la théorie de Dezert-Smarandache (DSmT).

Cadre de discernement

Le cadre de discernement $\theta = \{\theta_1, ..., \theta_n\}$ est l'ensemble des hypothèses envisageables pour un problème donné. Typiquement, dans un problème de classification, chaque élément θ_i du cadre de discernement correspond à une classe du problème.

Dans la théorie de Dempster-Shafer (modèle de Shafer, noté $\mathcal{M}^0(\theta)$), θ est exhaustif (toutes les classes envisageables sont considérées) et les hypothèses sont exclusives ($\theta_i \cap \theta_j = \emptyset$, $\forall i \neq j$).

Masse de croyance

DST est une généralisation de la théorie Bayésienne des probabilités subjectives. Dans la théorie Bayésienne, une probabilité $p(\theta_i)$ est associée à chaque élément θ_i du cadre de discernement, de telle sorte que $p(\theta_i) \in [0;1]$ $\forall i$ et $\sum_{i=1}^{n} p(\theta_i) = 1$. Dans le cadre de DST, on considère plus généralement des combinaisons d'hypothèses et on raisonne donc sur l'ensemble des parties de θ, noté 2^θ. Par exemple, si $\theta = \{\theta_1, \theta_2, \theta_3\}$, alors $2^\theta = \{\emptyset, \theta_1, \theta_2, \theta_3, \theta_1 \cup \theta_2, \theta_1 \cup \theta_3, \theta_2 \cup \theta_3, \theta_1 \cup \theta_2 \cup \theta_3\}$. Par extension des probabilités, on définit une fonction $m : 2^\theta \to [0;1]$, appelée fonction de masse, respectant les conditions de l'équation 4.56.

$$\begin{cases} m(\emptyset) = 0 \\ m(A) \in [0;1], \forall A \in 2^\theta \\ \sum_{A \in 2^\theta} m(A) = 1 \end{cases} \quad (4.56)$$

$m(A)$, la masse de croyance de A, est la confiance portée strictement dans A sans que celle-ci puisse être répartie sur les hypothèses qui la composent.

Règles de combinaison

Les masses de croyances, présentées ci-dessus, doivent être définies pour chacune des s sources d'information. C'est alors qu'intervient la fusion : les masses de croyance définies pour chaque source sont combinées afin de définir une masse de croyance globale.

La règle de fusion la plus simple est la règle conjonctive (équation 4.57) :

$$m_\cap(X) = \sum_{X_1,...,X_s \in 2^\theta, X_1 \cap ... \cap X_s = X} \prod_{i=1}^{s} m_i(X_i) \quad (4.57)$$

où m_i est la fonction de masse de la source S_i. Les opérateurs de fusion de DST et de DSmT dérivent de cette règle. Pour illustrer son fonctionnement, considérons l'exemple suivant :
- soit $\theta = \{\theta_1, \theta_2\}$ le cadre de discernement
- soient deux sources S_1 et S_2 avec les fonctions de masse suivantes

$$\begin{array}{lll} m_1(\theta_1) = 0,1 & m_1(\theta_2) = 0,2 & m_1(\theta_1 \cup \theta_2) = 0,7 \\ m_2(\theta_1) = 0,4 & m_2(\theta_2) = 0,3 & m_2(\theta_1 \cup \theta_2) = 0,3 \end{array} \quad (4.58)$$

Alors :

$$\begin{aligned} m_\cap(\emptyset) &= m_1(\theta_1)m_2(\theta_2) + m_1(\theta_2)m_2(\theta_1) & &= 0,11 & (4.59) \\ m_\cap(\theta_1) &= m_1(\theta_1)m_2(\theta_1) + m_1(\theta_1)m_2(\theta_1 \cup \theta_2) + m_1(\theta_1 \cup \theta_2)m_2(\theta_1) & &= 0,35 & (4.60) \\ m_\cap(\theta_2) &= m_1(\theta_2)m_2(\theta_2) + m_1(\theta_2)m_2(\theta_1 \cup \theta_2) + m_1(\theta_1 \cup \theta_2)m_2(\theta_2) & &= 0,33 & (4.61) \\ m_\cap(\theta_1 \cup \theta_2) &= m_1(\theta_1 \cup \theta_2)m_2(\theta_1 \cup \theta_2) & &= 0,21 & (4.62) \end{aligned}$$

Plus les sources d'information sont conflictuelles, moins la règle conjonctive est efficace. Une alternative à la règle conjonctive dans le cas de sources conflictuelles est la règle disjonctive, définie dans l'équation 4.63.

$$m_\cup(X) = \sum_{X_1,...,X_s \in 2^\theta, X_1 \cup ... \cup X_s = X} \prod_{i=1}^{s} m_i(X_i) \quad (4.63)$$

Le conflit entre les sources d'information peut être mesuré. Pour cela, la notion de masse conflictuelle totale, notée $k_{12...s}$, a été introduite. Sa définition est la suivante :

$$k_{12...s} = \sum_{X_1,...,X_s \in 2^\theta, X_1 \cap ... \cap X_s = \emptyset} \prod_{i=1}^{s} m_i(X_i) \quad (4.64)$$

Pour l'exemple de l'équation 4.58, $k_{12} = 0,11$. Chacun des termes de cette somme est appelé masse conflictuelle partielle. La règle de combinaison de Dempster exploite cette mesure de conflit pour améliorer la règle conjonctive. Sa formule, dans le cas d'un problème à 2 sources, est définie dans l'équation 4.65.

$$\begin{cases} m_{DS}(\emptyset) = 0 \\ m_{DS}(X) = \dfrac{1}{1-k_{12}} \sum_{X_1, X_2 \in 2^\theta, X_1 \cap X_2 = X} m_1(X_1)m_2(X_2), \forall X \in 2^\theta \neq \emptyset \end{cases} \quad (4.65)$$

4.4. RECHERCHE D'INFORMATION MULTIMODALE BASÉE SUR LA THÉORIE DSMT

Pour l'exemple de l'équation 4.58 :

$$m_{DS}(\emptyset) = 0 \qquad (4.66)$$

$$m_{DS}(\theta_1) = \frac{1}{1 - 0,11} 0,35 = 0,39 \qquad (4.67)$$

$$m_{DS}(\theta_2) = \frac{1}{1 - 0,11} 0,33 = 0,37 \qquad (4.68)$$

$$m_{DS}(\theta_1 \cup \theta_2) = \frac{1}{1 - 0,11} 0,21 = 0,24 \qquad (4.69)$$

Fonctions de croyance

Une fois définie la masse de croyance globale pour chaque combinaison d'hypothèses B_i, la probabilité d'une partie A du cadre de discernement peut être calculée. Dempster a défini pour cela deux probabilités, dites supérieure et inférieure, respectivement le degré de croyance et le degré de plausibilité de A.

La fonction de croyance $Bel(A)$ (croyance que la vérité est dans A - équation 4.70) est la somme des masses des propositions incluses dans A :

$$Bel(A) = \sum_{B_i \subseteq A} m(B_i) \qquad (4.70)$$

La fonction de plausibilité $Pl(A)$ (la plausibilité que la vérité est dans A - équation 4.71) est la somme des masses des propositions dont l'intersection avec A n'est pas nulle :

$$Pl(A) = \sum_{B_i \cap A \neq \emptyset} m(B_i) \qquad (4.71)$$

La plausibilité de A est égale à la croyance de θ moins la croyance du complémentaire de A dans 2^θ. Par définition, la fonction de croyance est une mesure généralement trop pessimiste et la plausibilité trop optimiste. Pour cette raison, Smets [129] a proposé un compromis entre ces deux mesures, en introduisant la probabilité pignistique, définie dans l'équation 4.72 :

$$BetP(A) = \sum_{B_i \in 2^\theta, B_i \neq \emptyset} \frac{|B_i \cap A|}{|B_i|} m(B_i) \qquad (4.72)$$

4.4.1.3 La théorie de Dezert-Smarandache

La théorie de Dezert-Smarandache a été proposée en 2001 pour résoudre des problèmes de fusion auxquels la théorie de Dempster-Shafer est mal adaptée. En effet, pour appliquer la théorie DST, les sources d'information sont supposées concordantes, c'est à dire que le conflit entre les sources doit être faible. Cette limitation est due à l'opérateur de fusion utilisé (la règle de combinaison de Dempster). Ainsi, DSmT propose de nouveaux opérateurs de fusion permettant de combiner des sources paradoxales ou hautement conflictuelles.

DSmT a également pour objectif de mieux modéliser l'incertitude et l'imprécision des sources d'information. En effet, le modèle de Shafer ne considère qu'un nombre fini d'hypothèses pour un problème étudié, ces hypothèses devant être exhaustives et exclusives. Or pour de nombreux problèmes, les hypothèses sont par nature vagues et imprécises, et il

CHAPITRE 4. INDEXATION ET RECHERCHE D'INFORMATION MULTIMODALE

est alors impossible d'identifier des hypothèses exclusives et séparées précisément. C'est par exemple le cas de concepts continus tels que la température (qui ne peut être précisément décrite par les hypothèses chaud/froid). Pour cela, DSmT considère des hypothèses qui peuvent se chevaucher. Ainsi, le cadre de discernement est un ensemble fini, dont les éléments sont exhaustifs, mais pas forcément exclusifs.

Pour cela, deux modifications ont été apportées par rapport à DST :
- de nouveaux modèles pour le cadre de discernement (le modèle libre et le modèle hybride)
- de nouveaux opérateurs de fusion

Le modèle libre

Le modèle libre [127], noté $\mathcal{M}^f(\theta)$, est basé sur le treillis de Dedekind. C'est à dire que, contrairement au modèle de Shafer, on n'affecte plus uniquement des masses de croyance aux éléments de 2^θ, mais à toutes les propositions construites à partir d'éléments de θ par les opérateurs $\cap$ et $\cup$. On nomme D^θ l'ensemble de ces propositions (chaque élément de D^θ correspond à un noeud du treillis de Dedekind). Par exemple, si $\theta = \{\theta_1, \theta_2\}$, alors $D^\theta = \{\emptyset, \theta_1, \theta_2, \theta_1 \cap \theta_2, \theta_1 \cup \theta_2\}$. Le cardinal de D^θ est hyper-exponentiel en $|\theta|$: $|D^\theta|$ est majoré par $2^{2^{|\theta|}}$. Ainsi, si $|\theta| = 3$ alors $|D^\theta| = 19$, si $|\theta| = 4$ alors $|D^\theta| = 167$, si $|\theta| = 5$ alors $|D^\theta| = 7580$, ...

Le modèle hybride

Le modèle hybride [127], noté $\mathcal{M}(\theta)$, a été proposé en 2003, il introduit des contraintes dans le modèle libre. Ainsi, avec ce modèle, il est possible de spécifier que certaines hypothèses du cadre de discernement sont incompatibles deux à deux. Le modèle contraint de Shafer $\mathcal{M}^0(\theta)$ ainsi que le modèle libre $\mathcal{M}^f(\theta)$ sont des cas particuliers du modèle hybride. Les trois modèles sont illustrés sur la figure 4.34. Les éléments de $X \in D(\theta)$ incompatibles avec les contraintes du modèle sont dits équivalents à $\emptyset$ et on note $X \equiv \emptyset$. Pour l'exemple de modèle hybride de la figure 4.34, θ_3 est incompatible avec θ_1 et θ_2, donc $\theta_1 \cap \theta_3 \equiv \emptyset$, $\theta_2 \cap \theta_3 \equiv \emptyset$, $(\theta_1 \cup \theta_2) \cap \theta_3 \equiv \emptyset$, etc. Soit $V(\theta)$ l'ensemble formé de $\emptyset$ et des éléments $X \in D(\theta)$ tels que $X \equiv \emptyset$.

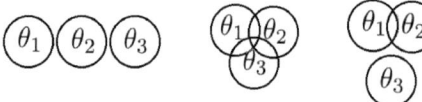

Figure 4.34 — Comparaison des modèles contraint, libre et hybride. Le cadre de discernement considéré est $\theta = \{\theta_1, \theta_2, \theta_3\}$. La figure représente de gauche à droite le diagramme de Venn [143] du modèle contraint (de Shafer), celui du modèle libre et celui d'un modèle hybride pour lequel l'hypothèse θ_3 est incompatible avec les deux autres.

La définition donnée précédemment pour la règle conjonctive (équation 4.57) ou la masse conflictuelle totale (équation 4.64) reste identique lorsque le modèle hybride est considéré ; il suffit de remplacer 2^θ par $D(\theta)$.

Fonctions de croyance généralisées

Pour un cadre de discernement quelconque, la fonction de masse est généralisée de la manière suivante (équation 4.73) :

4.4. RECHERCHE D'INFORMATION MULTIMODALE BASÉE SUR LA THÉORIE DSMT

$$\begin{cases} m(\emptyset) = 0 \\ m(A) \in [0;1], \forall A \in D(\theta) \\ \sum_{A \in D(\theta)} m(A) = 1 \end{cases} \quad (4.73)$$

L'expression des fonctions de décision qui en découle est donnée dans les équations 4.74, 4.75 et 4.76.

$$Bel(A) = \sum_{B_i \subseteq A, B_i \in D(\theta), B_i \notin V(\theta)} m(B_i) \quad (4.74)$$

$$Pl(A) = \sum_{B_i \cap A \notin V(\theta), B_i \in D(\theta)} m(B_i) \quad (4.75)$$

$$BetP(A) = \sum_{B_i \in D(\theta), B_i \notin V(\theta)} \frac{\mathcal{C}_\mathcal{M}(B_i \cap A)}{\mathcal{C}_\mathcal{M}(B_i)} m(B_i) \quad (4.76)$$

où $\mathcal{C}_\mathcal{M}(B_i)$ désigne la cardinalité de l'ensemble B_i dans le graphe de Venn [143], c'est à dire le nombre de portions de ce diagramme qui composent B_i. Par exemple, sur les exemples de la figure 4.34, $\mathcal{C}_\mathcal{M}^0(\theta_1) = 1$, $\mathcal{C}_\mathcal{M}^f(\theta_1) = 4$ et $\mathcal{C}_\mathcal{M}(\theta_1) = 2$.

Les opérateurs de fusion de DSmT

L'opérateur de fusion proposé pour les modèles libre et hybride est défini dans l'équation 4.77 [127] :

$$m_{\mathcal{M}(\theta)} = \Phi(X) [S_1(X) + S_2(X) + S_3(X)] \quad (4.77)$$

$$S_1(X) = \sum_{X_1,\ldots,X_s \in D^\theta, X_1 \cap \ldots \cap X_s = X} \prod_{i=1}^{s} m_i(X_i) \quad (4.78)$$

$$S_2(X) = \sum_{X_1,\ldots,X_s \in V(\theta), [\mathcal{U}=X] \vee [(\mathcal{U} \in V(\theta)) \wedge (X=I_t)]} \prod_{i=1}^{s} m_i(X_i) \quad (4.79)$$

$$S_3(X) = \sum_{X_1,\ldots,X_s \in D^\theta, X_1 \cup \ldots \cup X_s = X, X_1 \cap \ldots \cap X_s \in V(\theta)} \prod_{i=1}^{s} m_i(X_i) \quad (4.80)$$

où $\Phi(X)$ vaut 1 si $X \notin V(\theta)$, 0 sinon, s est le nombre de sources, $\mathcal{U} = u(X_1) \cup \ldots \cup u(X_s)$, $u(X_i)$ est l'union de tous les éléments $\theta_i \in \theta$ impliqués dans la forme canonique de X_i et $I_t = \theta_1 \cup \ldots \cup \theta_n$ est l'ignorance totale. Cette règle a été conçue pour bien prendre en compte tous les cas particuliers.

D'autres opérateurs de fusion, s'appliquant au modèle hybride, ont été proposés [128]. Notamment les règles de redistribution proportionnelle de conflit (*Proportional Conflict Redistribution* : PCR1, PCR2, ..., PCR6) (décrites aux chapitres 1 et 2 de [128]). Cette famille d'opérateurs fournit de meilleurs résultats que l'opérateur défini ci-dessus sur plusieurs applications pratiques [128]. Le principe de ces opérateurs est de redistribuer la masse conflictuelle totale $k_{12\ldots s}$ ou partielle (voir équation 4.64) entre les ensembles $X_c \in D(\theta)$ impliqués dans le conflit. Cette redistribution se fait proportionnellement à l'apport en masse de croyance de chaque X_c à la masse conflictuelle. Pour les opérateurs PCR les plus simples (PCR1 et PCR2), c'est la masse conflictuelle totale qui est redistribuée, pour les autres, c'est chaque masse conflictuelle partielle. Les règles PCR5 et PCR6 (identiques dans le cas de deux sources) sont les plus exactes mathématiquement. Nous les illustrons sur l'exemple de l'équation 4.58, où $\theta = \{\theta_1, \theta_2\}$. Supposons que θ_1 et θ_2 soient incompatibles. Nous avons donc $V(\theta) = \{\emptyset, \theta_1 \cap \theta_2\}$ et $k_{12} = m_1(\theta_1)m_2(\theta_2) + m_1(\theta_2)m_2(\theta_1) = 0,11$. Nous posons donc $m_{PCR5}(\theta_1 \cap \theta_2) = 0$ et nous redistribuons $m_1(\theta_1)m_2(\theta_2)$ entre $m_{PCR5}(\theta_1)$ et $m_{PCR5}(\theta_2)$ proportionnellement à $m_1(\theta_1)$ et $m_2(\theta_2)$ respectivement. De même, nous redistribuons $m_1(\theta_2)m_2(\theta_1)$ entre $m_{PCR5}(\theta_1)$ et $m_{PCR5}(\theta_2)$ proportionnellement à $m_2(\theta_1)$ et $m_1(\theta_2)$ respectivement. En effet, l'ensemble $\theta_1 \cup \theta_2$ n'est pas impliqué dans le conflit, il ne reçoit donc aucune part de la masse conflictuelle. Ainsi sur cet exemple :

$$m_{PCR5}(\theta_1) = m_\cap(\theta_1) + \frac{m_1(\theta_1)}{m_1(\theta_1) + m_2(\theta_2)} m_1(\theta_1)m_2(\theta_2) + \frac{m_2(\theta_1)}{m_2(\theta_1) + m_1(\theta_2)} m_2(\theta_1)m_1(\theta_2)$$

$$m_{PCR5}(\theta_2) = m_\cap(\theta_2) + \frac{m_2(\theta_2)}{m_1(\theta_1) + m_2(\theta_2)} m_1(\theta_1)m_2(\theta_2) + \frac{m_1(\theta_2)}{m_2(\theta_1) + m_1(\theta_2)} m_2(\theta_1)m_1(\theta_2)$$

$$m_{PCR5}(\theta_1 \cup \theta_2) = m_\cap(\theta_1 \cup \theta_2)$$

Considérations algorithmiques

Quel que soit l'opérateur considéré, la complexité de la fusion est exponentielle en s, le nombre de sources. Précisément, soit m le nombre maximal d'éléments focaux par source, c'est-à-dire le nombre maximal d'éléments $X \in D(\theta)$ tels que $m_i(X) > 0$ pour une source S_i. Alors la complexité de la fusion est en $O(m^s)$. Or, nous envisageons de fusionner de l'information provenant de plusieurs dizaines de sources. De plus, m est lui-même hyper-exponentiel en $|\theta|$. Nous sommes donc restreints dans le choix du modèle. Notamment, au delà d'un certain nombre d'hypothèses, nous sommes obligés d'utiliser un modèle hybride.

Pour limiter la complexité, nous proposons en annexe C un algorithme polynomial en s pour un problème à deux hypothèses, qui permet la fusion de masses de croyance par la règle conjonctive et par un opérateur de type PCR.

4.4.2 Modélisation de la recherche d'information par DSmT

Rappelons que l'objectif est de retrouver, dans une base de données de documents multimédia, des documents voisins du document requête. Tout comme dans la méthode précédente, basée sur les réseaux bayésiens, nous allons estimer, en considérant tour à tour chacun des descripteurs du dossier patient, la probabilité qu'un cas donné de la base soit similaire à la requête. Puis nous allons fusionner ces estimations, non plus dans le cadre de la fusion bayésienne, mais dans celui de la théorie de Dezert-Smarandache.

En fonction des hypothèses considérées pour le modèle de fusion (c'est à dire les éléments du cadre de discernement), nous allons définir deux modèles de fusion directe. Le premier étend le modèle défini au chapitre précédent à un nouvel opérateur de fusion (voir paragraphe 4.4.2.1). Dans le premier modèle, les hypothèses considérées sont donc :
- R : un cas c_i de la base de données est pertinent,
- $\bar{R}$: le cas c_i n'est pas pertinent,

ces deux hypothèses étant évaluées tour à tour pour chaque cas $(c_i)_{i=1..M}$ de la base. Le deuxième modèle, plus général, exploite une spécificité de la théorie DSmT : les hypothèses

4.4. RECHERCHE D'INFORMATION MULTIMODALE BASÉE SUR LA THÉORIE DSMT

n'ont pas besoin d'être exclusives (voir paragraphe 4.4.2.2). Ainsi, dans le second modèle, nous définissons les hypothèses non exclusives suivantes :
- C_1 : le cas c_1 de la base de données est pertinent,
- C_2 : le cas c_2 de la base de données est pertinent,
- ...
- C_M : le cas c_M de la base de données est pertinent.

Finalement, nous définissons un modèle de fusion indirecte, pour étendre ces modèles au cas où nous disposons de connaissances a priori (voir paragraphe 4.4.2.2). Ce dernier modèle est appliqué à la base de rétinopathies diabétiques, pour laquelle nous disposons de certaines connaissances a priori (voir chapitre 4.4.2.3).

4.4.2.1 Modèle basé sur la requête (modèle 1)

Le cadre de discernement

Le premier modèle proposé est une adaptation de la méthode basée sur les réseaux bayésiens, présentée au chapitre 4.3. Nous en rappelons brièvement le principe. Soit c_r un cas placé en requête au système. Pour ranger les cas de la base de données $(c_i)_{i=1..M}$ du plus proche de c_r au plus éloigné, nous avons évalué la probabilité que chacun des cas c_i soit pertinent pour c_r. Pour chaque cas c_i, nous avons évalué deux hypothèses : R="c_i est pertinent pour c_r" ou $\bar{R}$="c_i n'est pas pertinent pour c_r". L'un des nœuds du réseau, noté R, représente cette variable de décision. Pour estimer $P(R)$, nous avions d'abord estimé la probabilité $P(R|D_j)$ d'après chacune des sources $(S_j)_{j=1..N}$, puis ces probabilités ont été fusionnées par l'algorithme d'inférence du réseau bayésien. Les cas ont ensuite été rangés par ordre décroissant de $P(R)$.

En utilisant le vocabulaire propre à la fusion d'information, nous avons donc modélisé le problème par le cadre de discernement $\theta_1 = \{R, \bar{R}\}$. La fusion bayésienne peut être vue comme un cas particulier de la fusion par DSmT : au lieu d'affecter une probabilité à chaque hypothèse pour chaque source S_j, $P(R|D_j)$ et $P(\bar{R}|D_j) = 1 - P(R|D_j)$ respectivement, nous pouvons affecter une masse de croyance à chaque élément de $D(\theta_1) = \{\emptyset, R, \bar{R}, R \cap \bar{R}, R \cup \bar{R}\}$, à savoir $m_j(\emptyset)$, $m_j(R)$, $m_j(\bar{R})$, $m_j(R \cap \bar{R})$ et $m_j(R \cup \bar{R})$. $m_j(R \cup \bar{R})$ correspond à l'ignorance totale : plus ce terme est élevé, plus la confiance accordée à la source S_j est faible. En fait, un cas ne peut pas être à la fois pertinent et non pertinent pour la requête, nous imposons donc la contrainte $R \cap \bar{R} \in V(\theta_1)$. Donc finalement, nous utilisons le modèle contraint $\mathcal{M}^0(\theta_1)$. Le principe de la méthode est illustré sur la figure 4.35. Une fois les fonctions de croyances affectées à chaque source, nous les fusionnons et nous en déduisons la probabilité que le cas $(c_i)_{i=1..M}$ soit pertinent. Cette probabilité peut être traduite soit par la croyance, soit par la plausibilité, soit par la probabilité pignistique de R.

CHAPITRE 4. INDEXATION ET RECHERCHE D'INFORMATION MULTIMODALE

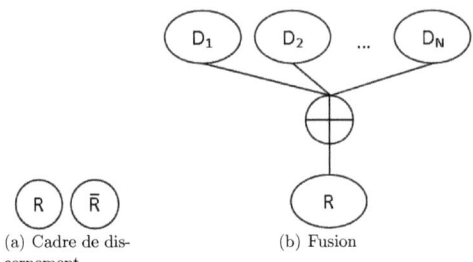

(a) Cadre de discernement (b) Fusion

Figure 4.35 — Modèle basé sur la requête. Sur la figure (b), $D_1..D_N$ sont les différentes sources basées sur les mesures de similitude entre descripteurs. $\oplus$ symbolise l'opérateur de fusion.

Calcul des masses de croyance

Pour déterminer les masses de croyances, nous utilisons les matrices de probabilités conditionnelles définies au paragraphe 4.3.6 pour la méthode basée sur les réseaux bayésiens, plus précisément sur $P(R|D_j)$:

$$P(R|D_j) = \sum_j P(R|D_j = d_{jk})\alpha_{jk}(c_i) \qquad (4.81)$$

où $\alpha_{jk}(c_i)$ est le degré d'appartenance du cas c_i de la base à la valeur d_{jk} du descripteur D_j. Nous proposons de définir les masses de croyance pour un attribut de la manière suivante :
- soit τ_j un seuil sur $P(R|D_j)$
- nous définissons le classifieur suivant : "si $P(R|D_j)$ est supérieure à τ_j alors R est vraie, sinon R est fausse"
- si le classifieur indique que la requête est satisfaite, nous définissons les masses de la manière suivante
  - $m_j(R)$=la sensibilité du classifieur
  - $m_j(\bar{R})$=0
  - $m_j(R \cup \bar{R})$=1-$m_j(R)$
- sinon, nous les définissons de la manière suivante
  - $m_j(R)$=0
  - $m_j(\bar{R})$=la spécificité du classifieur
  - $m_j(R \cup \bar{R})$=1-$m_j(\bar{R})$

La sensibilité est la probabilité que le classifieur indique que la requête est satisfaite sachant qu'elle l'est effectivement : P(observation=R|réalité=R). La spécificité est la probabilité que le classifieur indique que la requête n'est pas satisfaite sachant qu'elle ne l'est effectivement pas : P(observation=$\bar{R}$|réalité=$\bar{R}$).

Pour que la méthode soit efficace, nous avons intérêt à ce que la sensibilité et la spécificité de chaque test soient aussi élevées que possible. Nous recherchons donc pour chaque source le seuil qui maximise le minimum de ces deux critères. Nous exploitons pour cela le fait que la sensibilité est une fonction croissante du seuil et que la spécificité est elle une fonction décroissante du seuil. Ainsi, le minimum des deux critères est maximal lorsqu'ils sont égaux. Nous pouvons donc déterminer le seuil τ_j en recherchant une racine de la fonction

4.4. RECHERCHE D'INFORMATION MULTIMODALE BASÉE SUR LA THÉORIE DSMT

$\tau_j \rightarrow sensibilité(\tau_j) - spécificité(\tau_j)$ (la racine n'est pas forcément unique car la sensibilité et la spécificité ne sont pas strictement monotones). Pour cela, nous appliquons la méthode de bissection, présentée au paragraphe 3.3.2.3, sur l'intervalle $[0; 1]$.

Pour chaque valeur de seuil évaluée par l'algorithme, nous calculons la sensibilité et la spécificité moyenne sur un sous-ensemble de la base de données (la base d'apprentissage) :
- chaque cas c_r, dont la valeur pour D_j est connue, est placé en requête au système
- pour chaque autre cas c_i de la base, dont la valeur pour D_j est également connue, nous calculons $P(R|D_j)$
- nous calculons la sensibilité et la spécificité du test (la réponse au test est vraie si et seulement si c_r et c_i sont au même stade d'évolution)

L'algorithme de bissection fournit à la fois le seuil et la valeur des masses de croyance.

L'algorithme de fusion décrit dans l'annexe C est utilisé pour fusionner les fonctions de croyance ainsi définies. Cet algorithme est polynomial en s, le nombre de sources, contrairement à l'algorithme général qui n'est pas applicable ici, au vu du nombre de sources dans au moins la base de RD.

Finalement, nous recherchons parmi les fonctions de croyance, la croyance, la plausibilité ou la probabilité pignistique, celle qui fournit la meilleure précision moyenne (calculée après fusion des sources).

Couplage avec un réseau bayésien

La méthode présentée ci-dessus fonctionne même si le cas de la base c_i et le cas c_r placés en requête sont incomplets. En effet, il suffit de ne considérer pour la fusion que les sources d'informations disponibles à la fois pour c_i et pour c_r. Il est cependant regrettable de ne pas utiliser les informations qui ne sont disponibles que pour un seul des deux cas. Ces informations peuvent être nombreuses. Ainsi nous avons vu que, dans la base de rétinopathie diabétique, 40,5% des informations contextuelles sont manquantes. Cela implique qu'en moyenne seules $(1 - 40,5\%)^2 = 35,4\%$ des informations contextuelles sont utilisées pour estimer la pertinence d'un cas c_i de la base pour une requête.

Pour pallier ce problème, nous pouvons utiliser la couche du réseau bayésien indépendante de la requête, définie au paragraphe 4.3.5 du chapitre précédent. Cette couche du réseau modélise les relations entre les différents descripteurs de cas. Nous l'utilisons pour inférer la probabilité a posteriori des descripteurs qui sont inconnus pour le cas c_i de la base mais connus pour la requête c_r. Par conséquent, tous les attributs disponibles pour c_i sont utilisés pour inférer les autres variables, et tous les attributs disponibles pour c_r sont impliqués dans la fusion. Ainsi, en moyenne, $1 - 40,5\% = 59,5\%$ des informations contextuelles sont considérées pour la fusion sur la base des rétines, au lieu de 35,4% uniquement.

En outre, nous pouvons utiliser les probabilités a posteriori des descripteurs inconnus afin de déterminer les seuils τ_j sur $P(R|D_j)$.

Le processus d'estimation de la pertinence d'un cas c_i de la base par ce modèle est comparé sur la figure 4.36 à celui de la méthode proposée au chapitre précédent.

CHAPITRE 4. INDEXATION ET RECHERCHE D'INFORMATION
MULTIMODALE

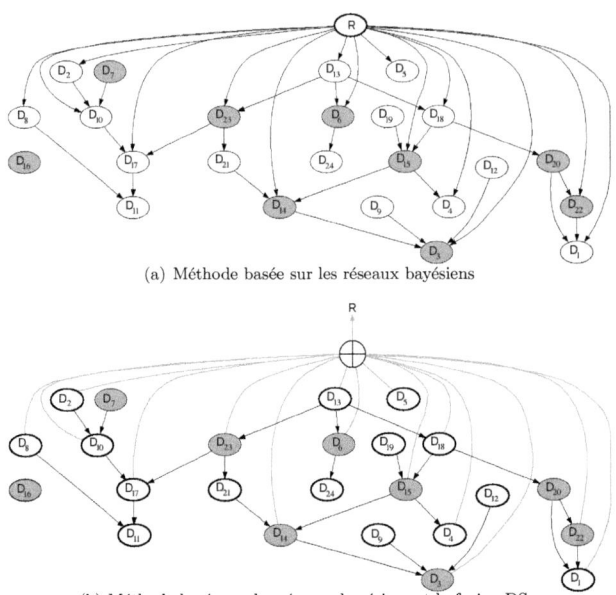

(a) Méthode basée sur les réseaux bayésiens

(b) Méthode basée sur les réseaux bayésiens et la fusion DSm

Figure 4.36 — Processus d'estimation de la pertinence d'un cas c_i de la base par les deux approches de fusion. Sur cet exemple, les descripteurs D_1, ..., D_6, D_8, D_{10}, D_{13}, D_{14}, D_{15}, D_{17}, D_{18}, D_{22} et D_{23} sont disponibles pour le cas c_r placé en requête et les descripteurs D_6, D_7, D_{14}, D_{15}, D_{16}, D_{20}, D_{22} et D_{23} sont disponibles pour le cas c_i de la base de données. Les preuves sont colorées en gris et les variables inférées par le réseau bayésiens sont entourés en gras. Sur la figure (b), la couche de fusion est grisée. Le nœud R du réseau sur la figure (a) (resp. l'opérateur de fusion $\oplus$ sur la figure (b)) est relié aux nœuds du réseau associées aux variables connues pour la requête.

4.4.2.2 Modèle basé sur les cas de la base (modèle 2)

Le cadre de discernement

Au lieu d'estimer la probabilité que chaque cas $(c_i)_{i=1..M}$ de la base soit proche du cas c_r placé en requête, comme nous l'avons fait au paragraphe précédent, nous allons prendre le problème à l'envers : nous allons estimer la probabilité que la requête soit proche de chacun des cas de la base. Dans le paragraphe précédent, le modèle ne dépend que de c_r (par l'intermédiaire des matrices de probabilités conditionnelles). Ici, nous allons intégrer chaque cas de la base dans le modèle.

Nous allons évaluer chacune des hypothèses C_i="c_r est proche de c_i", $i = 1..M$, et les classer de la plus probable à la moins probable. Nous utilisons pour cela le cadre de discernement suivant : $\theta_2 = \{C_1, C_2, ..., C_M\}$. Le cardinal de $D(\theta_2)$ est hyper-exponentiel en M, il est donc nécessaire d'un point de vue combinatoire d'imposer des contraintes sur le modèle. Ces contraintes se justifient également d'un point de vue logique. En effet, deux hypothèses C_i et

4.4. RECHERCHE D'INFORMATION MULTIMODALE BASÉE SUR LA THÉORIE DSMT

C_j sont incompatibles a priori si :
- les cas c_i et c_j sont éloignés l'un de l'autre,
- les cas c_i et c_j n'ont pas le même niveau de sévérité (ou du moins ont des niveaux éloignés)

Pour construire le cadre de discernement, nous commençons par définir un graphe non orienté $G_c = (V, E)$, que nous appelons graphe de compatibilité. Chaque sommet $v \in V$ de ce graphe représente une hypothèse et chaque arc $e \in E$ un couple d'hypothèses compatibles. Le diagramme de Venn du modèle $\mathcal{M}(\theta_2)$ se construit ensuite en recherchant les cliques de G_c (voir figure 4.37).

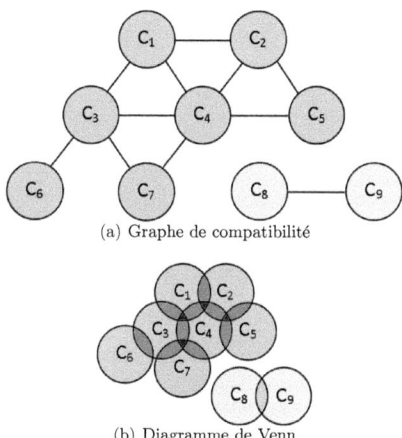

(a) Graphe de compatibilité

(b) Diagramme de Venn

Figure 4.37 — Construction du cadre de discernement à partir du graphe de compatibilité. La figure (a) montre un exemple de graphe de compatibilité. Les hypothèses associées à des cas d'un même classe sont représentées d'une même couleur.

Le principe de la méthode est illustré sur la figure 4.38.

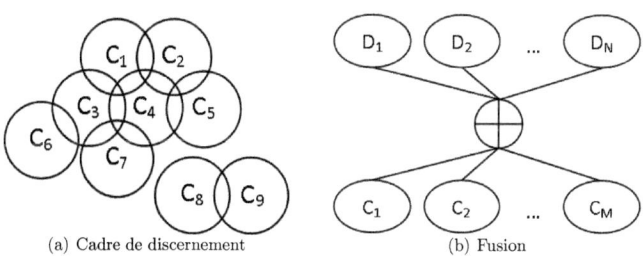

(a) Cadre de discernement

(b) Fusion

Figure 4.38 — Modèle basé sur la requête. Sur la figure (b), $D_1..D_N$ sont les différentes sources basées sur les mesures de similitude entre descripteurs. $C_1..C_M$ sont les différentes hypothèses. $\oplus$ symbolise l'opérateur de fusion.

151

Construction du graphe de compatibilité

Pour définir G_c, nous allons relier chaque cas de la base à ses plus proches voisins, parmi ceux qui présentent le même niveau de sévérité. La détermination des plus proches voisins n'est pas triviale : en effet, le diagramme de Venn du cadre de discernement (et donc G_c) doit être le même pour toutes les sources d'information. Nous devons donc choisir comme voisins d'un cas dans G_c des cas qui lui soient proches pour chacune des sources. Cependant, la définition des plus proches voisins n'a pas besoin d'être précise : nous voulons essentiellement écarter les hypothèses incompatibles. Nous devons donc simplement écarter les dossiers qui sont incompatibles pour au moins une des sources. Un moyen simple de le faire est d'appliquer une fusion du rang (*rank position*), dont le principe a été présenté au paragraphe 4.1.1.2.

Pour limiter la cardinalité du diagramme de Venn et par conséquent la complexité de $\mathcal{M}(\theta_2)$, il faut limiter la taille maximale des cliques de G_c. Une solution approchée a été adoptée : nous relions dans G_c chaque dossier à ses k plus proches voisins. Cette méthode n'empêche pas que des cliques de taille supérieure à k apparaissent. En effet, un nœud v_1 peut faire partie des k plus proches voisins d'un autre nœud v_2, même si v_2 ne fait pas partie des k plus proches voisins de v_1. Ainsi, dans les régions denses de l'espace, des nœuds peuvent avoir une cardinalité plus grande que k, des cliques de taille supérieure à k peuvent alors apparaître. Cette solution est néanmoins intéressante pour sa simplicité. En particulier, l'ajout d'un nouveau cas dans la base de données n'entraîne que des modifications locales du graphe G_c; il n'est donc pas nécessaire de reconstruire complètement le modèle.

Calcul des masses de croyance

Comme dans le cas du modèle basé sur la requête (voir paragraphe 4.4.2.1), nous pouvons utiliser les matrices de probabilités conditionnelles définies pour la méthode basée sur les réseaux bayésiens. Nous calculons ainsi pour chaque descripteur D_j la probabilité $P(C_i|D_j)$ que l'hypothèse C_i soit vraie sachant les descripteurs du cas requête c_r :

$$P(C_i|D_j) = \sum_j P(C_i|D_j = d_{jk})\alpha_{jk}(c_r) \tag{4.82}$$

où $\alpha_{jk}(c_r)$ est le degré d'appartenance de la requête à la valeur d_{jk} du descripteur D_j, et les probabilités conditionnelles $P(C_i|D_j = d_{jk})$ sont calculées par la méthode présentée au paragraphe 4.3.6 en faisant jouer au cas c_i le rôle de la requête.

La masse de croyance m_j est ensuite attribuée aux différentes hypothèses de la manière suivante :
- Nous identifions l'ensemble des cas $(c_i)_{i=1..M' \leq M}$ tels que $P(C_i|D_j)$ soit supérieure à τ'_j. Nous attribuons alors une masse m_{j1} à $\bigcup_{i=1}^{M' \leq M} C_i$.
- Nous attribuons la masse $m_{j2} = 1 - m_{j1}$ à l'ignorance totale $\bigcup_{i=1}^{M} C_i$.

Les paramètres τ'_j et m_{j1} sont déterminés de manière analogue au modèle basé sur la requête. Nous définissons le test suivant "si $P(C_i|D_j)$ est supérieure à τ'_j alors C_i est vraie, sinon C_i est fausse". Nous recherchons alors, par l'algorithme de bissection, le seuil qui maximise le minimum de la sensibilité et de la spécificité de ce classifieur quel que soit C_i (un seul seuil est recherché par modalité : τ'_j). Nous définissons alors m_{j1} comme la sensibilité du classifieur.

4.4. RECHERCHE D'INFORMATION MULTIMODALE BASÉE SUR LA THÉORIE DSMT

Fusion des fonctions de masse et calcul des fonctions de croyance

A l'issue de l'apprentissage du modèle, nous avons construit un diagramme de Venn. Nous associons un numéro unique à chaque élément de ce diagramme. La fonction de masse m_j définie précédemment pour chaque source j est codée de la manière suivante :
- nous associons une chaîne de caractère binaire $e_j(A)$ à chaque ensemble $A \in D^{\theta_2}$ tel que $m_j(A) \neq 0$
- le $i^{\grave{e}me}$ caractère de la chaîne $e_j(A)$ vaut 1 si et seulement si le $i^{\grave{e}me}$ ensemble du diagramme de Venn est inclus dans A.

En mémoire, les chaînes de caractères binaires sont codées par des tableaux d'octets : nous associons un bit à chaque ensemble du diagramme et nous les groupons par huit dans un octet. Les éléments du diagramme de Venn formant une partition de Ω, la relation suivante se vérifie :

$$e_j(A \cap B) = e_j(A) \cap e_j(B) \qquad (4.83)$$

Considérons le problème à trois sources illustré sur la figure 4.39, le modèle étant constitué de cinq éléments : $\theta_2 = \{C_0, C_1, C_2, C_3, C_4\}$, où $C_0 = \{0, 5, 6, 9\}$, $C_1 = \{1, 5, 7, 9\}$, $C_2 = \{2, 6, 7, 9\}$, $C_3 = \{3, 8\}$ et $C_4 = \{4, 8\}$.

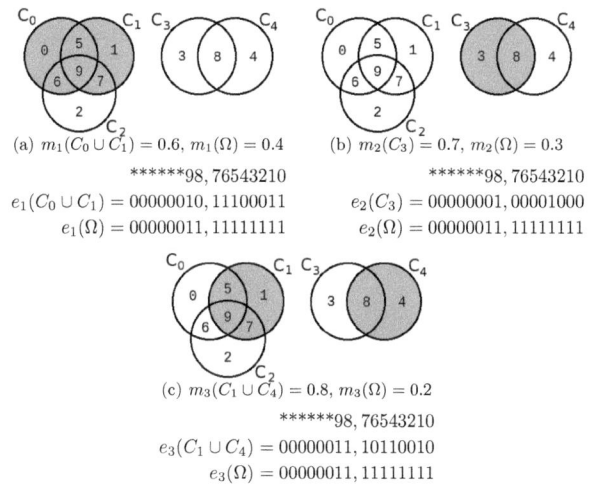

(a) $m_1(C_0 \cup C_1) = 0.6$, $m_1(\Omega) = 0.4$
******98, 76543210
$e_1(C_0 \cup C_1) = 00000010, 11100011$
$e_1(\Omega) = 00000011, 11111111$

(b) $m_2(C_3) = 0.7$, $m_2(\Omega) = 0.3$
******98, 76543210
$e_2(C_3) = 00000001, 00001000$
$e_2(\Omega) = 00000011, 11111111$

(c) $m_3(C_1 \cup C_4) = 0.8$, $m_3(\Omega) = 0.2$
******98, 76543210
$e_3(C_1 \cup C_4) = 00000011, 10110010$
$e_3(\Omega) = 00000011, 11111111$

Figure 4.39 — Codage des fonctions de masse

Nous fusionnons ensuite les sources itérativement :
- fusion de m_1 et de m_2 par la règle Hybride ou une règle de type PCR $\rightarrow m_{12}$,
- fusion de m_{12} et de m_3 par la règle Hybride ou une règle de type PCR $\rightarrow m_{123}$,
- etc.

Nous avons utilisé la règle PCR5. Au fur et à mesure que nous fusionnons des fonctions de masse, le nombre d'éléments $A \in D^{\theta_2}$ tel que $m_j(A) \neq 0$ augmente. Pour accéder à ces éléments et mettre à jour leur masse, nous les rangeons par ordre alphabétique de $e_j(A)$: nous pouvons donc y accéder rapidement à l'aide d'une recherche dichotomique. Il est facile

CHAPITRE 4. INDEXATION ET RECHERCHE D'INFORMATION MULTIMODALE

de détecter un conflit entre deux sources : si $e_i(A) \cap e_j(B) = 0$, $A \in D^{\theta_2}$, $B \in D^{\theta_2}$, alors les ensembles A et B sont en conflit. Sur l'exemple précédent, en appliquant la règle de fusion PCR5, nous obtenons après fusion la figure 4.40. Une fois la fonction de masse fusionnée calculée, nous calculons la probabilité pignistique (équation 4.76) de chaque élément de θ_2. Par exemple, le calcul de $betP(C_3)$ est donné ci-dessous :

$$betP(C_3) = \frac{1}{1}0,405 + \frac{2}{2}0,101 + \frac{1}{6}0,096 + \frac{2}{10}0,024 = 0,527$$

Les exemples $(c_i)_{i=1..M}$ de la base de données sont ensuite classés par ordre décroissant de $betP(C_i)$.

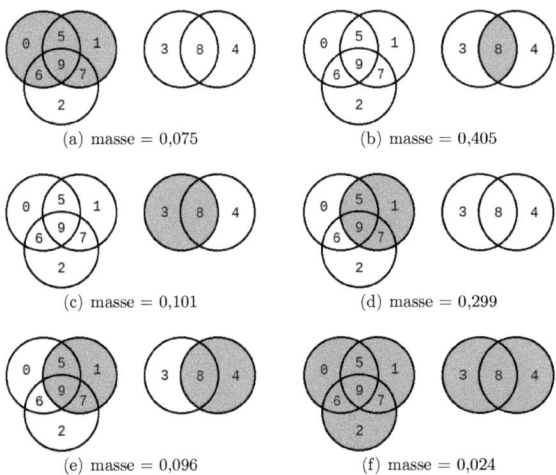

(a) masse = 0,075   (b) masse = 0,405

(c) masse = 0,101   (d) masse = 0,299

(e) masse = 0,096   (f) masse = 0,024

Figure 4.40 — Fusion des fonctions de masse. Les ensembles auxquels on a affecté une masse de croyance non nulle, après fusion, sont représentés sur cette figure.

Couplage avec un réseau bayésien

Ce modèle peut lui aussi être couplé avec un réseau bayésien, pour gérer les valeurs manquantes de la requête.

4.4.2.3 Modèle de fusion indirecte (modèle 3)

Les deux modèles présentés précédemment sont des modèles de fusion directe (voir paragraphe 4.4.1.1). Nous présentons ici un modèle de fusion indirecte, c'est à dire qu'en plus des tests de comparaison sur les vecteurs de descripteurs, nous allons intégrer de la connaissance a priori dans le système. Le modèle présenté dans ce paragraphe ne peut s'appliquer à la base de mammographies car nous ne disposons pas de connaissances a priori relatives à cette application.

Les règles dont nous disposons dans le cas de la rétinopathie diabétique sont de deux types :

4.4. RECHERCHE D'INFORMATION MULTIMODALE BASÉE SUR LA THÉORIE DSMT

1. des règles sur les informations médicales contextuelles du patient, comme par exemple "dans le diabète de type 1, la RD ne survient en général pas avant 7 ans d'évolution". Ces règles sont énumérées dans le paragraphe 2.1.3 du chapitre 2.
2. des règles sur les lésions contenues dans les images, comme par exemple "Présence de microanévrismes uniquement $\Rightarrow$ Rétinopathie non proliférante minime". Ces règles sont énumérées dans le tableau 2.2 du chapitre 2 (elles sont rappelées au dans le tableau 4.11).

Tableau 4.11 — Stades de la rétinopathie diabétique

stade	description
0 - Pas de rétinopathie apparente	
1 - Rétinopathie non proliférante minime	Présence de microanévrismes uniquement
2 - Rétinopathie non proliférante modérée	Présence de lésions autres que des microanévrismes mais ne correspond pas au stade 3
3 - Rétinopathie non proliférante sévère	Une des 3 conditions suivantes est satisfaite : • Plus de 20 hémorragies intra rétiniennes dans chacun des 4 quadrants • anomalies veineuses certaines dans au moins 2 quadrants • AMIR proéminants dans au moins 1 quadrant mais ne correspond pas au stade 4
4 - Rétinopathie proliférante	Une des 2 conditions suivantes est satisfaite : • présence de néovaisseaux • hémorragie vitrée / pré rétinienne
5 - Rétinopathie traitée non active	La rétine a été traitée au laser

Les règles du premier type sont très imprécises. Premièrement, elles ne permettent de discriminer qu'entre trois niveaux d'évolution de la pathologie : S="pas de rétinopathie apparente" (stade 0), NP="rétinopathie non proliférante" (stades 1, 2 et 3) et P="rétinopathie proliférante" (stade 4). En outre elles ne permettent pas de déterminer si un patient a une rétinopathie traitée non active (T = stade 5). Deuxièmement les implications sont floues : "la RD ne survient **en général** pas avant 7 ans d'évolution", "**90 à 95 %** des diabétiques de type 1 ont une RD".

Les règles du deuxième type sont en revanche très précises : elles définissent à elles-seules le stade d'évolution de la pathologie. Elles supposent cependant que les lésions contenues dans les images soient connues. Pour cela, nous pouvons chercher à identifier automatiquement ces lésions et à modéliser notre incertitude sur leur existence.

Quel que soit le type de règles, elles nous donnent en conclusion un stade d'évolution. Or nous ne cherchons pas à déterminer le stade d'évolution mais des exemples proches. Nous définissons un degré de compatibilité entre le cas c_r placé en requête et chaque cas $(c_i)_{i=1..M}$ de la base, dérivant de la fusion de l'ensemble des règles qui s'appliquent à c_r et à c_i.

Traitement des règles contextuelles

Nous nous intéressons dans un premier temps au premier type de règle. Nous définissons un cadre de discernement $\theta_3 = \{S, NP, P, T\}$. Nous utilisons ici un modèle contraint $\mathcal{M}^0(\theta_3)$.

CHAPITRE 4. INDEXATION ET RECHERCHE D'INFORMATION MULTIMODALE

Nous allons fusionner l'ensemble des règles qui concernent un cas x (x étant soit $(c_i)_{i=1..M}$ soit c_r). Lorsque les prémices d'une règle s'appliquent à un cas x, nous ajoutons une source d'information S_j qui attribue une masse $m_j(C)$ à l'hypothèse $C \in \theta_3$ correspondant à la conclusion de la règle, et une masse $m_j(S \cup NP \cup P \cup T) = 1 - m_j(C)$ à l'ignorance totale. Considérons par exemple la règle suivante : "dans le diabète de type 1, la RD ne survient en général pas avant 7 ans d'évolution". Si x est le dossier d'un patient qui a un diabète de type 1 depuis moins de 7 ans, alors nous ajoutons une source d'information S_j qui attribue une masse $m_j(S)$ à l'hypothèse S (sain) et une masse $m_j(S \cup NP \cup P \cup T) = 1 - m_j(C)$ à l'ignorance totale.

Comme dans le modèle décrit au paragraphe 4.4.2.1, la masse $m_j(C)$ attribuée à l'hypothèse $C \in \theta_3$ est la sensibilité de la règle. La sensibilité de la règle correspond à $P(prémices| conclusion)$. Nous avons accès (parfois de manière floue) à $P(conclusion|prémices)$. Nous pouvons utiliser la règle de Bayes pour obtenir la sensibilité :

$$P(prémices|conclusion) = P(conclusion|prémices)\frac{P(prémices)}{P(conclusion)} \quad (4.84)$$

Il faut alors estimer $P(conclusion)$ et $P(prémices)$. Lorsque $P(conclusion|prémices)$ n'est pas disponible, comme dans la règle "dans le diabète de type 1, la RD ne survient **en général** pas avant 7 ans d'évolution", nous estimons directement la sensibilité.

Lorsque l'ensemble des règles a été traité pour le cas c_i et le cas c_r, nous calculons pour c_i et pour c_r la croyance et la plausibilité de chaque élément de θ_3. Nous utilisons ces deux mesures de croyances et ces deux mesures de plausibilité pour caractériser le degré de compatibilité entre c_r et c_i. Nous définissons pour cela un vecteur de croyance $Bel_1(x) = (Bel(S), Bel(NP), Bel(P), Bel(T))$ et un vecteur de plausibilité $Pl_1(x) = (Pl(S), Pl(NP), Pl(P), Pl(T))$. Une borne supérieure sur le degré de compatibilité entre c_r et c_i est donnée par $Pl_1(c_r, c_i) = \sqrt{\frac{Pl_1(c_r)Pl_1(c_i)^t}{4}}$ et une borne inférieure par $Bel_1(c_r, c_i) = \sqrt{\frac{Bel_1(c_r)Bel_1(c_i)^t}{4}}$.

Extraction et traitement de règles sur la présence des lésions

Nous nous intéressons dans un deuxième temps aux lésions présentes dans les rétines des patients. Pour déterminer le stade d'évolution de la pathologie à partir des lésions contenues dans les images, les types de lésions suivants doivent être détectés :
- les microanévrismes (l_1),
- les hémorragies (l_2),
- les anomalies veineuses (l_3),
- les AMIRS (l_4),
- les néovaisseaux (l_5)

Afin de caractériser les rétinopathies traitées non actives, nous ajoutons à cela les traces de lasers (l_6). A partir du tableau 4.11, nous déterminons 5 groupes de patients en fonction des lésions détectées :
- $g_1 : \bar{l}_1 \wedge \bar{l}_2 \wedge \bar{l}_3 \wedge \bar{l}_4 \wedge \bar{l}_5 \wedge \bar{l}_6$ (stade 0),
- $g_2 : l_1 \wedge \bar{l}_2 \wedge \bar{l}_3 \wedge \bar{l}_4 \wedge \bar{l}_5 \wedge \bar{l}_6$ (stade 1),
- $g_3 : (l_2 \vee l_3 \vee l_4) \wedge \bar{l}_5$ (stades 2 et 3),
- $g_4 : l_5$ (stade 4),
- $g_5 : l_6 \wedge \bar{l}_1 \wedge \bar{l}_2 \wedge \bar{l}_3 \wedge \bar{l}_4 \wedge \bar{l}_5$ (stade 5)

Cette association entre les lésions et les groupes constitue notre connaissance a priori. Nous n'utilisons pas la notion de quadrants, qui nous permettraient de différencier les stades 2 et

4.4. RECHERCHE D'INFORMATION MULTIMODALE BASÉE SUR LA THÉORIE DSMT

3, car ceci impliquerait de segmenter et de recaler les images.

Nous avons vu au paragraphe 4.2.8.2 comment construire un arbre de décision avec pour critère de segmentation les lésions contenues dans les rétines de chaque patient. Nous utilisons de tels arbres pour estimer la probabilité que les rétines d'un patient contiennent tel ou tel type de lésion.

Pour estimer la probabilité d'appartenance d'un patient à chaque groupe, nous n'utilisons que les attributs visuels ; les attributs contextuels dont nous disposons ne permettent pas de caractériser l'appartenance d'un patient à un groupe. Ils ont été exploités, mais différemment, au paragraphe précédent. Nous exploitons pour cette estimation la redondance entre les différentes modalités d'images. Ainsi, pour chaque modalité d'image D_j, nous construisons une forêt de décision multiclasse F_j (une classe par lésion $l_1...l_6$, le stade d'évolution n'est pas utilisé). Les descripteurs de cas utilisés pour construire les arbres sont les signatures numériques calculées pour chaque sous-bande de la décomposition en ondelettes (voir chapitre 3.3). Pour chaque modalité d'image D_j et chaque lésion l_k, nous estimons à l'aide de la forêt F_j la probabilité $p_{jk}(c_i)$ que le patient $(c_i)_{i=1..M}$ ait des lésions de type l_k (voir équation 4.85).

$$p_{jk}(c_i) = \frac{\sum_{i'=1..M, i' \neq i} \sum_{t=1}^{A} \sum_{j=1}^{N_t} p_{c_i t j} p_{c_{i'} t j} \delta(c_{i'}, l_k)}{\sum_{i'=1..M, i' \neq i} \sum_{t=1}^{A} \sum_{j=1}^{N_t} p_{c_i t j} p_{c_{i'} t j}} \quad (4.85)$$

où A est le nombre d'arbres dans F_j, p_{atj} est le degré d'affectation d'un cas c_a à la $j^{ème}$ feuille du $t^{ème}$ arbre de F_j, N_t est le nombre de feuilles dans le $t^{ème}$ arbre de F_j, et $\delta(c_a, l_k) = 1$ si un cas c_a à des lésions de type l_k, $\delta(c_a, l_k) = 0$ sinon.

A partir des probabilités $(p_{jk}(c_i))_{k=1..6}$, nous estimons la probabilité que le cas c_i appartienne à chaque groupe $(g_u)_{u=1..5}$, notée p'_{ju}, pour chaque modalité d'image D_j. Nous supposons pour cela indépendantes les différentes probabilités $(p_{jk}(c_i))_{k=1..6}$. Ainsi, le calcul de $p'_{j3}(c_i)$ se déduit de l'équation suivante :

$$P(g_3) = P((l_2 \cup l_3 \cup l_4) \cap \bar{l_5}) \quad (4.86)$$
$$= (P(l_2) + P(l_3) + P(l_4) - P(l_2)P(l_3) - P(l_2)P(l_4) - P(l_3)P(l_4) \quad (4.87)$$
$$+ P(l_2)P(l_3)P(l_4))(1 - P(l_5))$$

Les estimations effectuées pour chaque modalité d'image sont ensuite fusionnées. Pour cela, le cadre de discernement $\theta_4 = \{g_1, g_2, g_3, g_4, g_5\}$ est utilisé avec un modèle contraint $\mathcal{M}^0(\theta_4)$. Pour chaque modalité et chaque groupes, les fonctions de masse sont déterminées de la manière suivante :
- nous définissons le classifieur suivant : "si $p'_{ju}(c_i)$ est supérieure à τ''_{ju} alors c_i appartient au groupe g_u",
- nous recherchons préalablement, par l'algorithme de bissection, le seuil qui maximise le minimum de la sensibilité et de la spécificité de ce classifieur sur l'ensemble des dossiers $(c_i)_{i=1..M}$,
- si $p'_{ju}(c_i)$ est supérieure à τ''_{ju}, alors nous affectons une masse m_{ju} à l'hypothèse g_u et une masse $1 - m_{ju}$ à l'ignorance totale ; m_{ju} est définie comme la sensibilité du classifieur.

Puis nous estimons pour c_i et c_r la croyance et la plausibilité de chaque élément de θ_4. Nous utilisons ces deux mesures de croyances et ces deux mesures de plausibilité pour

157

caractériser le degré de compatibilité entre c_r et c_i. Nous définissons pour cela un vecteur de croyance $Bel_2(x) = (Bel(g_1), Bel(g_2), Bel(g_3), Bel(g_4), Bel(g_5))$ et un vecteur de plausibilité $Pl_2(x) = (Pl(g_1), Pl(g_2), Pl(g_3), Pl(g_4), Pl(g_5))$. Une borne supérieure sur le degré de compatibilité entre c_r et c_i est donnée par $Pl_2(c_r, c_i) = \sqrt{\frac{Pl_2(c_r)Pl_2(c_i)^t}{5}}$ et une borne inférieure par $Bel_2(c_r, c_i) = \sqrt{\frac{Bel_2(c_r)Bel_2(c_i)^t}{5}}$.

Remarque : En interprétant les images de rétines, les experts ont énuméré séparément les lésions présentes dans cinq zones disjointes de l'image. Afin d'augmenter la précision de l'apprentissage, nous avons construit cinq exemples par image (en calculant une signature d'image pour chaque zone) : le nombre d'exemples augmente et l'interprétation de chaque cas est plus précise. Cette séparation de l'image en cinq cas est possible car nous n'estimons pas directement les probabilités $(p'_{ju}(c_i))_{u=1..5}$ d'appartenance aux groupes à partir des forêts F_j, mais d'abord la probabilité $(p_{jk}(c_i))_{k=1..6}$ de présence des lésions.

Fusion indirecte

Dans le modèle basé sur la requête (paragraphe 4.4.2.1), nous avons estimé la probabilité que la requête c_r et un cas c_i de la base soient compatibles. Pour cela nous avons évalué l'hypothèse R. Dans cette méthode, nous avons estimé directement $P(R)$ en déterminant $Pl(R)$, $Bel(R)$ ou $betP(R)$ à partir de la fonction de masse m_0 calculée pour les vecteurs de descripteurs : $m_0(R)$, $m_0(R \cup \bar{R})$ et $m_0(\bar{R})$.

Dans cette méthode, nous allons utiliser à la fois m_0, $Pl_1(c_r, c_i)$, $Pl_2(c_r, c_i)$, $Bel_1(c_r, c_i)$ et $Bel_2(c_r, c_i)$ pour estimer $P(R)$. Nous nous ramenons à un problème binaire de fusion à trois sources : la source basée sur les mesures de similitude (0) et les deux sources basées sur la connaissance a priori (1 et 2). Nous définissons un dernier cadre de discernement $\theta_5 = \{R, \bar{R}\}$ associé à un modèle binaire contraint $\mathcal{M}^0(\theta_5)$. Une fonction de masse m_0 à été définie pour la source S_0. Il nous reste à définir une fonction de masse pour les deux autres sources : m_1 et m_2.

Dans le modèle $\mathcal{M}^0(\theta_5)$, la croyance et la plausibilité satisfont les relations suivantes :

$$Bel(R) = m(R) \tag{4.88}$$
$$Pl(R) = m(R) + m(R \cup \bar{R}) \tag{4.89}$$

Nous pouvons donc déduire une fonction de masse m à partir des deux valeurs $Bel(R)$ et $Pl(R)$ comme suit :

$$m(R) = Bel(R) \tag{4.90}$$
$$m(R \cup \bar{R}) = Pl(R) - Bel(R) \tag{4.91}$$
$$m(\bar{R}) = 1 - m(R) - m(R \cup \bar{R}) \tag{4.92}$$

Si nous associons $Pl_1(c_r, c_i)$ et $Pl_2(c_r, c_i)$ (resp. $Bel_1(c_r, c_i)$ et $Bel_2(c_r, c_i)$) à la plausibilité (resp. la croyance) de l'hypothèse H pour les sources S_1 et S_2, alors nous en déduisons les deux fonctions de masse $(m_j)_{j=1..2}$:

$$m_j(R) = Bel_j(c_r, c_i) \tag{4.93}$$
$$m_j(R \cup \bar{R}) = Pl_j(c_r, c_i) - Bel_j(c_r, c_i) \tag{4.94}$$
$$m_j(\bar{R}) = 1 - m_j(R) - m_j(R \cup \bar{R}) \tag{4.95}$$

4.4. RECHERCHE D'INFORMATION MULTIMODALE BASÉE SUR LA THÉORIE DSMT

Une fois les trois fonctions de masse définies, nous les fusionnons par la règle PCR5 et nous en déduisons une estimation de $P(R)$ à l'aide d'une des trois valeurs $Pl(R)$, $Bel(R)$ ou $betP(R)$: celle qui fournit la meilleure précision moyenne pour la taille de fenêtre choisie.

La méthode est résumée sur la figure 4.41.

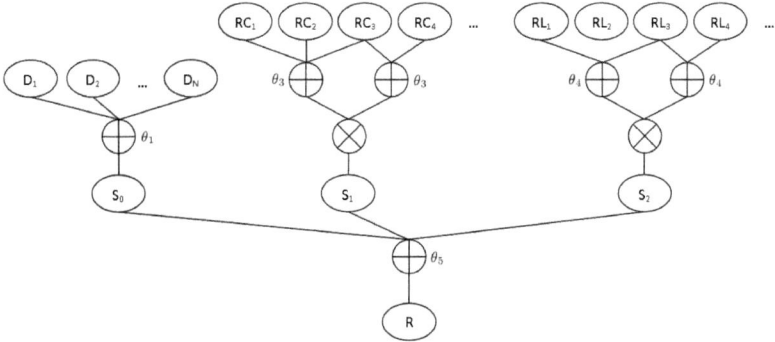

Figure 4.41 — Modèle de fusion indirecte. $D_1..D_N$ sont les différentes sources basées sur les mesures de similitude entre descripteurs. $RC_1, RC_2,...$ (resp. $RL_1, RL_2,...$) symbolisent les sources basées sur les règles contextuelles (resp. sur l'existence des lésions) qui permettent de calculer les vecteurs de croyance et de plausibilité. $\oplus$ symbolise les opérateurs de fusion avec le cadre de discernement associé, $\otimes$ symbolise le produit des vecteurs de croyance et de plausibilité.

4.4.3 Résultats

Tous les calculs ont été effectués en utilisant les signatures d'images ayant fourni les meilleurs scores de précision moyenne au chapitre 3.3, à savoir les signatures basées sur les gaussiennes généralisées, en utilisant une base d'ondelettes optimisée.

4.4.3.1 Influence des différents paramètres

Les paramètres que nous devons ajuster, pour chacunes des trois méthodes proposées, sont les paramètres définissant la manière dont les images sont intégrées dans le système de recherche. Ces paramètres sont les mêmes que pour la méthode basée sur les réseaux bayésiens, à savoir :
- le paramètre de l'algorithme SOM : la taille de la carte (voir paragraphe 4.3.7)
- le paramètre de l'algorithme FCM : le degré de flou (voir paragraphe 4.2.4)

L'ajustement de ces paramètres s'effectue de la même manière que pour la méthode basée sur les réseaux bayésiens (voir section 4.3.8.2). L'influence des différents paramètres est illustrée sur les figures 4.42 et 4.43.

CHAPITRE 4. INDEXATION ET RECHERCHE D'INFORMATION MULTIMODALE

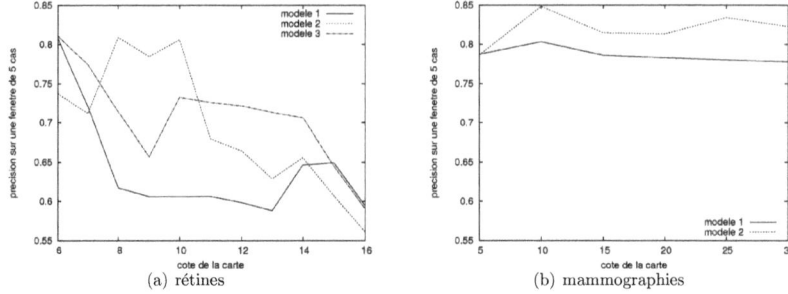

(a) rétines (b) mammographies

Figure 4.42 — Influence du paramètre de l'algorithme SOM. Nous voyons que les paramètres optimaux diffèrent d'une méthode à l'autre, pour la base des rétines.

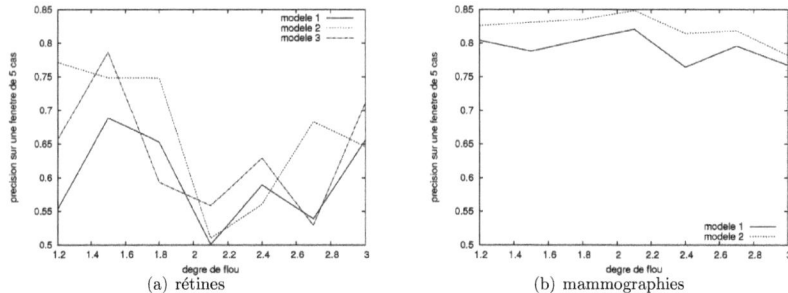

(a) rétines (b) mammographies

Figure 4.43 — Influence du paramètre de l'algorithme FCM. Nous voyons que les paramètres optimaux sont quasiment inchangés d'une méthode à l'autre.

4.4.3.2 Méthodes optimales

Les précisions moyennes pour une fenêtre de cinq images sont présentés dans le tableau 4.12 pour chacun des trois modèles, pour les réglages optimaux des paramètres. Pour chacune des bases de données, la deuxième méthode est celle fournissant les meilleurs résultats. Les précisions moyennes obtenues sont légèrement supérieures à celles obtenues par la méthode basée sur les arbres de décision sur la base des rétines, mais inférieures pour ce qui est de la base des mammographies (cf. tableau 4.4). Pour chacune des bases, les scores sont meilleurs que ceux obtenus par la méthode basée sur les réseaux bayésiens (cf. tableau 4.9).

4.4. RECHERCHE D'INFORMATION MULTIMODALE BASÉE SUR LA THÉORIE DSMT

Tableau 4.12 — Précisions moyennes pour les trois méthodes proposées

modèle	réseau bayésien	rétines	mammographies
1	non	74,28%	77,30%
	oui	80,80%	80,33%
2	non	78,61%	82,13%
	oui	81,78%	84,82%
3	non	75,61%	∅
	oui	81,17%	∅

4.4.3.3 Temps de calcul

Le temps de calcul moyen pour sélectionner les cinq cas les plus proches d'une image requête, pour chacune des trois méthodes, est donné dans le tableau 4.13. Ce temps est décomposé entre les différentes étapes de calcul dans le tableau 4.14. Les calculs sont effectués avec un processeur AMD Athlon 64-bit cadencé à 2 GHz. Il en ressort encore nettement que l'essentiel du temps est consacré au calcul des signatures d'images.

Tableau 4.13 — Temps de calcul moyen

modèle	réseau bayésien	rétines	mammographies
1	non	32,21 s	148,13 s
	oui	40,58 s	148,27 s
2	non	33,02 s	149,94 s
	oui	40,77 s	150,01 s
3	non	32,94 s	∅
	oui	40,83 s	∅

Tableau 4.14 — Temps de calcul décomposé par étapes

base de données	rétines	mammographies
transformée en ondelettes (pour 1 image)	0,22 s	1,99 s
estimation de $(\hat{\alpha}, \hat{\beta})$ (pour 1 image)	4,35 s	33,90 s
calcul des distances avec les signatures de la base (pour 1 "attribut image")	0,033 s	1,14 s
inférence du réseau bayésien, si un réseau bayésien est utilisé	0,099 s	0,104 s
fusion et classement des exemples (premier modèle)	0,0025 s	0,006 s
fusion et classement des exemples (deuxième modèle)	0,05 s	1,82 s
fusion et classement des exemples (troisième modèle)	0,11 s	∅

Remarque : en utilisant les signatures d'images basées sur les histogrammes, nous pourrions obtenir des temps de calcul plus faibles, au prix d'une précision moyenne plus faible également.

4.4.3.4 Robustesse

Pour étudier la robustesse de la méthode relativement aux informations manquantes, nous avons appliqué la procédure décrite au paragraphe 4.1.3. La courbe de précision moyenne de la méthode en fonction du nombre d'attributs renseignés est donnée sur la figure 4.44.

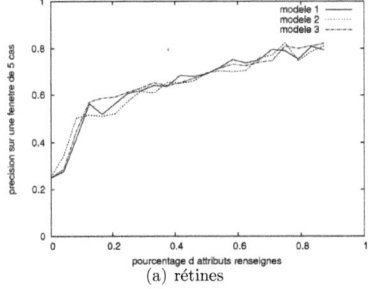
(a) rétines

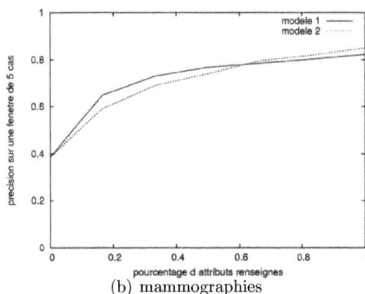
(b) mammographies

Figure 4.44 — Robustesse relativement aux valeurs manquantes. La figure (a) (resp. la figure (b)) présente la robustesse relativement aux valeurs manquantes des trois méthodes, avec ou sans couplage avec un réseau bayésien, sur la base de rétines (resp. des mammographies). Nous voyons que les trois méthodes ont à peu près les mêmes caractéristiques quant à la robustesse relativement aux valeurs manquantes. Ces méthodes sont plus robustes que la méthode basée sur les arbres de décision, et a fortiori celle basée sur les réseaux bayésiens (cf. figures 4.15 et 4.32). Une précision de 60% pour une fenêtre de cinq cas peut ainsi être atteinte en renseignant simplement 25% des attributs (contre 40% pour les arbres de décision).

4.4.4 Requête interactive

Nous considérons la recherche itérative suivante : à chaque itération k, l'utilisateur renseigne un nouvel attribut a^k du cas c_r placé en requête et la liste de résultats est mise à jour. Les trois méthodes présentées dans ce chapitre peuvent être rendues interactives. Le principe est sensiblement le même que pour l'algorithme basé sur les réseaux bayésiens, présenté au chapitre précédent.

Concernant le premier et le troisième modèle, l'opérateur de fusion utilisé (présenté en annexe C) traite les différentes sources d'information de manière séquentielle : ainsi, il n'est pas nécessaire de reprendre le calcul de fusion depuis le début lorsqu'une nouvelle source est renseignée.

Considérons ensuite le modèle basé sur les cas de la base (deuxième modèle). Les mêmes remarques s'appliquent si le modèle n'est pas couplé avec un réseau bayésien. Lorsque ce modèle est couplé avec un réseau bayésien, chaque attribut a^k renseigné pour la requête est traité comme une preuve par le réseau bayésien et la probabilité a posteriori des autres attributs est mise à jour (cf. paragraphe 4.3.10.1). Les fonctions de masse de croyance de tous les attributs étant potentiellement changées, il faut par contre reprendre le calcul de fusion depuis le début.

4.4. RECHERCHE D'INFORMATION MULTIMODALE BASÉE SUR LA THÉORIE DSMT

Nous pouvons ensuite utiliser la solution décrite au paragraphe 4.3.10.2 pour aider l'utilisateur à sélectionner le prochain attribut à renseigner.

4.4.5 Discussion

Les trois méthodes proposées dans ce chapitre permettent d'intégrer des données hétérogènes et de gérer les informations manquantes, ce qui était l'objectif fixé au chapitre 4.1. La troisième méthode permet en outre d'intégrer de la connaissance a priori dans le modèle. Grâce à l'algorithme d'apprentissage utilisé, la précision moyenne de la méthode est importante. Ainsi une précision de 81,78% est obtenue sur la base des rétines et une précision de 84,82% sur la base des mammographies, ce qui signifie que quatre dossiers sur les cinq sélectionnés par le système de recherche sont en moyenne pertinents.

Comme les deux méthodes proposées précédemment, ces méthodes de recherche sont rapides : la plus grande partie du temps de calcul est consacrée à l'extraction des signatures d'images, qui est indépendante de l'algorithme de recherche utilisé. Nous pouvons d'ailleurs, grâce à cette méthode, éviter de calculer toutes les signatures. En effet, une précision suffisante peut être atteinte avant que chaque attribut ne soit saisi par l'utilisateur. Par conséquent, l'utilisateur peut arrêter de saisir de nouveaux attributs lorsqu'il a obtenu des résultats satisfaisants, grâce à la procédure décrite au paragraphe 4.4.4. Sur la base des rétines par exemple, une précision de 60% pour une fenêtre de cinq cas peut être atteinte en renseignant simplement 25% des attributs, contre 40% pour les arbres de décision (voir figure 4.44) : avec cette précision, la majorité des cas sélectionnés (trois sur cinq) appartient à la classe de la requête. Ce seuil peut même être abaissé en choisissant judicieusement les paramètres à renseigner.

Les trois méthodes proposées peuvent être vues comme différentes améliorations de l'approche basée sur les réseaux bayésiens, présentée au chapitre précédent. Elles partagent donc plusieurs propriétés : notamment la généricité et la lisibilité.

Nous constatons que l'apport de la connaissance a priori (modèle 3) ne permet pas une amélioration significative des scores de précision moyenne sur la base des rétines. Pour expliquer cela, nous avons comparé les règles issues de notre connaissance a priori avec les règles extraites par un arbre de décision, construit en n'utilisant que les informations contextuelles. Nous avons alors constaté que l'algorithme automatique des arbres de décision extrait des règles similaires à celles issues de la connaissance a priori, mais avec un paramétrage différent. Par exemple, la règle "dans le diabète de type 1, la RD ne survient en général pas avant 7 ans d'évolution" se retrouve dans un arbre de décision, mais avec un seuil de 10 ans. Ainsi, les règles issues de notre connaissance a priori sont moins précises que celles apprises automatiquement, qui sont spécifiquement adaptées à notre base de données. Cependant, comme les règles extraites par un algorithme d'apprentissage dépendent des données d'apprentissage, elles peuvent être entachées d'erreur si la taille des données d'apprentissage est trop faible ; dans ce cas, insérer de la connaissance a priori peut avoir un intérêt.

Une variante a été envisagée pour la deuxième méthode proposée (au paragraphe 4.4.2.2). La construction du graphe de compatibilité G_c que nous avons proposée ne permet pas de limiter la taille maximale des cliques de G_c, et par conséquent la complexité de l'algorithme de fusion. Une première approche, permettant de limiter la complexité de l'algorithme de fusion, avait d'abord été envisagée. Une solution pour limiter la cardinalité des nœuds est

de changer d'espace des paramètres de cas. Ainsi, si nous voulons limiter la taille des cliques à k, nous pouvons nous placer dans un espace euclidien de dimension $k-1$ puis trianguler l'ensemble des points dans cet espace. Nous notons D l'espace de départ et A l'espace d'arrivée. Pour que la triangulation ait un sens, il faut que des cas proches dans l'espace D soit géométriquement proches dans l'espace A, c'est à dire proches au sens de la norme de $\mathbb{R}^{k-1}$. Il existe essentiellement trois approches pour réduire la dimensionnalité d'un espace en préservant les relations de proximité entre ses éléments :
- La mise à l'échelle multidimensionnelle (*Multidimensional scaling* - MDS). L'objectif de MDS est de préserver la relation d'ordre de voisinage (le $n^{ième}$ plus proche voisin dans l'espace D sera idéalement le $n^{ième}$ plus proche voisin dans l'espace A) : c'est ce que nous voulons. Cependant, dans l'algorithme MDS, les longues distances prédominent sur les plus courtes, or ce sont ces dernières qui nous intéressent. MDS est intéressant car il se base uniquement sur les mesures de distances entre les éléments de D, et non sur les éléments eux-mêmes, qui peuvent être incomplets et donc difficiles à manipuler.
- Les cartes auto organisatrices de Kohonen [71] (*Self-organizing maps* - SOM). SOM essaie de préserver la topologie (les relations de voisinage local) : les éléments projetés à des positions proches dans A sont similaires. Cependant, contrairement à MDS, SOM se base sur les éléments de D.
- La projection de Sammon [67]. Cette méthode est un compromis entre MDS et SOM : elle cherche à préserver la relation d'ordre de voisinage tout en donnant plus d'importance aux petites distances. Comme MDS, elle se base uniquement sur les mesures de distances entre les éléments de D.

Compte tenu des remarques précédentes, la projection de Sammon est la mieux adaptée pour projeter les éléments de D dans l'espace A. Pour trianguler l'espace A, nous pouvons nous baser sur la triangulation classique de Delaunay [33]. Dans $\mathbb{R}^2$, la triangulation de Delaunay d'un ensemble de points est l'unique triangulation telle qu'un cercle passant par les trois points d'un triangle ne contienne aucun autre point. Cette notion peut être généralisée à n'importe quelle dimension : dans $\mathbb{R}^3$ par exemple, on utilise des tétraèdres et des sphères. Une fois $\mathbb{R}^{k-1}$ triangulée, nous obtenons un graphe non orienté, noté G_c^0. Nous pouvons construire le graphe de compatibilité G_c en supprimant de G_c^0 les arcs $a = (v_i, v_j)$ tels que :
- les cas c_i et c_j correspondants sont trop éloignés l'un de l'autre,
- les cas c_i et c_j n'ont pas le même niveau de sévérité

En plus d'être plus complexe, cette variante envisagée semble moins intéressante que l'approche utilisée car elle nécessite un réapprentissage du système à chaque fois qu'un nouveau cas est ajouté à la base de données, ce qui n'est pas le cas de l'approche utilisée. L'approche que nous avons choisie est donc plus simple et plus flexible.

Discussion

NOTRE travail de thèse était consacré à l'étude de méthodes d'indexation et de recherche d'information par le contenu dans des bases de données multimédia, avec un objectif d'aide au diagnostic dans le domaine médical. Avant de conclure, il est important de revenir sur la démarche suivie et l'ensemble des résultats obtenus.

Nous nous sommes d'abord intéressés à l'utilisation des images, uniquement, comme point d'accès aux données. Pour les indexer, nous avons proposé deux types de signatures numériques d'images, basées sur la transformée en ondelettes, pour caractériser les images incluses dans les dossiers patients étudiés. La première exploite l'analyse fréquentielle effectuée par la transformée en ondelettes pour construire une signature globale des images. Deux signatures globales sont évaluées, l'une modélisant la distribution des coefficients d'ondelette par des histogrammes, l'autre par des lois gaussiennes généralisées. La première signature globale est rapide à calculer ; la seconde, bien que plus longue à calculer, est plus compacte et permet une recherche deux fois plus rapide. Sachant que le calcul de la signature pourrait être optimisé, nous nous sommes basés sur la seconde signature globale dans la suite de nos travaux. Le second type de signature proposé exploite la localisation en espace des coefficients transformés afin de caractériser localement les images, en détectant et en comptant des lésions cibles (les microanévrismes dans les images rétiniennes, en particulier). Une des originalités de ces deux méthodes, la méthode globale et la méthode locale, provient de l'optimisation des coefficients d'ondelettes, basée sur le schéma de lissage. Quelle que soit la signature utilisée et la base de données étudiée, l'ondelette optimale fournit toujours de meilleurs résultats en précision moyenne que les ondelettes classiques testées. Les meilleurs résultats de précision moyenne obtenus pour chacune des deux bases de données sont donnés dans le tableau 4.15. Nous constatons que si les valeurs de précision moyenne atteintes sont élevées pour la base des visages et des mammographies, elles sont en revanche relativement faibles dans le cas de la base des rétines, qui nous intéresse particulièrement. Nous voyons également, pour cette base de données, que l'apport de la détection des microanévrismes (la signature locale) est très limité, malgré l'efficacité du classifieur (dont la sensibilité et la valeur prédictive positive sont de l'ordre de 90%), compte tenu de la faible corrélation entre le stade d'évolution de la pathologie et le nombre de microanévrismes.

Tableau 4.15 — Meilleurs scores de précision moyenne obtenus pour les signatures d'images

signature	Visages	Rétines	Corel	Mammographies
globale	96,50%	53,54%	35,83%	70,91%
globale + locale	∅	55,14%	∅	∅

Ceci nous a conduit à étudier l'apport de toutes les informations disponibles dans les dossiers patients de rétinopathies diabétiques, pour améliorer éventuellement les résultats :

DISCUSSION

les séries d'images et les informations contextuelles. Plus généralement, nous nous sommes intéressés aux méthodes permettant de traiter le cas de données multimédia, hétérogènes, voire incomplètes. Nous avons ainsi proposé trois méthodes pour les systèmes de recherche par le contenu dans des bases de données multimédia : une méthode basée sur les arbres de décision, une méthode basée sur les réseaux bayésiens et une méthode basée sur la théorie de Dezert-Smarandache (DSmT). Les arbres de décision et les réseaux bayésiens reposent sur des algorithmes de fouille de données ; les réseaux bayésiens et la théorie de DSmT sont des algorithmes de fusion d'information. Trois variantes ont été proposées pour la troisième méthode, notamment une intégrant de la connaissance a priori sur les lésions typiques de la pathologie et le contexte clinique des patients. Les meilleurs résultats de précision moyenne obtenus par chacune de ces méthodes pour la base des rétines et celle des mammographies sont donnés dans le tableau 4.16.

Tableau 4.16 — Meilleurs résultats de précision moyenne obtenus pour la recherche d'information multimodale

signature	Rétines	Mammographies
arbres de décision	80,97%	**92,90%**
réseaux bayésiens	70,36%	82,05%
DSmT (modèle 1)	80,80%	80,33%
DSmT (modèle 2)	**81,78%**	84,82%
DSmT (modèle 3)	81,17%	$\emptyset$

Nous remarquons notamment que l'apport de la connaissance a priori, sous forme de règles, n'a pas permis d'amélioration significative des résultats, ces règles étant de fait déjà retrouvées par les algorithmes d'apprentissage automatique utilisés. Nous remarquons que pour la base des rétines, la méthode basée sur les arbres de décision et celle basée sur la théorie DSmT fournissent des résultats très proches. En revanche, pour les mammographies, la méthode basée sur les arbres de décision fournit de bien meilleurs résultats de précision moyenne. La différence de résultats entre ces méthodes sur la base des mammographies peut facilement s'expliquer. La méthode basée sur les arbres de décision est en effet mieux adaptée car elle permet une segmentation plus fine de l'espace des signatures d'images au cours de l'apprentissage, alors que dans les autres méthodes, l'espace des signature est segmenté préalablement à l'apprentissage ; or dans la base des mammographies, l'espace des signatures est complexe. Ce constat nous avait amené à améliorer l'algorithme de segmentation, mais l'algorithme basé sur les arbres de décision reste le meilleur.

Du point de vue des temps de calcul (voir tableau 4.17), les trois méthodes de recherche d'information multimodale sont à peu près comparables, en effet, l'essentiel du temps de recherche est consacré au calcul des signatures numériques. Le choix de la signature numérique joue en effet un rôle déterminant sur le temps de calcul : pour illustrer l'influence de la signature numérique, nous fournissons une estimation des temps de calcul que nous aurions obtenus en remplaçant la signature basée sur la loi gaussienne généralisée par celle basée sur les histogrammes. Le calcul des signatures basées sur les histogrammes est très rapide par rapport à l'estimation des paramètres des gaussiennes généralisées. En contre-partie, ces signatures contiennent 320 nombres réels au lieu de 50 pour les signatures utilisant les gaussiennes généralisées. De ce fait le calcul des distances entre images est plus long (0,065 s contre 0,033 s pour la base des rétines). Avec les temps de calcul actuels, les signatures basées sur les gaussiennes généralisées ne sont intéressantes, du point de vue temps de recherche

DISCUSSION

global, que pour les très grandes bases : plus de 28.656 images sur la base des rétines, plus de 278.870 images sur la base des mammographies (qui en contiennent actuellement 995 et 9.108, respectivement). Il faudrait de fait trouver des méthodes pour réduire le temps d'estimation des paramètres des gaussiennes, pour profiter de leur apport au niveau précision, par exemple par une méthode approchée basée uniquement sur l'histogramme de l'image. La méthode de recherche multimodale la plus rapide est celle basée sur les arbres de décision : toutes les images fournies par l'utilisateur ne sont pas forcément utilisées par le système. Ces images n'ont donc pas besoin d'être analysées. En revanche, pour les autres méthodes, toutes les images fournies par l'utilisateur sont utilisées comme des preuves supplémentaires pour le système de fusion.

Tableau 4.17 — Temps moyen de calcul pour chacune des méthodes

	base de données	rétines	mammographies
	transformée en ondelettes (pour 1 image)	0,22 s	1,99 s
H	calcul des histogrammes (pour 1 image)	0,03 s	0,22 s
	calcul des distances avec les signatures de la base (pour 1 "attribut image")	0,065 s	2,22 s
	temps total moyen (arbres de décision)	**1,41 s**	**3,85 s**
	temps total moyen (réseaux bayésiens ou DSmT)	**2,86 s**	**4,59 s**
GG	estimation de $(\hat{\alpha}, \hat{\beta})$ (pour 1 image)	4,35 s	33,90 s
	calcul des distances avec les signatures de la base (pour 1 "attribut image")	0,033 s	1,14 s
	temps total moyen (arbres de décision)	**17,24 s**	**99,50 s**
	temps total moyen (réseaux bayésiens ou DSmT)	**40,58 s**	**148,27 s**

Le temps total moyen donné pour les méthodes basées sur les réseaux bayésiens et la théorie DSmT sont ceux obtenus pour la premier méthode basée sur DSmT, couplée avec un réseau bayésien ; les temps obtenus par les autres méthodes sont proches (voir tableaux 4.10 et 4.13).

Un autre élément important pour la recherche, plus particulièrement dans le domaine médical, est le nombre d'attributs disponibles pour la recherche d'un cas multimédia. Nous n'avons en effet pas toujours toutes les informations renseignées présentes dans la requête, par rapport à l'ensemble des informations dont on pourrait disposer pour un cas. Les courbes de robustesse relativement aux valeurs manquantes sont données sur la figure 4.45. Nous constatons que les méthodes basées sur la théorie de Dezert-Smarandache sont plus intéressantes que celle basée sur les arbres de décision. Avec ces méthodes, nous pouvons atteindre une précision moyenne de 60%, sur la base des RD, en renseignant moins d'attributs : c'est à dire que nous pouvons avoir plus rapidement une majorité d'images de la bonne classe (3 sur 5). L'utilisateur peut donc avoir une information correcte en ne fournissant pas systématiquement l'ensemble des éléments possibles pour un dossier, d'où un gain de temps.

DISCUSSION

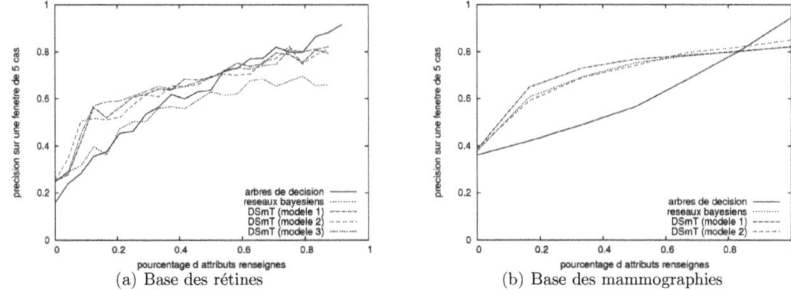

(a) Base des rétines   (b) Base des mammographies

Figure 4.45 — Robustesse relativement aux valeurs manquantes

Nous voyons donc que les différentes méthodes de recherche multimodale proposées ont toutes leurs avantages : aucune d'entre elles ne surpasse les autres pour tous les critères de performance évalués. La méthode à utiliser devra donc être choisie en fonction de l'application visée.

Conclusion

LES progrès continus en STIC, les avancées technologiques constantes dans le domaine de l'archivage des données numériques, nous permettent aujourd'hui d'avoir accès à une quantité d'information inégalée dans l'histoire. Tous les domaines d'activités de l'homme sont concernés, et les problèmes ne sont plus seulement maintenant du côté des volumes d'information archivables, mais bien d'avantage du côté de l'utilisation de ces données, de la recherche des informations pertinentes pour une utilisation donnée. C'est particulièrement vrai dans le domaine médical où de plus en plus d'informations relatives aux patients, aux pathologies, aux connaissances médicales sont enregistrées, archivées dans des bases de données et peuvent être utilisées pour de la formation ou de l'aide au diagnostic. Dans notre travail de thèse, nous nous sommes intéressés en particulier aux bases contenant à la fois des images numériques et des informations sémantiques. L'approche que nous avons explorée est basée sur l'indexation et la recherche d'information. Au cours des dernières années, de tels systèmes ont été étudiés pour la recherche d'information sémantique ou pour la recherche d'images (CBIR). Cependant, la recherche de documents multimodaux a été très peu étudiée dans la littérature : les quelques méthodes proposées traitent les différents types d'information séparément. Nous avons donc ouvert dans cette thèse des pistes pour exploiter conjointement les différentes informations multimodales dans un système de recherche. Les méthodes proposées ont été appliquées à l'aide au diagnostic médical.

Les apports méthodologiques de cette thèse portent d'abord sur la construction de signatures numériques pour les images incluses dans les documents des bases de données multimédia, et ensuite sur la fusion des informations multimodales disponibles dans ces bases, pour la recherche par le contenu. Un chapitre est consacré à chacune de ces deux parties du travail de thèse. Les méthodes proposées ont été appliquées à deux bases de dossiers patients multimodaux : une base de rétines constituée au LaTIM et une base publique de mammographies. Pour montrer leur généricité, les algorithmes de recherche d'images sont également évalués sur deux bases de données non médicales.

La partie consacrée à l'extraction des signatures numériques (chapitre 3) prolonge les travaux effectués dans le laboratoire sur l'application des algorithmes de compression à la recherche d'images. Nous avons ainsi proposé deux méthodes basées sur la transformée en ondelettes des images. La première méthode construit une signature générique et globale pour les images. Elle exploite notamment la flexibilité offerte dans la seconde partie de la norme JPEG-2000, pour s'adapter au mieux aux images étudiées. Constatant que cette première méthode ne permet pas de caractériser correctement les petites lésions, dans le cas des images médicales, nous avons proposé une approche complémentaire. Cette seconde approche permet de caractériser localement les images, en recherchant des lésions modélisables par une forme paramétrique : nous l'avons appliquée à la recherche des microanévrismes dans les images rétiniennes. Une des originalités de ces deux méthodes est de rechercher automatiquement une base d'ondelettes dans le cadre du schéma de lissage. La précision moyenne, pour une fenêtre de cinq images, obtenue par ces méthodes atteint 55,14% pour

CONCLUSION

la base des rétines, 70,91% pour la base des mammographies, 35,83% pour Corel et 96,50% pour la base des visages.

Dans l'étude des méthodes de recherche par le contenu de données multimodales, une attention particulière a été portée au problème de l'incomplétude des documents dans la base. Nous nous sommes donc intéressés à des méthodes permettant d'intégrer des informations multimodales et incomplètes. Trois approches ont été proposées au chapitre 4 : la première est basée sur les arbres de décision et ses extensions, la deuxième sur les réseaux bayésiens et la troisième sur la théorie de Dezert-Smarandache (DSmT). Les scores de précision moyenne obtenus sur la base des rétines, et dans une moindre mesure sur celle des mammographies, valident l'intérêt d'utiliser des dossiers médicaux, plutôt que des images seules, pour l'aide au diagnostic. La méthode la plus précise pour la base des mammographies est celle basée sur les arbres de décision : elle atteint 92,90%, contre 84,82% pour la deuxième meilleure méthode. Pour la base des rétines, la plus précise est celle basée sur DSmT : elle atteint 81,78% ; notons quand même que la méthode basée sur les arbres de décision est presque aussi précise (80,97%). Le choix de la méthode à préconiser va donc être guidé davantage par le temps de calcul : c'est la méthode basée sur les arbres de décision qui nous semble être la plus intéressante. Cependant, quelle que soit la méthode utilisée, la précision moyenne obtenue et la robustesse relative à l'incomplétude des documents sont suffisamment importantes pour que toutes les méthodes proposées soient utilisées dans un système d'aide au diagnostic médical.

Dans les méthodes présentées dans cette thèse, nous n'exploitons pas explicitement les liens particuliers entre les différentes images d'un document de la base. Ainsi, dans le cas particulier de la base des rétines, nous savons que la variation d'intensité des pixels de l'image au cours d'une séquence angiographique permet de caractériser certaines lésions. Or nous n'avons pas modélisé l'aspect temporel des séries d'images. Une solution a été envisagée pour y remédier : nous pourrions construire une signature de la série angiographique recalée. Nous avons ainsi cherché à recaler ces séries d'images (voir annexe B). Cependant, le recalage induit une perte de robustesse de l'algorithme de recherche. Ce problème de l'indexation de séries temporelles d'images s'intègre dans la problématique plus large de l'utilisation d'informations temporelles, du suivi longitudinal des informations patients. Nous le trouvons dans les séquences angiographiques, mais aussi dans les acquisitions dynamiques d'images : échographies, endoscopies, etc. Dans ces examens, les évolutions temporelles, les déplacements d'un capteur vidéo, peuvent apporter une aide à l'interprétation des images, à l'établissement d'un diagnostic. Comment les qualifier, comment les décrire pour la recherche par le contenu ? Les réponses ne sont pas simples, même si des travaux existent, mais surtout dans l'indexation de séquences multimédia pour la télévision ou le cinéma. Etudier des réponses dans le domaine médical, pour la recherche par le contenu, est la poursuite logique de nos travaux et fait partie des nouveaux objectifs de notre équipe.

Pour conclure, les travaux présentés dans cette thèse se traduisent par des avancées importantes et originales dans la recherche d'informations par le contenu. Ils permettent d'envisager la mise en place de systèmes d'aide à la décision basés sur la recherche par le contenu. En tirant réellement profit des bases de données numériques disponibles, ils devraient faciliter la pratique clinique des médecins dans un avenir proche.

ANNEXE A

Publications

A.1 Articles issus de la thèse acceptés dans des revues à comité de lecture

- Quellec G, Lamard M, Josselin PM, Cazuguel G, Cochener B, Roux C : Optimal wavelet transform for the detection of microaneurysms in retina photographs. *IEEE Transactions on Medical Imaging.* 27(9) :1230-1241, septembre 2008
- Quellec G, Lamard M, Cazuguel G, Cochener B, Roux C : Wavelet Optimization for Content-Based Image Retrieval in Medical Databases. *Medical Image Analysis.* 14(2) :227-241, avril 2010
- Quellec G, Lamard M, Bekri L, Cazuguel G, Cochener B, Roux C : Recherche de cas médicaux multimodaux à l'aide d'arbres de décision. *Ingénierie et Recherche BioMédicale (IRBM).* 29(1) :35-43, mars 2008

A.2 Articles issus de la thèse en cours de révision dans des revues à comité de lecture

- Quellec G, Lamard M, Cazuguel G, Roux C, Cochener B : Heterogeneous Case Retrieval in Medical Databases using Information Fusion. *IEEE Transactions on Medical Imaging*
- Quellec G, Lamard M, Bekri L, Cazuguel G, Roux C, Cochener B : Multimodal medical case retrieval from a committee of decision trees. *IEEE Transactions on Information Technology in Biomedicine*

A.3 Articles issus du prolongement de la thèse acceptés dans des revues à comité de lecture

- Quellec G, Lamard M, Cazuguel G, Cochener B, Roux C : Adaptive non-separable wavelet transform via lifting and its application to Content-Based Image Retrieval. *IEEE Transactions on Image Processing.* 19(1) :25-35, janvier 2010
- Niemeijer M, van Ginneken B, Cree MJ, Mizutani A, Quellec G et al. : Retinopathy Online Challenge : automatic detection of microaneurysms in digital color fundus photographs. *IEEE Transactions on Medical Imaging.* 29(1) :185-195, janvier 2010
- Abràmoff MD, Reinhardt JM, Russell SR, Folk JC, Mahajan VB, Niemeijer M, Quellec G : Automated Early Detection of Diabetic Retinopathy. *Ophthalmology* (sous presse)
- Quellec G, Lee K, Dolejsi M, Garvin MK, Abràmoff MD, Sonka M : Three-dimensional analysis of retinal layer texture : Identification of fluid-filled regions in SD-OCT of the

ANNEXE A. PUBLICATIONS

macula. *IEEE Transactions on Medical Imaging* (sous presse)

A.4 Chapitre de livre issu de la thèse

- Quellec G, Lamard M, Cazuguel G, Cochener B, Roux C : Multimodal information retrieval based on DSmT. Application to computer aided medical diagnosis. *Advances and Applications of DSmT for Information Fusion III.* ch. 18, pp. 471-502, 2009. Editeurs : F. Smarandache et J. Dezert, American Research Press.

A.5 Actes de conférences

- Quellec G, Lamard M, Cazuguel G, Cochener B, Roux C : Multimodal Medical Case Retrieval using Dezert-Smarandache Theory with A Priori Knowledge. *4th European Congress of the International Federation for Medical and Biological Engineering*, 23-27 novembre 2008, Anvers
- Quellec G, Lamard M, Cazuguel G, Roux C, Cochener B : Multimodal medical case retrieval using the Dezert-Smarandache Theory. *30th Annual International Conference of IEEE Engineering in Medecine and Biology Society*, 20-24 août 2008, Vancouver
- Quellec G, Lamard M, Bekri L, Cazuguel G, Roux C, Cochener B : Multimodal Medical Case Retrieval using Bayesian Networks and the Dezert-Smarandache Theory. *The Fifth IEEE International Symposium on Biomedical Imaging (ISBI '08)*. 14-17 juin 2008, Paris
- Cochener B, Quellec G, Cazuguel G, Lamard M : Détection automatique des microanévrismes par l'utilisation de la transformée en ondelette. *114 ème Congrés de la SFO.* 10-14 mai 2008, Paris
- Quellec G, Lamard M, Bekri L, Cazuguel G, Cochener B, Roux C : Multimedia Medical Case Retrieval using Decision Trees. *29th annual international conference of IEEE engineering in medecine and biology society.* 23-26 août 2007, Lyon
- Lamard M, Quellec G, Bekri L, Cazuguel G, Cochener B, Roux C : Content Based Image Retrieval Based on Wavelet Transform Coefficients Distribution. *29th annual international conference of IEEE engineering in medecine and biology society.* 23-26 août 2007, Lyon
- Quellec G, Lamard M, Josselin PM, Cazuguel G, Cochener B, Roux C : Detection of lesions in retina photographs based on the wavelet transform. *28th annual international conference of IEEE engineering in medecine and biology society.* 30 août - 3 septembre 2006, New York
- Lamard M, Quellec G, Josselin PM, Cazuguel G, Cochener B, Roux C : Microaneurisms detection in retina photographs based on the wavelet transform. *World Congress on Medical Physics and Biomedical Engineering 2006(WC 2006)*, 27 août - 1er septembre 2006, Séoul
- Quellec G, Lamard M, Josselin PM, Cazuguel G, Cochener B, Roux C : Recherche d'image par le contenu appliquée à la rétinopathie diabétique. *Manifestation de Jeunes Chercheurs en STIC (MAJECSTIC'06)*, Novembre 2006, Lorient

ANNEXE

B Détection des vaisseaux sanguins - application au recalage d'images rétiniennes

Dans notre travail, nous avons proposé différentes approches pour indexer et rechercher des séquences d'images accompagnées d'informations contextuelles (voir chapitre 4). Dans chacune des approches proposées, les signatures globales de ces images sont fusionnées en aval, lors du calcul des similarités entre séquences. Dans la base d'images rétiniennes, les différentes images de la séquence représentent le même objet (le fond de l'œil) sous différentes conditions d'observation (application de différents filtres de couleur sur l'objectif de la caméra et décalage temporel de l'observation dans la séquence angiographique). Or les variations locales d'intensités entre différentes images de la séquence permettent d'identifier des lésions caractéristiques de la rétinopathie diabétique. Ainsi, au lieu de fusionner les signatures globales de chaque image, il peut être intéressant de construire directement une signature (globale) de la séquence angiographique recalée.

En appliquant la méthode d'ajustement de forme présentée au paragraphe 3.4 aux vaisseaux sanguins de la rétine, nous proposons dans cette annexe un algorithme de recalage de séquences angiographiques rétiniennes, s'appuyant sur les vaisseaux sanguins.

B.1 Détection des vaisseaux sanguins

B.1.1 Modèle pour les vaisseaux sanguins

Pour détecter un vaisseau sanguin, nous commençons par détecter des portions de vaisseaux, définis par une position et une direction, puis nous interpolons les portions de vaisseaux détectés. Pour détecter une portion de vaisseau, nous devons modéliser le profil d'intensité $p(r)$ des vaisseaux sur l'image, où r est la distance au centre du vaisseau, puis nous appliquons le principe de l'ajustement de modèle, décrit au paragraphe 3.4, avec un élément $f(x, y)$ défini par l'équation B.1.

$$\begin{cases} u = x\cos(\theta) + y\sin(\theta) \\ f(x,y) = p(u) \end{cases} \quad (B.1)$$

Où θ est l'angle définissant la direction du vaisseau. La transformée en ondelettes discrète

ANNEXE B. DÉTECTION DES VAISSEAUX SANGUINS - APPLICATION AU RECALAGE D'IMAGES RÉTINIENNES

de ce modèle est calculée et les coefficients à l'intérieur du masque $m(x, y)$, défini par l'équation B.2, sont ajustés sur l'image.

$$\begin{cases} u = x\cos(\theta) + y\sin(\theta) \\ v = -x\sin(\theta) + y\cos(\theta) \\ m(x,y) = \begin{cases} 1 \; si \; |u| < l \; et \; |v| < L \\ 0 \; sinon \end{cases} \end{cases} \quad (B.2)$$

Quelques exemples de profils de vaisseaux dans une image vert-anérythre sont donnés dans la figure B.1.

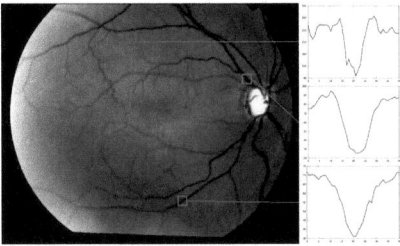

Figure B.1 — Profils de vaisseaux dans une image vert-anérythre

Comme pour les microanévrismes (voir paragraphe 3.4.4.2), nous pouvons modéliser le profil des vaisseaux par une gaussienne généralisée. Cependant, dans le cas des angiographies tardives, le profil des vaisseaux ne peut pas être modélisé par une gaussienne généralisée, mais il peut en revanche être modélisé par une différence entre deux gaussiennes généralisées. En effet, le sang dépourvu de marqueurs commence à remplacer le sang marqué : par conséquent, le sang à l'intérieur des vaisseaux est foncé (gaussienne généralisée à l'envers) et les parois des vaisseaux encore marqués sont claires (gaussienne généralisée à l'endroit). Quelques exemples de profils de vaisseaux dans une image angiographique tardive sont donnés dans la figure B.2.

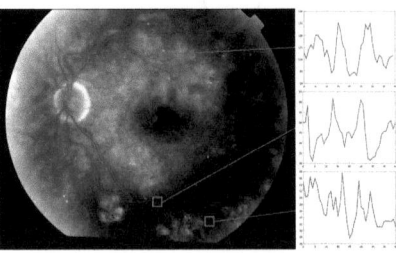

Figure B.2 — Profils de vaisseaux dans une image angiographique tardive

A priori, en plus d'ajuster le profil du vaisseau, nous devons ajuster sa direction. Nous allons exploiter la décomposition en ondelettes des images pour la trouver directement. Par la décomposition en ondelettes des images que nous avons appliquée (cf. section 3.1.4), nous avons calculé en chaque point de l'image un coefficient transformé dans la direction horizontale et un autre dans la direction verticale. En comparant ces deux coefficients, nous pouvons

B.1. DÉTECTION DES VAISSEAUX SANGUINS

déterminer la direction ponctuelle privilégiée. Cette propriété de la transformée en ondelettes des images a été utilisée par Mallat pour la détection de contours [90]. En effectuant une moyenne de ces directions ponctuelles privilégiées dans un voisinage d'un vaisseau, nous pouvons déterminer la direction orthogonale au vaisseau. Ainsi, en chaque point de l'image, nous déterminons la direction privilégiée θ_0 dans un voisinage du point, puis nous ajustons un modèle du vaisseau en ce point dans la direction θ orthogonale à θ_0. Pour détecter l'angle θ_0 de manière robuste, nous avons appliqué la procédure suivante :
- *Initialisation* : on calcule en chaque point (i,j) de l'image l'angle $A(i,j)$ (voir équation B.3) et la norme $N(i,j)$ (voir équation B.4) du vecteur $(nHL(i,j), nLH(i,j))$, où n est l'échelle d'observation qui fournit les meilleures performances (voir chapitre B.1.2).

$$A(i,j) = \begin{cases} \arctan\left(\frac{nHL(i,j)}{nLH(i,j)}\right) \text{ si } 0 \leq \arctan\left(\frac{nHL(i,j)}{nLH(i,j)}\right) < \pi \\ \arctan\left(\frac{nHL(i,j)}{nLH(i,j)}\right) - \pi \text{ sinon} \end{cases} \quad (B.3)$$

$$N(i,j) = \sqrt{nHL(i,j)^2 + nLH(i,j)^2} \quad (B.4)$$

- *Ajustement du modèle en un point* (i_0, j_0) : dans un voisinage $V(i_0, j_0)$ du point (i_0, j_0), nous construisons l'histogramme H à m niveaux des angles, pondérés par la norme. Ainsi, la valeur du $k^{ième}$ niveau de l'histogramme est donnée par l'équation B.5. La pondération par la norme permet d'écarter les pixels trop entachés de bruit. A chaque niveau k de l'histogramme, nous associons une direction d_k définie par l'angle $\alpha_k = \frac{(k+\frac{1}{2})\pi}{m}$. La direction privilégiée d_k dans le voisinage $V(i_0, j_0)$ est celle qui maximise le critère c_k de l'équation B.6. Le principe est illustré sur la figure B.3.

$$H(k) = \sum_{(i,j)\in V / \frac{k\pi}{m} \leq A(i,j) < \frac{(k+1)\pi}{m}} N(i,j) \quad (B.5)$$

$$c_k = \sum_{l=0}^{m-1} H(l) |d_l . d_k| \quad (B.6)$$

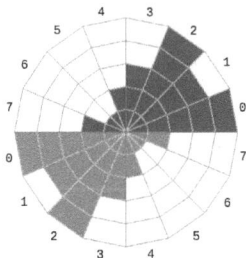

Figure B.3 — Principe de la recherche de la direction privilégiée. La figure représente un histogramme H à $m = 8$ niveaux. Chaque niveau de l'histogramme est représenté dans le secteur angulaire correspondant (cf. équation B.5). En appliquant le critère de l'équation B.6, nous voyons que la direction privilégiée est d_1. Si nous nous étions contenté de rechercher le niveau maximum de l'histogramme, nous aurions trouvé que d_0 (ou d_2) est la direction privilégiée, ce qui aurait été faux.

ANNEXE B. DÉTECTION DES VAISSEAUX SANGUINS - APPLICATION AU RECALAGE D'IMAGES RÉTINIENNES

B.1.2 Paramétrage du système

Les paramètres suivants doivent être déterminés :
- la base d'ondelettes utilisée pour décomposer les images
- l'échelle d'observation (n) utilisée pour rechercher la direction privilégiée
- les sous-bandes utilisées pour l'ajustement du modèle

Ces paramètres sont recherchés comme expliqué au paragraphe 3.4.3. Chaque jeu de paramètre est évalué par l'équation 3.56, qui fait intervenir la sensibilité et la VPP (valeur prédictive positive) de la détection. Nous devons pour cela disposer d'une vérité terrain. Nous avons donc segmenté manuellement les vaisseaux sanguins de plusieurs images de la base de données (voir figure B.4).

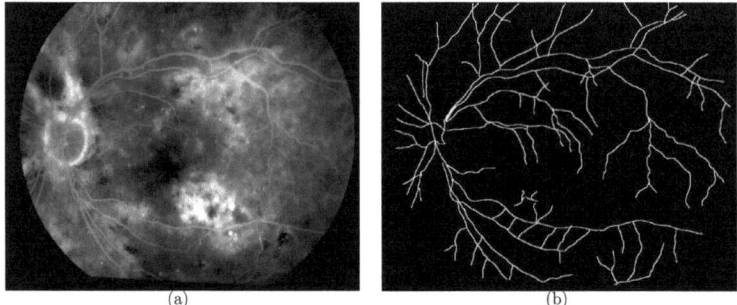

(a) (b)

Figure B.4 — Vérité terrain pour la détection des vaisseaux

Pour estimer la VPP, nous calculons le pourcentage d'objets détectés se trouvant au plus à un pixel d'un vaisseau segmenté manuellement. Pour estimer la sensibilité, nous calculons le pourcentage de pixels segmentés manuellement se trouvant au plus à un pixel d'un objet détecté.

Remarque : contrairement au détecteur de microanévrismes, nous ne sommes pas obligés d'utiliser un seuil unique pour l'ensemble des images d'une même modalité. Ce seuil peut être recherché de manière non supervisée pour chaque nouvelle image, en effectuant une analyse fractale du réseau vasculaire extrait en fonction du seuil/des seuils sur la SSE [86].

B.1.3 Résultats

La meilleure combinaison de sous-bandes est $\{2HL, 2LH\}$. Ces deux sous-bandes sont également celles qui fonctionnent le mieux pour détecter les angles (i.e. $n = 2$). Nous montrons sur la figure B.5 le score du système (défini à l'équation 3.56, qui est fonction de la VPP et de la sensibilité) en fonction de l'ondelette utilisée. Cette figure montre que le choix de l'ondelette joue un rôle important sur l'efficacité du système.

Nous donnons sur la figure B.6 des résultats qualitatifs de segmentation.

B.1. DÉTECTION DES VAISSEAUX SANGUINS

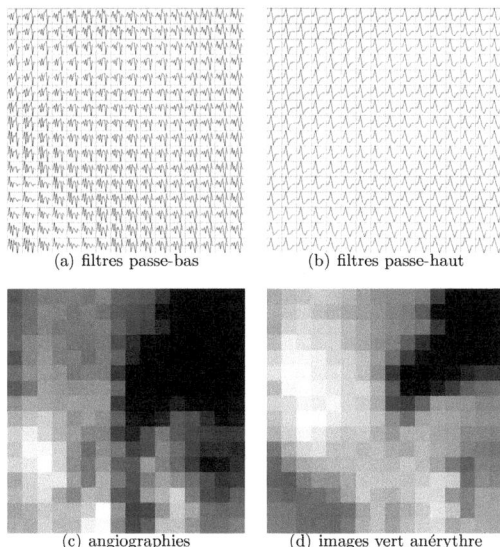

(a) filtres passe-bas   (b) filtres passe-haut

(c) angiographies   (d) images vert anérythre

Figure B.5 — Influence de l'ondelette sur le score de détection des vaisseaux. Sur cet exemple, les filtres sont recherchés parmi l'ensemble des ondelettes de support 9/3. Le score de chaque couple de filtres (passe-bas, passe-haut) est proportionnel à l'intensité du pixel correspondant dans les images (c) et (d).

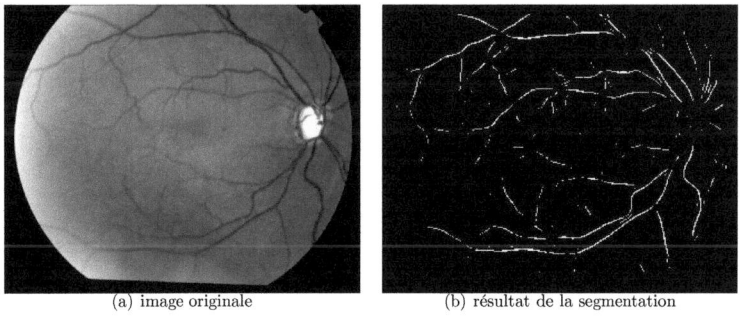

(a) image originale   (b) résultat de la segmentation

Figure B.6 — Exemple de résultat de la détection des vaisseaux. Le centre de chaque portion de vaisseau détectée est représentée par un pixel blanc sur l'image (b).

B.2 Recalage des images rétiniennes

B.2.1 Choix de la méthode de recalage

Les méthodes de recalage peuvent être divisées en quatre groupes : les modèles élastiques, les méthodes de Fourier, les méthodes de corrélation et les méthodes de mise en correspondance de primitives. Le premier groupe n'est pas utile pour le recalage d'images rétiniennes car les déformations sont principalement globales (les mouvements de l'oeil et les déformations optiques), et les deux suivantes sont a priori inadaptées aux images rétiniennes, d'après [76]. Certaines études ont néanmoins été menées sur le recalage d'images rétiniennes en se basant sur des méthodes de corrélation, telles que l'information mutuelle [126], ou des modèles élastiques [99], mais ces méthodes ne fonctionnent pas sur nos images, qui sont peu contrastées pour certaines modalités (notamment les angiographies tardives). Nous nous intéressons donc au recalage par mise en correspondance de primitives. Plusieurs primitives ont été utilisées pour recaler des images rétiniennes [105]. Les plus fréquentes étant les ramifications et les croisements de vaisseaux ou le squelette de la vascularisation. Nous allons utiliser la deuxième approche, en appliquant l'algorithme de détection décrit au paragraphe précédent.

Comme nous l'avons dit précédemment, les modèles de déformation rigide sont bien adaptés au recalage d'images rétiniennes. Nous allons recaler les images de chaque série deux à deux : l'une des images sert de référence et nous appliquons une déformation rigide à l'autre image, afin de minimiser l'erreur de correspondance entre les deux images. Nous étudions pour cela deux modèles de déformation :
– une rotation et une translation (trois paramètres)
– une transformation du second ordre, pour prendre en compte la sphéricité et les déformations optiques (12 paramètres - voir équation B.7) [17].

$$\begin{pmatrix} x' \\ y' \end{pmatrix} = \begin{pmatrix} \theta_{11} & \theta_{12} & \theta_{13} & \theta_{14} & \theta_{15} & \theta_{16} \\ \theta_{21} & \theta_{22} & \theta_{23} & \theta_{24} & \theta_{25} & \theta_{26} \end{pmatrix} \begin{pmatrix} x^2 \ xy \ y^2 \ x \ y \ 1 \end{pmatrix}^t \quad \text{(B.7)}$$

où (x', y') sont les coordonnées du point dans l'image de référence et (x, y) est la coordonnée dans l'image transformée.

B.2.2 Recalage d'une série d'images multimodale

Nous nous plaçons maintenant dans un cadre plus général : au lieu de recaler une image sur une image de référence, nous allons recaler toutes les images d'une série $S = \{I_1, I_2, ..., I_N\}$, entre elles. Nous devons pour cela désigner une image de référence I_r, et recaler les autres images de la série sur I_r. Le recalage de la série se fait en trois étapes :
1. nous recalons grossièrement toutes les images deux à deux, en choisissant tour à tour l'une ou l'autre des images comme référence (voir paragraphe B.2.3),
2. nous utilisons le résultat de ces $N(N-1)$ recalages pour désigner l'image de référence (voir paragraphe B.2.4),
3. nous recalons avec précision chaque image $I \in S - \{I_r\}$ sur I_r (voir paragraphe B.2.5).

B.2.3 Recalage grossier de deux images

Pour recaler grossièrement une image I_a sur une image I_b, nous utilisons la transformation rapide de Chamfer [47]. Cette transformation consiste à ajuster un ensemble de primitives

B.2. RECALAGE DES IMAGES RÉTINIENNES

sur une image binaire I. Pour cela, une carte de distance D est calculée : pour chaque point (i,j) dans I, $D(i,j)$ est la distance au plus proche objet dans I. Dans notre cas, I est constituée des primitives extraites de I_b (les vaisseaux sanguins dans notre cas). Le recalage consiste à trouver la transformation qui minimise $\sum_{f \in F} D(T(f))$, F étant l'ensemble des pixels constituant les primitives extraites de I_a. Dans cette première étape, la déformation utilisée est simplement une rotation suivie d'une translation. La procédure d'optimisation utilisée est un algorithme génétique suivi d'une descente de Powell. Cette étape dure moins d'une seconde par couple d'images.

B.2.4 Choix de l'image de référence

A ce point, nous construisons un graphe orienté G dont les images $I \in S$ sont les sommets et dont les transformations optimales précédemment calculées sont les arcs. Ensuite, pour chaque couple d'image (I_a, I_b), nous construisons la liste L_{ab} des chemins de taille inférieure ou égale à 2 entre I_a et I_b, et nous composons les transformations correspondantes. La procédure est illustrée sur la figure B.7.

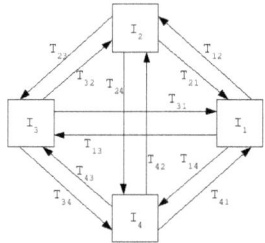

Figure B.7 — Graphe des transformations. Sur cet exemple, la liste L_{12} est composée de $\{T_{12}, T_{21}^{-1}, T_{13} \circ T_{32}, T_{31}^{-1} \circ T_{32}, T_{31}^{-1} \circ T_{23}^{-1}, T_{13} \circ T_{23}^{-1}, T_{14} \circ T_{42}, T_{41}^{-1} \circ T_{42}, T_{41}^{-1} \circ T_{24}^{-1}, T_{14} \circ T_{24}^{-1}\}$ où $^{-1}$ est l'opérateur inverse et $\circ$ est l'opérateur de composition.

A partir de ces listes, nous calculons la transformation moyenne pour chaque paire d'images, une fois les transformations aberrantes supprimées des listes. Cette transformation moyenne nous fournit une initialisation robuste si l'on doit recaler les deux images de manière plus précise, comme décrit au paragraphe suivant. Le cardinal d'une liste L_{ij} entre deux images I_i et I_j, après suppression des transformations aberrantes, est un indicateur de la confiance que l'on peut avoir dans le recalage entre ces deux images. L'image de référence I_r est désignée par le critère suivant :

$$r = \mathrm{argmax}_i \left(\sum_j C_{ij} \right) \quad (B.8)$$

où C_{ij} traduit la confiance que l'on peut avoir dans le recalage entre I_i et I_j. Donc a priori $C_{ij} = |L_{ij}|$. Cependant, dans le cas où une liste contiendrait deux éléments très différents (échec de l'initialisation), nous choisissons C_{ij} comme une mesure de similitude (strictement inférieure à 1) entre les deux éléments de la liste.

ANNEXE B. DÉTECTION DES VAISSEAUX SANGUINS - APPLICATION AU
RECALAGE D'IMAGES RÉTINIENNES

B.2.5 Recalage précis

A ce stade de la procédure, l'image de référence a été désignée et une estimation T_0 de la déformation entre chaque image $I \in S - \{I_r\}$ et I_r est disponible. T_0 est utilisée pour initialiser la transformation du second ordre de la manière suivante :

$$\begin{pmatrix} x' \\ y' \end{pmatrix} = \begin{pmatrix} 0 & 0 & 0 & \cos(\phi) & \sin(\phi) & t_x \\ 0 & 0 & 0 & -\sin(\phi) & \cos(\phi) & t_y \end{pmatrix} \begin{pmatrix} x^2 & xy & y^2 & x & y & 1 \end{pmatrix}^t \quad (B.9)$$

où (t_x, t_y) et ϕ sont les paramètres de la translation et de la rotation, déterminés précédemment. L'optimisation finale est obtenue par une autre descente de Powell. Pour obtenir une meilleure précision, nous n'utilisons pas la transformation rapide de Chamfer, nous recherchons la transformation T qui maximise le critère suivant, inspiré d'un critère proposé dans la littérature [47] :

$$\begin{cases} \sum_{f \in F_i} \sum_{g \in F_r} \exp\left(-\frac{||T(f).c - g.c||^2}{K}\right) \times \cos(T(f).\alpha - g.\alpha) \times E(T(f)) \\ E(T(f)) = \exp\left(-\frac{||T(f).c - T_0(f).c||^2}{K}\right) \times \cos(T(f).\alpha - T_0(f).\alpha) \end{cases} \quad (B.10)$$

où F_i est l'ensemble des primitives extraites de I_i ; pour chaque primitive f, $f.c$ et $f.\alpha$ désignent le centre et la direction de la primitive. Contrairement à la formule introduite par Fang [47], K est un paramètre constant : il s'agit du seuil utilisé pour écarter les transformations aberrantes au paragraphe précédent.

B.2.6 Résultats

Un exemple de série d'images recalées est présenté sur la figure B.8. Quatre séries de la base de données n'ont pu être recalées par cette méthode : à chaque fois, le problème s'est posé lors du recalage grossier. Pour évaluer la qualité du recalage, nous avons marqué manuellement plusieurs croisements de vaisseaux dans chaque série (dans l'image de référence, ainsi que es autres images de la série où ces croisements apparaissent), jouant le rôle de balises. Ensuite, pour chaque image I de la série à l'exception de la référence I_r, nous avons mesuré la distance euclidienne moyenne entre les balises de I et de I_r. Les images sont ensuite classifiées dans le tableau B.1 en fonction de cette distance moyenne.

distances moyenne entre les balises (pixels)	$0 \leq d < 2$	$2 < d < 5$	$d \geq 5$
pourcentage d'images	90%	5%	5%

Tableau B.1 — Evaluation quantitative du recalage

B.2. RECALAGE DES IMAGES RÉTINIENNES

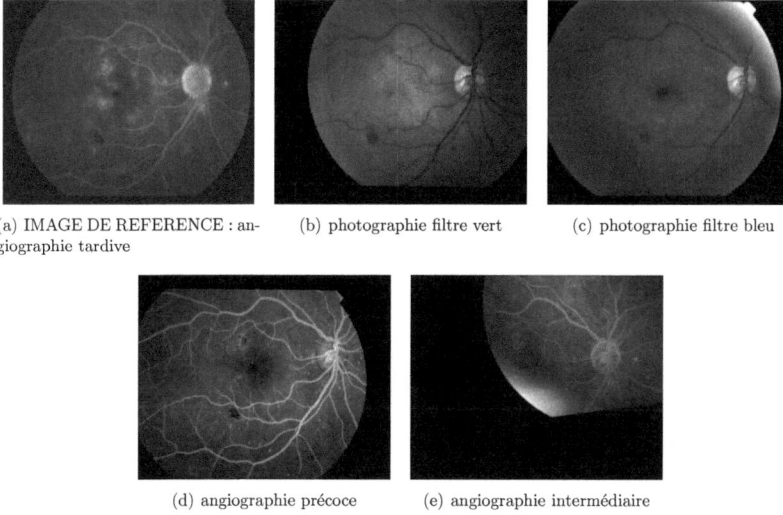

(a) IMAGE DE REFERENCE : angiographie tardive (b) photographie filtre vert (c) photographie filtre bleu

(d) angiographie précoce (e) angiographie intermédiaire

Figure B.8 — Série d'images recalées

B.2.7 Conclusion

Le recalage de séries angiographiques pourrait nous permettre de définir une signature de séries temporelles d'images, l'aspect temporel de ses séries d'images n'ayant pas été exploité dans les algorithmes de recherche de documents multimodaux proposés dans le chapitre 4. En outre, ce recalage de séries angiographiques pourrait nous permettre de construire des images définies comme la différence entres deux images consécutives d'une série. Ces images pourraient faciliter le travail de segmentation manuelle des séquences angiographiques, lors de l'apprentissage et la validation des algorithmes de détection des microanévrismes.

ANNEXE

C Algorithme de fusion polynomial en s, le nombre de sources

Soit le cadre de discernement suivant $\theta = \{\theta_1, \theta_2\}$ et un modèle $\mathcal{M}(\theta)$ ($\mathcal{M}^f(\theta)$, $\mathcal{M}^0(\theta)$ ou un modèle hybride). Nous proposons un algorithme polynomial en s, le nombre de sources, pour calculer $m_\cap(X), \forall X \in D(\theta)$. Nous étendons ensuite la méthode à un opérateur de fusion de type PCR.

L'algorithme impose une contrainte sur la fonction de masse m_i de chaque source $i = 1..s$ à fusionner : il impose que seuls les éléments $X \in \{\theta_1, \theta_2, \theta_1 \cup \theta_2\}$ aient une masse $m_i(X) \neq 0$.

C.1 Algorithme pour le calcul de la règle conjonctive

Soit m_1, m_2, ..., m_s les fonctions de masse de croyance définies pour chaque source. Compte tenu de l'hypothèse formulée au paragraphe précédent, une masse $m_i(X)$ est affectée à chaque élément de $X \in D(\theta)$ pour chaque source $i = 1..s$, de telle sorte que :
- $m_i(\theta_1) + m_i(\theta_2) + m_i(\theta_1 \cup \theta_2) = 1$
- $m_i(\theta_1 \cap \theta_2) = 0$

Par conséquent, la règle conjonctive est donnée par l'équation C.1 :

$$m_\cap(X) = \sum_{(X_1,...,X_s) \in \{\theta_1, \theta_2, \theta_1 \cup \theta_2\}^s, X_1 \cap ... \cap X_s = X} \prod_{i=1}^{s} m_i(X_i) \tag{C.1}$$

Ainsi, dans le cas d'un problème à deux sources :

$$m_\cap(\theta_1 \cup \theta_2) = m_1(\theta_1 \cup \theta_2) m_2(\theta_1 \cup \theta_2) \tag{C.2}$$
$$m_\cap(\theta_1) = m_1(\theta_1) m_2(\theta_1) + m_1(\theta_1) m_2(\theta_1 \cup \theta_2) + m_1(\theta_1 \cup \theta_2) m_2(\theta_1) \tag{C.3}$$
$$m_\cap(\theta_2) = m_1(\theta_2) m_2(\theta_2) + m_1(\theta_2) m_2(\theta_1 \cup \theta_2) + m_1(\theta_1 \cup \theta_2) m_2(\theta_2) \tag{C.4}$$
$$m_\cap(\theta_1 \cap \theta_2) = m_1(\theta_1) m_2(\theta_2) + m_1(\theta_2) m_2(\theta_1) \tag{C.5}$$

Nous allons interpréter graphiquement le calcul de la fonction de masse $m_\cap$. Pour cela, nous allons regrouper les différents produits $p = \prod_{i=1}^{s} m_i(X_i)$, $(X_1, ..., X_s) \in \{\theta_1, \theta_2, \theta_1 \cup \theta_2\}^s$ en fonction :
- du nombre de termes $m_i(\theta_1)$, $i = 1..s$, dans le produit, noté $n_1(p)$

ANNEXE C. ALGORITHME DE FUSION POLYNOMIAL EN S, LE NOMBRE DE SOURCES

- du nombre de termes $m_i(\theta_2)$, $i = 1..s$, dans le produit, noté $n_2(p)$

Nous créons pour cela un tableau T_s, dont chaque cellule $T_s(u, v)$ contient la somme des produits $p = \prod_{i=1}^{s} m_i(X_i)$, $(X_1, ..., X_s) \in \{\theta_1, \theta_2, \theta_1 \cup \theta_2\}^s$ tels que $n_1(p) = u$ et $n_2(p) = v$. Dans le cas $s = 1$ et $s = 2$, nous obtenons les tableaux T_1 et T_2 donnés sur la figure C.1.

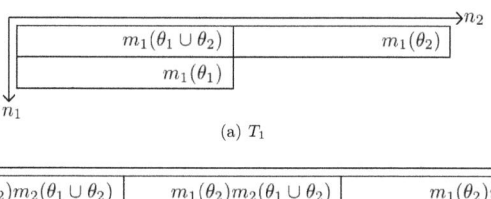

(a) T_1

$m_1(\theta_1 \cup \theta_2)m_2(\theta_1 \cup \theta_2)$	$m_1(\theta_2)m_2(\theta_1 \cup \theta_2)$ $+ m_1(\theta_1 \cup \theta_2)m_2(\theta_2)$	$m_1(\theta_2)m_2(\theta_2)$
$m_1(\theta_1)m_2(\theta_1 \cup \theta_2)$ $+ m_1(\theta_1 \cup \theta_2)m_2(\theta_1)$	$m_1(\theta_1)m_2(\theta_2)$ $+ m_1(\theta_2)m_2(\theta_1)$	
$m_1(\theta_1)m_2(\theta_1)$		

(b) T_2

Figure C.1 — Tableaux T_1 et T_2

D'après la figure C.1 et les équations C.2 - C.5, nous observons que :

$$m_\cap(\theta_1 \cup \theta_2) = T_s(0, 0) \qquad (C.6)$$

$$m_\cap(\theta_1) = \sum_{i=1}^{s} T_s(i, 0) \qquad (C.7)$$

$$m_\cap(\theta_2) = \sum_{j=1}^{s} T_s(0, j) \qquad (C.8)$$

$$m_\cap(\theta_1 \cap \theta_2) = \sum_{i=1}^{s} \sum_{j=1}^{s} T_s(i, j) \qquad (C.9)$$

Cela s'explique par l'équation C.1. En effet :
- dans la cellule $T_s(0, 0)$, l'intersection des propositions $X_1 \cap ... \cap X_s = \theta_1 \cup \theta_2$, car le produit ne fait intervenir aucune proposition θ_1 et aucune proposition θ_2.
- dans les cellules $T_s(i, 0)$, $i \geq 1$, l'intersection des propositions $X_1 \cap ... \cap X_s = \theta_1$, car chaque produit fait intervenir au moins une fois la proposition θ_1 (i fois) et ne fait intervenir aucune proposition θ_2.
- dans les cellules $T_s(0, j)$, $j \geq 1$, l'intersection des propositions $X_1 \cap ... \cap X_s = \theta_2$, car chaque produit ne fait intervenir aucune proposition θ_1 et fait intervenir au moins une fois la proposition θ_2 (j fois).
- dans les cellules $T_s(i, j)$, $i, j \geq 1$, l'intersection des propositions $X_1 \cap ... \cap X_s = \theta_1 \cap \theta_2$, car chaque produit fait intervenir au moins une fois la proposition θ_1 (i fois) et au moins une fois la proposition θ_2 (j fois).

C.1. ALGORITHME POUR LE CALCUL DE LA RÈGLE CONJONCTIVE

Donc si T_s peut être construit en un temps polynomial, $m_\cap$ peut être calculée en un temps polynomial.

Nous donnons ci-dessous un algorithme pour construire T_s à partir de T_{s-1} en un temps polynomial. Le principe est illustré sur la figure C.2 dans le cas $s = 2$.

$m_1(\theta_1 \cup \theta_2)$	$m_1(\theta_2)$
$m_1(\theta_1)$	

(a) $T_1(u,v)$

0	0
$m_1(\theta_1 \cup \theta_2)m_2(\theta_1)$	$m_1(\theta_2)m_2(\theta_1)$
$m_1(\theta_1)m_2(\theta_1)$	

(b) $T_2^{\theta_1}(u,v) = T_1(u-1,v) \times m_2(\theta_1)$

0	$m_1(\theta_1 \cup \theta_2)m_2(\theta_2)$	$m_1(\theta_2)m_2(\theta_2)$
0	$m_1(\theta_1)m_2(\theta_2)$	

(c) $T_2^{\theta_2}(u,v) = T_1(u,v-1) \times m_2(\theta_2)$

$m_1(\theta_1 \cup \theta_2)m_2(\theta_1 \cup \theta_2)$	$m_1(\theta_2)m_2(\theta_1 \cup \theta_2)$
$m_1(\theta_1)m_2(\theta_1 \cup \theta_2)$	

(d) $T_2^{\theta_1 \cup \theta_2}(u,v) = T_1(u,v) \times m_2(\theta_1 \cup \theta_2)$

$m_1(\theta_1 \cup \theta_2)m_2(\theta_1 \cup \theta_2)$	$m_1(\theta_2)m_2(\theta_1 \cup \theta_2)$ $+ m_1(\theta_1 \cup \theta_2)m_2(\theta_2)$	$m_1(\theta_2)m_2(\theta_2)$
$m_1(\theta_1)m_2(\theta_1 \cup \theta_2)$ $+ m_1(\theta_1 \cup \theta_2)m_2(\theta_1)$	$m_1(\theta_1)m_2(\theta_2)$ $+ m_1(\theta_2)m_2(\theta_1)$	
$m_1(\theta_1)m_2(\theta_1)$		

(e) $T_2(u,v) = T_2^{\theta_1}(u,v) + T_2^{\theta_2}(u,v) + T_2^{\theta_1 \cup \theta_2}(u,v)$

Figure C.2 — Calcul de T_2 à partir de T_1

Nous commençons par calculer trois matrices intermédiaires $T_s^{\theta_1}$, $T_s^{\theta_2}$ et $T_s^{\theta_1 \cup \theta_2}$ définies comme suit :

$$T_s^{\theta_1}(u,v) = \begin{cases} T_{s-1}(u-1,v) \times m_s(\theta_1), & u = 1..s, v = 0..s \\ 0, & u = 0, v = 0..s \end{cases} \quad (C.10)$$

$$T_s^{\theta_2}(u,v) = \begin{cases} T_{s-1}(u,v-1) \times m_s(\theta_2), & u = 0..s, v = 1..s \\ 0, & u = 0..s, v = 0 \end{cases} \quad (C.11)$$

$$T_s^{\theta_1 \cup \theta_2}(u,v) = T_{s-1}(u,v) \times m_s(\theta_1 \cup \theta_2), \quad u = 0..s, v = 0..s \quad (C.12)$$

La matrice T_s est alors obtenue par la somme des trois matrices (voir équation C.13).

$$T_s = T_s^{\theta_1} + T_s^{\theta_2} + T_s^{\theta_1 \cup \theta_2} \quad (C.13)$$

Nous vérifions d'abord que cette procédure permet de générer tous les produits $\prod_{i=1}^{s} m_i(X_i)$, $X_1, ..., X_s \in \{\theta_1, \theta_2, \theta_1 \cup \theta_2\}$ (hypothèse $\mathcal{H}_1(s)$). Nous montrons ensuite que tous ces produits apparaissent dans cellule correcte de T_s (hypothèse $\mathcal{H}_2(s)$). Nous procédons pour cela par récurrence :

1. nous pouvons vérifier facilement $\mathcal{H}_1(1)$ et $\mathcal{H}_2(1)$ sur la figure C.1 (a)

2. tous les termes $\prod_{i=1}^{s} m_i(X_i)$, $(X_1, ..., X_s) \in \{\theta_1, \theta_2, \theta_1 \cup \theta_2\}^s$, s'écrivent comme le produit d'un terme $\prod_{i=1}^{s-1} m_i(X_i)$, $(X_1, ..., X_{s-1}) \in \{\theta_1, \theta_2, \theta_1 \cup \theta_2\}^{s-1}$, qui par l'hypothèse $\mathcal{H}_1(s-1)$ sont tous énumérés dans T_{s-1}, et d'une masse m, égale soit à $m_s(\theta_1)$, soit à $m_s(\theta_2)$ ou soit à $m_s(\theta_1 \cup \theta_2)$. Selon m, ces termes apparaissent soit dans $T_s^{\theta_1}$, soit dans $T_s^{\theta_2}$, soit dans $T_s^{\theta_1 \cup \theta_2}$, d'après les équations C.10, C.11 et C.12. Donc, d'après l'équation C.13, ils apparaissent dans T_s : l'hypothèse $\mathcal{H}_1(s)$ est vraie.

3. soit un terme $p = \prod_{i=1}^{s} m_i(X_i)$, $(X_1, ..., X_s) \in \{\theta_1, \theta_2, \theta_1 \cup \theta_2\}^s$. Si X_s est θ_1 alors par définition de n_1 et de n_2, $n_1(p) = n_1(\frac{p}{m_s(\theta_1)}) + 1$ et $n_2(p) = n_2(\frac{p}{m_s(\theta_1)})$. Or d'après l'équation C.10, p apparait bien dans $T_s^{\theta_1}$ (et donc dans T_s) une ligne après $\frac{p}{m_s(\theta_1)}$ dans T_{s-1}. Comme $\frac{p}{m_s(\theta_1)}$ apparaît dans la cellule correcte de T_{s-1} (hypothèse $\mathcal{H}_2(s-1)$), p apparaît dans la cellule correcte de T_s. Le raisonnement est similaire si X_s est θ_2 (en utilisant l'équation C.11) ou $\theta_1 \cup \theta_2$ (en utilisant l'équation C.12). Donc l'hypothèse $\mathcal{H}_2(s)$ est vraie.

Finalement, la matrice T_s que nous obtenons à une structure illustrée sur la figure C.3.

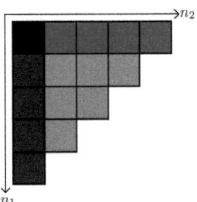

Figure C.3 — Structure de la matrice T_s. En suivant la règle conjonctive, la cellule noire contient la masse affectée à $\theta_1 \cap \theta_2$, les cellules gris foncées (resp. gris intermédiaire) se répartissent la masse affectée à θ_1 (resp. θ_2), finalement, les cellules gris clair se répartissent la masse affectée à $\theta_1 \cap \theta_2$.

Le calcul de T_s à partir de T_{s-1} implique $3(\frac{s(s+1)}{2})$ opérations de multiplication, cette opération est donc effectuée en un temps polynomial. Donc le calcul de T_s également (le nombre d'opérations est borné par $3s(\frac{s(s+1)}{2})$).

C.2 Algorithme de redistribution proportionnelle de conflit

Si les hypothèses θ_1 et θ_2 sont incompatibles, alors la masse affectée à $\theta_1 \cap \theta_2$ d'après la règle conjonctive doit être redistribuée entre θ_1 et θ_2. En effet, l'ensemble $\theta_1 \cup \theta_2$ n'est pas impliqué dans le conflit, donc seuls θ_1 et θ_2 se partagent la masse conflictuelle (comme pour les règles PCR2 et PCR5 par exemple). Compte tenu du nombre de produits $p = \prod_{i=1}^{s} m_i(X_i)$, $(X_1, ..., X_s) \in \{\theta_1, \theta_2, \theta_1 \cup \theta_2\}^s$, exponentiel en s, il est impossible de redistribuer individuellement chaque conflit partiel (règle PCR5). Une solution envisageable consiste à redistribuer le conflit total (règles PCR2). Nous pouvons cependant exploiter la matrice T_s pour redistribuer cette masse de manière plus fine que par la règle PCR2.

C.2. ALGORITHME DE REDISTRIBUTION PROPORTIONNELLE DE CONFLIT

Au fur et à mesure que nous construisons la matrice T_s, nous calculons en chaque cellule c le pourcentage $p_1(c)$ (resp. $p_2(c)$) de la masse de c qui devrait être affectée à θ_1 (resp. θ_2) en cas de conflit. Initialement :
- $p_1(T_1(0,0)) = p_1(T_1(0,1)) = 0$ et $p_1(T_1(1,0)) = 1$
- $p_2(T_1(0,0)) = p_2(T_1(1,0)) = 0$ et $p_2(T_1(0,1)) = 1$

Ensuite, à l'itération j, lorsque nous calculons $T_j^{\theta_1}(u,v) = T_{j-1}(u-1,v) \times m_j(\theta_1)$, nous calculons pour $u+v > 1$ et $u+v \leq j$:
- $p_1(T_j^{\theta_1}(u,v)) = \frac{p_1(T_{j-1}(u-1,v))T_{j-1}(u-1,v)+m_j(\theta_1)}{T_{j-1}(u-1,v)+m_j(\theta_1)}$
- $p_2(T_j^{\theta_1}(u,v)) = \frac{p_2(T_{j-1}(u-1,v))T_{j-1}(u-1,v)}{T_{j-1}(u-1,v)+m_j(\theta_1)}$

De même, lorsque nous calculons $T_j^{\theta_2}(u,v) = T_{j-1}(u,v-1) \times m_j(\theta_2)$, nous calculons pour $u+v > 1$ et $u+v \leq j$:
- $p_1(T_j^{\theta_2}(u,v)) = \frac{p_1(T_{j-1}(u,v-1))T_{j-1}(u,v-1)}{T_{j-1}(u,v-1)+m_j(\theta_2)}$
- $p_2(T_j^{\theta_2}(u,v)) = \frac{p_2(T_{j-1}(u,v-1))T_{j-1}(u,v-1)+m_j(\theta_2)}{T_{j-1}(u,v-1)+m_j(\theta_2)}$

Puis, lorsque nous calculons $T_j(u,v) = T_j^{\theta_1}(u,v) + T_j^{\theta_2}(u,v) + T_j^{\theta_1 \cup \theta_2}(u,v)$, nous calculons pour $u+v > 1$ et $u+v \leq j$:
- $p_1(T_j(u,v)) = \beta(u,v)\left(p_1(T_{j-1}(u,v)) + \frac{p_1(T_j^{\theta_1}(u,v))T_j^{\theta_1}(u,v)+p_1(T_j^{\theta_2}(u,v))T_j^{\theta_2}(u,v)}{T_j^{\theta_1}(u,v)+T_j^{\theta_2}(u,v)}\right)$
- $p_2(T_j(u,v)) = \beta(u,v)\left(p_2(T_{j-1}(u,v)) + \frac{p_2(T_j^{\theta_1}(u,v))T_j^{\theta_1}(u,v)+p_2(T_j^{\theta_2}(u,v))T_j^{\theta_2}(u,v)}{T_j^{\theta_1}(u,v)+T_j^{\theta_2}(u,v)}\right)$

$\beta(u,v)$ est un facteur de normalisation choisi de telle sorte que $p_1(T_j(u,v))+p_2(T_j(u,v)) = 1$ $\forall\, u,v$. Nous redistribuons ensuite la masse de chaque cellule $(T_s(u,v))_{u>0, v>0}$ entre θ_1 et θ_2 proportionnellement à $p_1(T_s(u,v))$ et $p_2(T_s(u,v))$, respectivement.

Liste des tableaux

2.1 Lésions de la rétinopathie diabétique 12
2.2 Stades de la rétinopathie diabétique 13
2.3 Distribution des stades d'évolution de la RD parmi les patients de la base des rétines 13
2.4 Informations sur le contexte clinique du patient 14
2.5 Types d'images acquises sur le fond de l'œil 15
2.6 Distribution des catégories de patients de la base des mammographies . . . 18
3.1 Paramètres de l'algorithme génétique utilisé pour la recherche de poids entre les sous-bandes 48
3.2 Précision moyenne pour une fenêtre de cinq images 50
3.3 Précision moyenne pour une fenêtre de cinq images en utilisant une ondelette adaptée 56
3.4 Influence des contraintes imposées à l'ondelette sur la précision moyenne (base des visages) 57
3.5 Temps de calcul moyen de recherche dans une base de donnée 59
3.6 Ecarts de forme entre les images réelles de microanévrismes et le modèle . . . 70
3.7 Paramètres du modèle de microanévrisme en fonction de la modalité 71
3.8 Comparaison de l'erreur d'apprentissage et de l'erreur de validation 73
3.9 Scores de classification obtenus pour les ondelettes usuelles 74
3.10 Scores de classification obtenus pour les ondelettes optimales 75
3.11 Couples (ondelette,sous-bandes optimales) optimaux pour chaque modalité d'acquisition 75
3.12 Comparaison des détecteurs de microanévrismes 78
3.13 Précision moyenne pour la signature intégrant une information locale 79
4.1 Précision moyenne des algorithmes de recherche dans des bases de données hétérogènes et incomplètes 85
4.2 Comparaison des méthodes de génération des arbres en termes de précision moyenne 104

LISTE DES TABLEAUX

4.3 Paramètres optimaux de la forêt de décision - sans *boosting* 107
4.4 Paramètres optimaux de la forêt de décision - avec *boosting* 107
4.5 Temps de calcul 108
4.6 Précision moyenne classe par classe pour une fenêtre de 5 cas 108
4.7 Précision moyenne des arbres de décision multiclasse 111
4.8 Ensembles séparateurs, résidus et fonction potentiel 124
4.9 Résultats : précision moyenne du réseau bayésien et paramètres optimaux . . 135
4.10 Temps de calcul 136
4.11 Stades de la rétinopathie diabétique 155
4.12 Précisions moyennes pour les trois méthodes proposées 161
4.13 Temps de calcul moyen 161
4.14 Temps de calcul décomposé par étapes 161
4.15 Meilleurs scores de précision moyenne obtenus pour les signatures d'images . 165
4.16 Meilleurs résultats de précision moyenne obtenus pour la recherche d'information multimodale 166
4.17 Temps moyen de calcul pour chacune des méthodes 167

B.1 Evaluation quantitative du recalage 180

Bibliographie

[1] A. Aamodt. Case-based reasoning : Foundational issues, methodological variations, and system approaches. *AI Communications*, 7(1) :39–59, mars 1994.

[2] R. Agrawal, T. Imielinski, and A. N. Swami. Mining association rules between sets of items in large databases. In *Proceedings of the 1993 ACM SIGMOD International Conference on Management of Data*, volume 22, pages 207–216, 1993.

[3] S. Antani, L. R. Long, and G. R. Thoma. A biomedical information system for combined content-based retrieval of spine x-ray images and associated text information. In *Proceedings of the Indian Conference on Computer Vision, Graphics, and Image Processing*, pages 242–247, 2002.

[4] A. Appriou. *Décision et Reconnaissance des formes en signal*, chapter Discrimination multisignal par la théorie de l'évidence. Hermes, 2002.

[5] R.E. Banfield, L.O. Hall, K.W. Bowyer, and W.P. Kegelmeyer. A comparison of decision tree ensemble creation techniques.

[6] A. Banumathi, R. Karthika Devi, Raju, and V. Abhai Kumar. Performance analysis of matched filter techniques for automated detection of blood vessels in retinal images. In *TENCON*, pages 543–546, 2003.

[7] C. Beeri, R. Fagin, D. Maier, and M. Yannakis. On the desirability of acyclic database schemes. *JACM*, 30(3) :479–513, 1983.

[8] J. Beis and D. Lowe. Shape indexing using approximate nearest neighbour in high dimensional spaces. In *Proc. of the IEEE Int. Conf. on Computer Vision and Pattern Recognition*, pages 1000–1006, juin 1997.

[9] J.C. Bezdek. *Fuzzy Mathematics in Pattern Classification*. PhD thesis, Applied Math. Center, Cornell University, Ithaca, 1973.

[10] I. Bichindaritz and C. Marling. Case-based reasoning in the health sciences : What's next ? *Artificial Intelligence in Medicine*, 36(2) :127–135, janvier 2006.

[11] B.E. Boser, I.M. Guyon, and V.N. Vapnik. A training algorithm for optimal margin classifiers. In *5th Annual ACM Workshop on COLT*, pages 144–152, 1992.

[12] C. Le Bozec, E. Zapletal, M.C. Jaulent, D. Heudes, and P. Degoulet. Towards content-based image retrieval in a his-integrated pacs. In *Proceedings of the Annual Symposium of the American Society for Medical Informatics (AMIA)*, pages 477–481, 2000.

[13] L. Breiman. Random forests. *Machine Learning*, 45(1) :5–32, 2001.

[14] L. Breiman, J.H. Friedman, R.A. Olshen, and C.J. Stone. Classification and regression trees, 1984.

[15] E. Bruno, N. Moenne-Loccoz, and S. Marchand-Maillet. *Learning User Queries in Multimodal Dissimilarity Spaces*, pages 168–179. Springer Berlin / Heidelberg, 2006.

[16] G. Bucci, S. Cagnoni, and R. De Dominicis. Integrating content-based retrieval in a medical image reference database. *Computerized Medical Imaging and Graphics*, 20(4) :231–241, 1996.

[17] A. Can, C.V. Stewart, B. Roysam, and H.L. Tanenbaum. A feature-based, robust, hierarchical algorithm for registering pairs of images of the curved human retina. *IEEE transactions on pattern analysis and machine intelligence*, 24(3) :347–364, mars 2002.

[18] C. Carson, M. Thomas, S. Belongie, J. M. Hellerstein, and J. Malik. Blobworld : A system for region-based image indexing and retrieval. In *Third International Conference On Visual Information Systems (VISUAL'99)*, pages 509–516, 1999.

[19] J.-M. Cauvin. *Raisonnement médical et aide à la décision en endoscopie digestive*. PhD thesis, Université de Rennes I, juillet 2001.

[20] S. Chang and J. Smith. Extracting multidimensional signal features for content-based visual query. In *Proc. SPIE Symposium on Visual Communications and Signal Processing*, 1995.

[21] S.K. Chang, Q.Y. Shi, and C.W. Yan. Iconic indexing by 2-d strings. *IEEE Trans. Patt. Anal. Match. Intell PAMI*, 9(3) :413–428, avril 1987.

[22] T. Chanwimaluang and G. Fan. An efficient blood vessel detection algorithm for retinal images using local entropy thresholding. In *Proceedings of the 2003 International Symposium on Circuits and Systems*, volume 5, mars 2003.

[23] S. Chaudhuri, S. Chatterjee, N. Katz, M. Nelson, and M. Goldbaum. Detection of blood vessels in retinal images using two-dimensional matched filters. *IEEE Transactions on Medical Imaging*, 8(3) :263–269, 1989.

[24] J. Cheng, D. Bell, and W. Liu. Learning bayesian networks from data : An efficient approach based on information theory, 1997.

[25] Chih-Yi Chiu, Hsin-Chih Lin, and Shi-Nine Yang. Learning user preference in a personalized CBIR system. In *16th International Conference on Pattern Recognition*, volume 2, pages 532–535, 2002.

[26] R. Claypoole, R. Baraniuk, and R. Nowak. Adaptive wavelet transforms via lifting, 1999. Submitted.

[27] R. Coifman and D. Donoho. Translation invariant de-noising. *Lecture Notes in Statistics : Wavelets and Statistics, vol. New York : Springer-Verlag*, pages 125–150, 1995.

[28] R.R. Coifman and Y. Meyer. Nouvelles bases orthonormées de L2(R) ayant la structure du système de walsh, preprint, yale univ., aout 1989.

[29] P. Concalvez, P. Flandrin, and E. Chassande-Mottin. Time-frequency methods in time-series data analysis. *Gravitational Wave Data Analysis Workshop 2, Orsay, France*, novembre 1997.

[30] M.J. Cree, J.A. Olson, K.C. McHardy, J.V. Forrester, and P.F. Sharp. Automated microaneurysm detection. In *Proceedings., International Conference on Image Processing*, volume 3, pages 699–702, septembre 1996.

[31] I. Daubechies. *Ten Lectures on Wavelets*. SIAM, mai 1992.

[32] R.J. de Sobral Cintra, I.V. Tchervensky, V.S. Dimitrov, and M.P. Mintchev. Optimal wavelets for electrogastrography. In *Proceedings of the 29th IEEE EMBS Conference, San Francisco, USA*, septembre 2004.

BIBLIOGRAPHIE

[33] B. Delaunay. Sur la sphère vide. *Izvestia Akademii Nauk SSSR, Otdelenie Matematicheskikh i Estestvennykh Nauk*, 7 :793–800, 1934.

[34] T. Denoeux. A k-nearest neighbor classification rule based on dempster-shafer theory. *IEEE Transactions on Systems, Man, and Cybernetics - Part A : Systems and Humans*, 25(5) :804–813, mai 1995.

[35] T. Dietterich. An experimental comparison of three methods for constructing ensembles of decision trees : bagging, boosting, and randomization. *Machine Learning*, 40(2) :139–157, 2000.

[36] F. J. Diez. Parameter adjustment in bayes networks. the generalized noisy or-gate. In *Proc. Ninth Conference on Uncertainty in Artificial Intelligence (UAI '93)*, pages 99–105, 1993.

[37] M.N. Do and M. Vetterli. Wavelet-based texture retrieval using generalized gaussian density and kullback-leibler distance. *IEEE Trans. Image Processing*, 11(2) :146–158, fevrier 2002.

[38] D. Dubois and H. Prade. *Théorie des possibilités*. Masson, novembre 1987.

[39] J.G. Dy, C.E. Brodley, A. Kak, L.S. Broderick, and A.M. Aisen. Unsupervised feature selection applied to content-based retrieval of lung images. *IEEE Transactions on Pattern Analysis and Machine Intelligence*, 25(3) :373–378, mars 2003.

[40] B.M. Ege, O.K. Hejlesen, O.V. Larsen, K. Moller, B. Jennings B, D. Kerr, and D.A. Cavan. Screening for diabetic retinopathy using computer based image analysis and statistical classification. *Comput Methods Programs Biomed.*, 63(3) :165–175, juillet 2000.

[41] A.W.M. Smeulders et al. Content-based image retrieval at the end of the early years. *IEEE Trans PAMI*, 22 :1349–1380, 2000.

[42] P. Aigrain et al. Content-based representation and retrieval of visual media : a-state-of-the-art review. *Multimedia Tools and Applications*, 3(3) :179–202, septembre 1996.

[43] W.H. Press et al. *Numerical Recipes in C : The Art of Scientific Computing*. Cambridge University Press, 1992.

[44] W.H. Press et al. *Numerical Recipes in C : The Art of Scientific Computing*. Cambridge University Press, 1992.

[45] W.H. Press et al. *Numerical Recipes in C : The Art of Scientific Computing*. Cambridge University Press, 1992.

[46] J.J. Fan and K.Y. Su. An efficient algorithm for matching multiple patterns. *IEEE Trans. Knowl. Data Eng.*, 5(2) :339–351, avril 1993.

[47] B. Fang, W. Hsu, and L. Lee. Techniques for temporal registration of retinal images. volume 2, pages 1089–1092, octobre 2004.

[48] A.D. Fleming, S. Philip, K.A. Goatman, J.A. Olson, and P.F. Sharp. Automated microaneurysm detection using local contrast normalization and local vessel detection. *IEEE Transactions on Medical Imaging*, 25(9) :1223–1232, septembre 2006.

[49] Y. Freund and R. Schapire. Experiments with a new boosting algorithm. In *Proceedings of the Thirteenth International Conference on Machine Learning, Bari, Italy*, pages 148–156, 1996.

[50] David E. Goldberg. *Genetic Algorithms in Search, Optimization and Machine Learning*. Kluwer Academic Publishers, Boston, MA, 1989.

BIBLIOGRAPHIE

[51] S. Grassin. *Analyse temps-fréquence des signaux discrets, application aux images*. PhD thesis, Université de Rennes I, 1997.

[52] E. Grisan and A. Ruggeri. A hierarchical bayesian classification for non-vascular lesions detection in fundus images. In *EMBEC'05, 3rd European Medical and Biological Engineering Conference*, volume 11, novembre 2005.

[53] Early Treatment Diabetic Retinopathy Study Research Group. Photocoagulation for diabetic macular edema : Early treatment diabetic retinopathy study report no 4. *Int Ophthalmol Clin*, 27 :265–272, 1987.

[54] The Diabetic Retinopathy Study Group. Photocoagulation treatment of proliferative diabetic retinopathy : the second report of diabetic retinopathy study findings. *Ophthalmology*, 85 :82–106, 1978.

[55] H. Guo and W. Hsu. A survey of algorithms for real-time bayesian network inference, 2002.

[56] Hongyu Guo and Herna L. Viktor. Learning from imbalanced data sets with boosting and data generation : the databoost-im approach. *SIGKDD Explor. Newsl.*, 6(1) :30–39, 2004.

[57] A. Gupta, S.D. Joshi, and S. Prasad. A new method of estimating wavelet with desired features from a given signal. *Signal Processing*, 85 :147–161, 2005.

[58] M. Heath, K.W. Bowyer, and D. Kopans et al. Current status of the digital database for screening mammography. *Digital Mammography, Kluwer Academic Publishers*, pages 457–460, 1998.

[59] J.H. Hipwell, F. Strachan, J.A. Olson, K.C. McHardy, P.F. Sharp PF, and J.V. Forrester. Automated detection of microaneurysms in digital red-free photographs : a diabetic retinopathy screening tool. In *Diabetic Medicine*, volume 17, pages 588–594, septembre 2000.

[60] A. Hoover, V. Kouznetsova, and M. Goldbaum. Locating blood vessels in retinal images by piece-wise threshold probing of a matched filter response. *IEEE Transactions on Medical Imaging*, 19(3) :203–210, mars 2000.

[61] M. Indrawan. *A Framework for Information Retrieval Based on Bayesian Networks*. PhD thesis, Monash University, 1998.

[62] Anil K. Jain, Robert P. W. Duin, and Jianchang Mao. Statistical pattern recognition : A review. *IEEE Transactions on Pattern Analysis and Machine Intelligence*, 22(1) :4–37, 2000.

[63] J.C. Javitt. Cost savings associated with detection and treatment of diabetic eye disease. *Pharmacoeconomics*, 8 :33–9, 1995.

[64] J.C. Javitt and L.P. Aiello. Cost-effectiveness of detecting and treating diabetic retinopathy. *Ann Intern Med*, 124(2) :164–169, 1996.

[65] JPEG. Coding of still pictures - JPEG 2000 part1 ISO/IEC 15444-1, 2000.

[66] JPEG. Coding of still pictures - JPEG 2000 part2 ISO/IEC 15444-2, 2001.

[67] J. W. Sammon Jr. A nonlinear mapping for data structure analysis. *IEEE Transactions on Computers*, 18 :401–409, mai 1969.

[68] T. Kato. Database architecture for content-based image retrieval. *In Proceedings of SPIE*, 1662 :112–123, 1992.

[69] Steven M. Kay. *Fundamentals of statistical signal processing : estimation theory*. Prentice-Hall, Inc., Upper Saddle River, NJ, USA, 1993.

BIBLIOGRAPHIE

[70] R. Klein, B.E.K. Klein, and S.E. Moss. Visual impairment in diabetes. *Ophthalmology*, 91 :1–9, 1984.

[71] T. Kohonen. Self-organized formation of topologically correct feature maps. *Biological Cybernetics*, 46 :59–69, 1982.

[72] P. Kosmas and C.M. Rappaport. A matched-filter FDTD-based time reversal approach for microwave breast cancer detection. *IEEE Transactions on Antennas and Propagation*, 54(4) :1257–1264, avril 2006.

[73] J. Kovacevic and W. Sweldens. Wavelet families of increasing order in arbitrary dimensions. *IEEE Trans. Image Proc.*, 9(3) :480–496, mars 2000.

[74] J. Kovacevic and M. Vetterli. Nonseparable multidimensional perfect reconstruction filter banks and wavelet bases for Rn. *IEEE Transactions on Information Theory*, 38(2) :533–555, mars 1992.

[75] A. Kutics, A.Nakagawa, K. Tanaka, M. Yamada, Y. Sanbe, and S. Ohtsuka. Linking images and keywords for semantics-based image retrieval. In *International Conference on Multimedia and Expo ICME '03*, volume 1, pages I – 777–80, 2003.

[76] F. Laliberte, L. Gagnon, and Y. Sheng. Registration and fusion of retinal images-an evaluation study. *IEEE Transactions on Medical Imaging*, 22(5) :661–673, mai 2003.

[77] W. Lam and F. Bacchus. Learning bayesian belief networks : An approach based on the MDL principle, juillet 1994.

[78] M. Lamard, W. Daccache, C. Roux G. Cazuguel, and B. Cochener. Use of a JPEG 2000 wavelet compression scheme for content based ophthalmologic retinal images retrieval. In *IEEE/EMBS 2005 : 27th annual international conference of IEEE engineering in medicine and biology society*, pages 4010–4013, septembre 2005.

[79] Y. Lamdan and H. Wolfson. Geometric hashing : a general and efficient model-based recognition scheme. In *Proc. of the Int. Conf. on Computer Vision*, pages 238–249, decembre 1988.

[80] S. L. Lauritzen and D. J. Spiegelhalter. Local computations with probabilities on graphical structures and their application to expert systems. *Journal of the Royal Statistical Society*, 50(2) :157–224, 1988.

[81] D. le Gall and A. Tabatabai. Subband coding of digital images using symmetric short kernel filters and arithmetic coding techniques. In *Proc. of the International Conference on Acoustics Speech and Signal Processing (ICASSP)*, pages 761–765, 1988.

[82] Y. Lee, T. Hara, and H. Fujita. Automated detection of pulmonary nodules in helical CT images based on an improved template-matching technique. *IEEE Transactions on Medical Imaging*, 20(7) :595–604, 2001.

[83] Yanxi Liu and Frank Dellaert. Classification driven medical image retrieval. In *Proc. of the Image Understanding Workshop*, 1998.

[84] L. Lucchese and S.K. Mitra. Unsupervised segmentation of color images based on k-means clustering in the chromaticity plane. *IEEE Workshop on Content-based Access of Image and Video Libraries (CBAIVL'99)*, pages 74–78, 1999.

[85] M.-J.Huang, M.-Y. Chen, and S.-C. Lee. Integrating data mining with case-based reasoning for chronic diseases prognosis and diagnosis. *Expert Systems with Applications*, fevrier 2006.

[86] T. MacGillivray and N. Patton. A reliability study of fractal analysis of the skeletonised vascular network using the 'box-counting' technique. In *Proceedings of the 28th IEEE EMBS Annual International Conference*, pages 4445–4448, aout 2006.

[87] A. Maitrot, M.-F. Lucas, and C. Doncarli. Design of wavelets adapted to signals and application. In *IEEE Internantional Conference an Acoustics, Speech and Signal Processing*, volume 4, pages iv/617–iv/620, mars 2005.

[88] S. Mallat. A theory for multiresolution signal decomposition : the wavelet representation. *IEEE transactions on Pattern Analysis and Machine Intelligence*, 11(17) :674–693, juillet 1989.

[89] S. Mallat. *A Wavelet Tour of Signal Processing*. Academic Press, 1999.

[90] S. Mallat and S. Zhong. Characterization of signals from multiscale edges. *IEEE Transactions on Pattern Analysis and Machine Intelligence*, 14(7) :710–732, juillet 1992.

[91] M.K. Markey, J.Y. Lo, G.D. Tourassi, and C.E. Floyd Jr. Self-organizing map for cluster analysis of a breast cancer database. *Artificial Intelligence in Medicine*, 27 :113–127, 2003.

[92] A.M. Mendonca, A.J. Campilho, and J.M. Nunes. Automatic segmentation of microaneurysms in retinal angiograms of diabetic patient. In *Proceedings. International Conference on Image Analysis and Processing*, septembre 1999.

[93] S. Mika, G. Rätsch, and K.-R. Müller. A mathematical programming approach to the kernel fisher algorithm. In *NIPS*, pages 591–597, 2000.

[94] P.J. Moreno, P.P. Ho, and N. Vasconcelos. A kullback-leibler divergence based kernel for SVM classification in multimedia applications, janvier 2004.

[95] H. Müller, W. Hersh, and P. Clough. Medical image retrieval challenge evaluation - site d'évaluation : http ://ir.ohsu.edu/image/.

[96] Henning Müller, Nicolas Michoux, David Bandon, and Antoine Geissbuhler. A review of content-based image retrieval systems in medical applications - clinical benefits and future directions. *International Journal of Medical Informatics*, 73 :1–23, fevrier 2004.

[97] J. Neumann, C. Schnorr, and G. Steidl. Efficient wavelet adaptation for hybrid wavelet-large margin classifiers. *PR*, 38(11) :1815–1830, novembre 2005.

[98] M. Niemeijer, B.V. Ginneken, J. Staal, M.S.A. Suttorp-Schulten, and M.D. Abràmoff. Automatic detection of red lesions in digital color fundus photographs. *IEEE Transactions on medical imaging*, 24(5) :584–592, mai 2005.

[99] J.C. Nunes, Y. Bouaoune, E. Delechelle, and Ph. Bunel. A multiscale elastic registration scheme for retinal angiograms. *Comput. Vis. Image Underst.*, 95(2) :129–149, 2004.

[100] R. Nuray and F. Can. Automatic ranking of information retrieval systems using data fusion. *Information Processing and Management*, 42 :595–614, 2006.

[101] Geir E. Oien and Per Osnes. Diabetic retinopathy : Automatic detection of early symptoms from retinal images. In *NORSIG-95 Norwegian Signal Processing Symposium*, septembre 1995.

[102] J. J. Oliver. Decision graphs - an extension of decision trees, 1993.

[103] J. Pearl. *Probabilistic Reasoning in Intelligent Systems : Networks of Plausible Inference*. Morgan Kaufmann, 1988.

[104] E. Petrakis and C. Faloutsos. Similarity searching in medical image databases. *IEEE Trans. Knowledge and Data Eng.*, 9 :435–447, juin 1997.

[105] A. Pinz, S. Bernogger, P. Datlinger, and A. Kruger. Mapping the human retina. *IEEE Trans. Med. Imag.*, 17 :606–619, aout 1998.

BIBLIOGRAPHIE

[106] W. Qian, M. Kallergi, L.P. Clarke, H.D. Li, D. Venugopal, D.S. Song, and L.P. Clark. Tree-structured wavelet transform segmentation of microcalcifications in digital mammography. *Medical Physiology*, 22(8) :1247–1254, 1995.

[107] G. Quellec, M. Lamard, P. M. Josselin, G. Cazuguel, B. Cochener, and C. Roux. Recherche d'image par le contenu appliquée à la rétinopathie diabétique. In *Manifestation de Jeunes Chercheurs en STIC (MAJECSTIC'06)*, novembre 2006.

[108] G. Quellec, M. Lamard, P. M. Josselin, G. Cazuguel, B. Cochener, and C. Roux. Optimal wavelet transform for the detection of microaneurysms in retina photographs. *IEEE Transactions on Medical Imaging*, 27(9) :1230–1241, septembre 2008.

[109] J.R. Quinlan. *C4.5 : Programs for Machine Learning*. Morgan Kaufmann Publishers, 1993.

[110] J.R. Quinlan. Bagging, boosting, and C4.5. In *AAAI-96 Fourteenth National Conference on Artificial Intelligence*, volume 1, pages 725–730, 1996.

[111] M. Robnik-Sikonja. Improving random forests. In *ECML*, pages 359–370, 2004.

[112] Y. Rui, T. Huang, and S. Mehrotra. Content-based image retrieval with relevance feedback in MARS. In *IEEE International Conference on Image Processing*, pages 815–818, 1997.

[113] R. Ruiloba. Compression d'images par quantification vectorielle et indexation par le contenu. Master's thesis, ENST de Bretagne, juin 1997.

[114] G. Salton and M.J. McGill. *An introduction to modern information retrieval*. McGraw-Hill, New York, 1983.

[115] S. Santini and R.C. Jain. The graphical specification of similarity queries. *Journal of Languages and Computing*, 7 :403–421, 1997.

[116] R.C. Schank and R.P. Abelson. *Scripts, Plans, Goals, and Understanding*. Hillsdale, N.J. : Erlbaum, 1977.

[117] Robert E. Schapire. The strength of weak learnability. *Machine Learning*, 5 :197–227, 1990.

[118] B. Schiele and J.L. Crowley. Recognition without correspondance using multidimensional receptive field histograms. *International journal of Computer Vision*, 36(1) :31–50, 2000.

[119] G. Shafer. *A Mathematical Theory of Evidence*. Princeton University Press, 1976.

[120] Hong Shao, Wen cheng Cui, and Hong Zhao. Medical image retrieval based on visual contents and text information. In *IEEE International Conference on Systems, Man and Cybernetics*, volume 1, pages 1098–1103, octobre 2004.

[121] G. Sheikholeslami, W. Chang, and A. Zhang. Semquery : semantic clustering and querying on heterogeneous features for visual data. *IEEE Transactions on Knowledge and Data Engineering*, 14(5) :988–1002, septembre/octobre 2002.

[122] C.-R. Shyu, C. Pavlopoulou, A.C. Kak, C.E. Brodley, and L.S. Broderick. Using human perceptual categories for content-based retrieval from a medical image database. *Computer Vision and Image Understanding*, 88 :119–151, decembre 2002.

[123] C.R. Shyu, C.E. Brodley, A.C. Kak, A. Kosaka, A. Aisen, and L. Broderick. Local versus global features for content-based image retrieval. In *IEEE Workshop on Content-Based Access of Image and Video Libraries*, pages 30–34, 1998.

[124] C. Sinthanayothin, J.F. Boyce, T.H. Williamson, H.L. Cook, E. Mensah, S. Lal S., and D. Usher. Automated detection of diabetic retinopathy of digital fundus images. *Diabetic Medicine*, 19(2) :105–112, fevrier 2002.

[125] A.K. Sjolie, J. Stephenson, S. Aldington, E. Kohner, H. Janka, L. Stevens, J. Fuller, and the EURODIAB Complications Study Group. Retinopathy and vision loss in insulin-dependent diabetes in Europe. *Ophthalmology*, 104 :252–260, 1997.

[126] M. Skokan, A. Skoupy, and J. Jan. Registration of multimodal images of retina. *Engineering in Medicine and Biology, 2002. 24th Annual Conference and the Annual Fall Meeting of the Biomedical Engineering Society*, 2 :1094–1096, octobre 2002.

[127] F. Smarandache and J. Dezert. *Advances and Applications of DSmT for Information Fusion I*. American Research Press Rehoboth, 2004.

[128] F. Smarandache and J. Dezert. *Advances and Applications of DSmT for Information Fusion II*. American Research Press Rehoboth, 2006.

[129] P. Smets. Constructing the pignistic probability function in a context of uncertainty. *Uncertainty in Artificial Intelligence*, 5 :29–39, 1990.

[130] A. K. Soman and P.P. Vaidyanathan. On orthonormal wavelets and paraunitary filter banks. *IEEE Transactions on Signal Processing*, 41 :1170–1183, mars 1993.

[131] A. Strehl. Relationship-based clustering and cluster ensembles for high-dimensional data mining, 2002. Doctoral dissertation [electronic resource], The University of Texas at Austin.

[132] R.N. Strickland. Tumor detection in nonstationary backgrounds. *IEEE Transactions on Medical Imaging*, 13(3) :491–499, septembre 1994.

[133] R.N. Strickland and Hee Il Hahn. Wavelet transform matched filters for the detection and classification of microcalcifications in mammography. In *1995 International Conference on Image Processing (ICIP'95)*, volume 1, pages 422–425, 1995.

[134] W. Sweldens. The lifting scheme : a custom-design design construction of biorthogonal wavelets. *Appl. Comput. Harmon. Anal.*, 3(2) :186–200, 1996.

[135] H.D. Tagare, F.M. Vos, C.C. Jaffe, and J.S. Duncan. Arrangement - a spatial relation between parts for evaluating similarity of tomographic section. *IEEE Trans. Pattern Analysis and Machine Intelligence*, 17(9) :880–983, septembre 1995.

[136] R.E. Tarjan and M. Yannakis. Simple linear-time algorithms to test chordality of graphs, test acyclicity of hypergraphs and selectively reduce acyclic hypergraphs. *SIAM J. computing*, 13 :566–79, 1984.

[137] T. Teng, M. Lefley, and D. Claremont. Progress towards automated diabetic ocular screening : a review of image analysis and intelligent systems for diabetic retinopathy. *Med Biol Eng Comput.*, 40(1) :2–13, Janvier 2002.

[138] A.H. Tewfik, D. Sinha, and P. Jorgensen. On the optimal choice of a wavelet for signal representation. *IEEE Trans. Inform. Theory*, 38 :747–765, mars 1992.

[139] H.R. Turtle. *Inference Networks for Document Retrieval*. PhD thesis, University of Massachusetts, fevrier 1991.

[140] Y. Tzitzikas. Democratic data fusion for information retrieval mediators. In *ACS/IEEE International Conference on Computer Systems and Applications, Beirut, Lebanon*, juin 2001.

[141] M.K. Varanasi and B. Aazhang. Parametric generalized gaussian density estimation. *J. Acoust. Soc. Amer.*, 86 :1404–1415, 1989.

[142] J.R. Ordóñez Varela. *Indexation et recherche d'images par le contenu, utilisant des informations de compression d'images : application aux images médicales*. PhD thesis, ENST Bretagne - traitement du signal et télécommunication, 2004.

BIBLIOGRAPHIE

[143] J. Venn. On the diagrammatic and mechanical representation of propositions and reasonings. *Dublin Philosophical Magazine and Journal of Science*, 9(59) :1–18, 1880.

[144] T. Walter. *Application de la morphologie mathématique au diagnostic de la rétinopathie diabétique à partir d'images couleur*. PhD thesis, Les Mines de Paris - morphologie mathématique, 2003.

[145] T. Walter and J.C. Klein. Detection of microaneurysms in color fundus images of the human retina. In *A.Colosimo, A. Giuliani, P. Sirabella : Lecture Notes in Computer Science (LNCS), Third International Symposium on Medical Data Analysis (ISMDA)*, volume 2526, pages 210–220. Springer-Verlag Berlin Heidelberg, octobre 2002.

[146] Lei Wang, Ping Xue, and Kap Luk Chan. Incorporating prior knowledge into svm for image retrieval. In *Proceedings of the 17th International Conference on Pattern Recognition (ICPR'04)*, volume 2, pages 981–984, 2004.

[147] C. Wilkinson, F. Ferris, and R. Klein et al. Proposed international clinical diabetic retinopathy and diabetic macular edema disease severity scales. *Ophthalmology*, 110(9) :1677–1682, 2003.

[148] C. Wilson, B. Srinivasan, and M. Indrawan. A general inference network based architecture for multimedia information retrieval. In *IEEE International Conference on Multimedia and Expo, 2000. ICME 2000*, volume 1, pages 347–350, aout 2000.

[149] C. Wilson, B. Srinivasan, and M. Indrawan. BIR-the bayesian network image retrieval system. In *Proceedings of 2001 International Symposium on Intelligent Multimedia, Video and Speech Processing, 2001.*, pages 304–307, mai 2001.

[150] D.R. Wilson and T.R. Martinez. Improved heterogeneous distance functions. *Journal of Artificial Intelligence Research*, 6 :1–34, 1997.

[151] G.V. Wouwer, P. Scheunders, and D.V. Dyck. Statistical texture characterization from discrete wavelet representations. *IEEE Trans. Image Processing*, 8 :592–598, avril 1999.

[152] S. Wu and S. McClean. Performance prediction of data fusion for information retrieval. *Information Processing and Management*, 42 :899–915, 2006.

[153] X. Xu, D.J. Lee, S. Antoni, and L.R. Long. Relevance feedback for spine X-ray retrieval. In *18th IEEE Symposium on Computer-Based Medical Systems*, pages 197–202, juin 2005.

[154] J. You, T. Dillon, and J. Liu. An integration of data mining and data warehousing for hierarchical multimedia information retrieval. In *Proceedings of 2001 International Symposium on Intelligent Multimedia, video and Speech Processing*, pages 373–376, mai 2001.

[155] H.G. Yu, J.M. Seo, K.G. Kim, J.H. Kim, K.S. Park, and H. Chung. Computer-assisted analysis of the diabetic retinopathy using digital image processing. In *The 3rd European Medical and Biological Engineering Conference EMBEC'05*, novembre 2005.

[156] F. Zana and J.C. Klein. Segmentation of vessel-like patterns using mathematical morphology and curvature evaluation. *IEEE Transaction on Image Processing*, 10(7) :1010–1019, 2001.

I want morebooks!

Buy your books fast and straightforward online - at one of world's fastest growing online book stores! Environmentally sound due to Print-on-Demand technologies.

Buy your books online at
www.morebooks.shop

Achetez vos livres en ligne, vite et bien, sur l'une des librairies en ligne les plus performantes au monde!
En protégeant nos ressources et notre environnement grâce à l'impression à la demande.

La librairie en ligne pour acheter plus vite
www.morebooks.shop

KS OmniScriptum Publishing
Brivibas gatve 197
LV-1039 Riga, Latvia
Telefax: +371 686 204 55

info@omniscriptum.com
www.omniscriptum.com

Printed by Books on Demand GmbH, Norderstedt / Germany